採用面接評価の科学

何が評価されているのか

SCIENCE OF THE EMPLOYMENT INTERVIEW EVALUATION

今城志保 [著]
SHIHO IMASHIRO

東京 白桃書房 神田

まえがき

　採用面接の研究をしようと思い立ったのは，New York 大学の大学院に在学中のことでした。異なる文化で生活する中で，自分が他者から理解してもらえない，あるいは他者の人となりが理解しにくい，といったぼんやりとした不安感を抱いていたのでしょう。人が人を理解したり評価するのは難しいことだと感じたときにふとずっと前，自分が就職活動中の採用面接で「なぜ 30 分話をしただけで，人の評価を決めてしまうのだろう」といった不条理を感じていたことを思い出したのです。よく心理学の研究テーマがどのように決まるかのご多聞にもれず，研究のきっかけは「採用面接では何か評価されているのかを知りたい」という小さな問題意識でした。素朴な疑問から研究はスタートしましたが，この"自分自身の問題意識"がなければ，こだわりを持って研究を続けるのは難しかったでしょう。

　採用面接が採用場面で重要なことはもちろんですが，特に日本企業では，面接評価を科学的に追求することに，あまり強い必要性を，少なくともこれまでは感じてこなかったものと思われます。本書でも書きましたが，面接場面で，初対面の応募者とたった 30 分ほど話をするだけでも，実は重要な評価ができている可能性があるのです。面接者としての経験がある方にとって，これは当然の感覚だといえるでしょう。一方で，面接時の評価はひょっとすると間違っていたのかも，と思うことも多々あるのではないでしょうか。採用面接の研究を行っていると，上記のような多くの面接者の感じるものが，結構正しい場合があることがわかります。

　ただし，採用面接はわたしたちの日常行う対人認知や評価とは異なり，精度の高い評価が求められるものです。だからこそ科学的な研究と知見の積み上げが必要になります。今後企業がグローバル化し，組織の形がどんどん変化する中で，精度の高い採用面接はますます難しくなると思われます。私自身の素朴な疑問への回答を追求しつつ，この研究は，どうすればもっと精度の高い面接評価が可能になるのかのヒントを実務に携わる方に，そしてどうすればもっと役に立つ研究をすることができるかのヒントを研究者に届ける

ことを目的に行ったものです。

　本書を手に取ってくださった方には，ぜひ上記の観点でこの研究を評価していただきたいと思っています。そして，足りない部分のご指摘や，新たな視点でのご意見はもちろん，今後採用面接の研究をともに深めていくお力添えをいただければ，幸いです。

　最後に，本書は仕事を続けながら，また子育てをしながら行った博士論文をベースにしたものです。現在奈良大学にいらっしゃる山口勧先生をはじめ，丁寧なご指導を下さった多くの先生方，一緒に研究を続けてきた院生の皆さん，惜しみない協力を下さった会社の上司やメンバーやお客様，そして言い出すと聞かない母親を半分あきらめつつもサポートしてくれた家族に，心より感謝を申し上げます。

　　2016年9月

　　　　　　　　　　　　　　　　　　　　　　　　　　　　著　者

目　次

まえがき

第Ⅰ部　背景・問題意識と概念的枠組み

第1章　背景と問題意識：採用面接では何が評価されているのか……3

第1節　本研究の概要……………………………………………3
第2節　採用面接の先行研究の課題……………………………5
 1.　採用と採用評価の重要性　5
 2.　採用面接の機能　6
 3.　採用面接研究の問題点①：評価内容が特定されていない　7
 4.　採用面接研究の問題点②：面接者間の評価の違いに関する知見が不十分　10
 5.　採用面接研究の問題点③：一般の対人認知研究との接合がなされていない　11
第3節　本研究のねらい………………………………………13

第2章　面接評価内容に関する概念的枠組み……15

第1節　面接評価内容に関する概念的枠組みの必要性………15
第2節　枠組みの検討に関連する既存モデルと理論…………16
 1.　Dipboyeの採用面接プロセスモデル　16
 2.　構造化面接　17
 3.　面接の評価内容分類　18
 4.　対人認知の正確さを評価する分析アプローチ　19
第3節　概念的枠組みの提案…………………………………22
 1.　採用基準に沿った人物評価と一般的な対人評価　22
 2.　概念的枠組みの全体像　26
 3.　採用基準として評価するもの；職務や組織との適合　28

　　　　4. 職務との適合評価の対象となる人物特徴　34

　　　　5. 組織との適合評価の対象となる人物特徴　38

　　　　6. 面接場面での一般的な対人評価に含まれる人物特徴　41

　　　　7. 3つの評価要素と面接の総合評価との関連　46

　第4節　実証研究の概要……………………………………………48

　　　　1. 実証研究の目的　48

　　　　2. 実証研究の目的と研究1～7との関連　49

第Ⅱ部　実証研究

第3章　研究1：「複数組織の採用面接で共通して評価される個人特徴は何か」……………55

　第1節　方法：複数の会社における面接評価と人物特徴の相関の統合……………………55

　　　　1. 分析に使用した測定尺度とデータの収集方法　55

　　　　2. メタ分析による複数の相関係数の統合　57

　第2節　結果：「外向性」「情緒の不安定さ」は組織の違いにかかわらず一般に面接評価と関連………61

　第3節　考察：「外向性」「情緒の不安定さ」は面接で一般に評価される人物特徴か……………62

　　　　1. 一般知的能力と面接評価に一般的な相関が得られなかった理由　62

　　　　2. 勤勉性と面接評価に一般的な相関が得られなかった理由　64

　　　　3. 外向性と情緒の安定性は面接場面における一般的な対人評価か　66

　第4節　研究2で検討する問題……………………………………68

第4章　研究2:「外向性と情緒の安定性は，初期印象で評価されるか」……………………………………………… 71

- 第1節　初期印象評価について先行研究でわかっていること ……… 71
- 第2節　面接で一般に評価されるものと，初期印象，採用基準の関連性 ……………………………………………… 73
- 第3節　方法：共分散構造分析によるプロセスモデルの検討 ……… 74
  1. 分析に使用した測定尺度とデータの収集方法　74
  2. 共分散構造モデルの構築　75
- 第4節　結果：面接で一般に評価されるものから最終評価へのプロセスモデル ………………………………………… 77
- 第5節　考察：外向性と情緒の安定性は初期印象で評価され，その結果最終評価に影響する …………………………… 79
- 第6節　研究1・研究2のまとめと今後の課題：面接場面で一般的に評価される人物特徴と面接評価の意義 …………… 83

第5章　研究3:「採用面接評価の組織間の違いは組織の特徴に関連しているか」……………………………………… 85

- 第1節　面接者との適合の影響の統制方法 ……………………… 87
- 第2節　業種などの組織の特徴と組織文化の関係 ……………… 88
- 第3節　方法：本分析で使用する組織特徴（業種，従業員数，創業年，資本金）……………………… 90
- 第4節　結果：組織特徴によって面接評価との関係性に影響が見られた性格特性6尺度 ……………………… 93
- 第5節　考察：組織の特徴によって評価される個人特性はどのように異なるか ……………………………………… 94
- 第6節　本研究の限界と研究4・研究7への課題 ……………… 97

第6章 研究4:「主観的基準アプローチを用いた（面接者とではなく）組織との適合評価の検討」………………………………… 106

- 第1節　組織適合の定義 ………………………………………… 106
- 第2節　適合の内容による効果の違い：性格特性の適合と価値観の適合 …………………………………………………… 107
- 第3節　採用面接における組織との適合評価とは：組織との適合か面接者との適合か ……………………………………… 108
- 第4節　面接者と応募者の価値観の類似度の影響 ……………… 110
- 第5節　方法：面接者をレベル2とするマルチレベルモデルによる分析 ………………………… 112
  1. 面接者をレベル2にする理由　112
  2. 各レベルで分析に使用した変数　114
  3. マルチレベル分析のモデル　118
- 第6節　結果：マルチレベル分析の結果 ………………………… 118
- 第7節　考察：面接者に共通して組織との適合で評価された応募者の価値観 ……………………… 120
- 第8節　研究3・研究4のまとめと今後の課題：価値観の適合と性格特性の適合の違いに着目して ………… 123

第7章 研究5:「新卒採用でも面接者は職務との適合を評価しようとするか」……………………………… 130

- 第1節　職務の経験により形成される対人評価のスキーマ …… 133
- 第2節　営業とその他の職種の経験による対人評価スキーマの違い ……………………………… 134
- 第3節　分析：面接経験者へのアンケートを用いた分析（傾向スコアの活用） ………………………………… 136
- 第4節　結果：営業を長く経験したか否かにより重要性が異なった人物特徴 …………………………………………… 137
- 第5節　考察：営業経験の長い面接者はチャレンジ精神を重視 …… 141

第 6 節　本研究の限界と研究 6・研究 7 への課題 ……………………… 142

第 8 章　研究 6：「日本の新卒採用面接の妥当性の検証」………… 145
第 1 節　日本と欧米の採用面接における質問の違い ………………… 146
第 2 節　面接を構造化することで妥当性が向上する理由 …………… 148
第 3 節　面接評価と上司評価の主観性 ………………………………… 148
第 4 節　分析：構造化面接の設計とその妥当性の検証 ……………… 151
　　　　1. 構造化面接の設計と実施の手続き　152
　　　　2. 範囲制限と選抜効果の補正　153
第 5 節　結果：新卒採用時の面接評価は入社後の上司評価を
　　　　　　　　有意に予測 ……………………………………………… 154
第 6 節　考察：新卒採用面接における職務適合潜在力の妥当性 …… 158
第 7 節　結果の別解釈の可能性の検討 ………………………………… 161
第 8 節　研究 5・研究 6 のまとめと今後の課題：日本の新卒採用におけ
　　　　る職務適合潜在力の評価に関する考察と今後の課題 ……… 163

第 9 章　研究 7：「概念的枠組みの 3 つの評価要素と
　　　　　　　　最終評価の関係」………………………………………… 166
第 1 節　3 つの評価要素間の関係性と最終評価との関係性 ………… 168
第 2 節　面接者の人材観が評価に与える影響 ………………………… 171
第 3 節　分析 7a：3 つの評価要素と最終評価の
　　　　　　　　関係性に関する分析 …………………………………… 173
　　　　1. 分析 7a：分析に使用した変数の説明と収集方法　173
　　　　2. 分析 7a：3 つの要素が最終評価に及ぼす影響のプロセスモデ
　　　　　ル構築　173
　　　　3. 分析 7a：3 つの要素が最終評価に及ぼす影響についての最終
　　　　　モデル　176
第 4 節　分析 7b：面接者の人材観が評価に与える影響に
　　　　　　　　関する分析 ……………………………………………… 178
　　　　1. 分析 7b：分析に使用した変数の説明と収集方法　178

  2. 分析 7b：面接者の評価観の影響を検討するためのマルチレベルモデルの構築　178

  3. 分析 7b：面接者に共通する職務適合潜在力評価と面接者観の評価観の違いの影響　180

第5節 総合考察：3つの評価要素が最終評価に与える影響とその程度の影響を及ぼす要因 …………… 182

第Ⅲ部　実証研究結果を用いた評価内容の概念的枠組みの再検討

第10章　実証研究の結果のまとめ ……………………………… 187

第1節 評価要素「面接場面での一般的な対人評価」について ……… 189

第2節 評価要素「組織との適合評価」について ………………………… 191

第3節 評価要素「職務との適合評価」について ………………………… 192

第11章　評価内容の概念的枠組みの再検討 …………………… 195

第1節 評価要素「面接場面での一般的な対人評価」に関する検討と改訂内容 ……………………………… 195

  1. "面接場面での一般的な対人評価"の適用範囲　195

  2. "面接場面での一般的な対人評価"の予測的妥当性　198

  3. "面接場面での一般的な対人評価"の概念的枠組みの変更　201

第2節 評価要素「組織との適合評価」に関する検討と改訂内容 …… 201

  1. 研究3, 4の外的基準アプローチと研究7の主観的基準アプローチの結果の違い　201

  2. 両アプローチから得られた知見の違いを説明するための追加分析　203

  3. "組織との適合"の概念的枠組みの変更　206

第3節 評価要素「職務との適合評価」について ……………………… 207

  1. 職務適合潜在力で評価する人物特徴の設定　207

  2. 抽象度の高い人物特徴評価への構造化面接の適用　208

3. 面接以外の評価手法との比較　209
　　　4. "職務との適合評価"の概念的枠組みの変更　210
　第4節　3つの評価要素の関係性と実務へのインプリケーション……211
　　　1. 面接者訓練の可能性　214
　　　2. 今回の研究結果の一般化の可能性　214
　第5節　今後に向けて………………………………………………216

引用・参考文献
事項索引
人名索引

第Ⅰ部　背景・問題意識と概念的枠組み

第 1 章

背景と問題意識：採用面接では何が評価されているのか

第 1 節　本研究の概要

　採用面接には，入社後の仕事ぶりを予測するための評価を行うという明確な目的があり，入社後に期待する業務内容や役割行動に基づき，どのような人物特徴を評価するかが決められる。ところが先行研究では，実際に意図した人物特徴が評価されているかについて，明確な結論が得られていない。
　欧米で行われた採用面接研究では，面接評価が入社後の職務の遂行度と平均的に有意な相関（基準関連妥当性）が示されたことで，意図した内容が評価されていることは暗黙の前提として片付けられている。しかし面接はあくまで評価ツールであって，様々な人物特徴の評価が可能であるため，何が評価されたかがわからなければ妥当性の値は意味をもたず，実務の役にも立たない。例えば，面接において職務に関する知識の程度を評価したつもりでも，実際は論理的思考力が評価され，この論理的思考力が職務遂行度と相関があったとする。これを知らずに職務知識の評価に妥当性があると判断して，面接ではなくテストで職務知識の評価を代替した場合，職務遂行度の予測ができなくなる。また面接の妥当性を向上させるためには，実は幅広く職務知識を聞くのではなく，知識の適用について論理的に説明させる機会を設けることが効果的である。このように，面接評価の精度を向上させる方法に

ついても正しい示唆が得られない。

　面接研究の発展のためにはまず面接で実際には何が評価されているのかを明らかにすべきとの考えから，本研究では面接の評価内容を整理するための概念的な枠組みを提案する。面接で評価できる人物特徴は無数にあるが，これを整理する視点として，個別の組織や仕事に応じて評価すべき人物特徴がある一方，面接で対人コミュニケーションをとることによって応募者の特定の個人特徴が自然に評価される可能性を考える。前者は採用基準として評価されるもので，職務および組織との適合予測のための評価である。後者は面接場面で自然に形成される一般的な対人評価であり，初期印象として特定の人物特徴（例えば，外向性）に基づき形成されると考える。

　実証研究では，概念的枠組みで提案している3つの評価要素（職務との適合評価，組織との適合評価，面接場面での一般的な対人評価）がいずれも最終的な面接評価に影響することを，日本の新卒採用面接時のデータを用いて確認する。評価内容の検討は，以下の2つの方向で行った。ひとつは，面接者による人物特徴の評価を，その人物特徴に関連する客観的な別の測度（i.e. 応募者の性格特性検査の結果）を用いて確認する外的基準アプローチで，もうひとつは面接者自身がどのような内容を評価していると思っているかを検討する主観的基準アプローチである。

　実証研究の結果，概念的枠組みで想定している3つの評価要素が，面接の最終評価にそれぞれ固有の影響を及ぼすことが確認された。さらにこれら3要素のうち，初期印象によって形成されると考えられる面接場面での一般的な対人評価は，残る2つの適合評価にも影響を与えることが示された。また一般的な対人評価には，被面接者の外向性や情緒の安定性といった性格特性が影響を与えることも示された。実証研究からは，他にも今後の研究に向けたいくつかの新しい知見が得られた。まず，初期印象評価の影響が，予想以上に大きくなる可能性が示された。また，組織との適合評価では，これまで検討されていた価値観や性格特性で組織に類似した人が評価されるだけでなく，組織との類似性とは関係がなくとも「温かい」人物であると評価される程度が，適合に影響していることが示された。職務との適合評価については，日本の新卒採用に典型的に見られる職務経験のない応募者を対象とする

面接であっても，将来の仕事での活躍について妥当な予測ができることが示された。

最後に，本研究で提案した概念的枠組みが，実務場面でどのように活用できるのかについて考察を行い，今後の研究の方向性について述べる。

第2節　採用面接の先行研究の課題

1. 採用と採用評価の重要性

　日本の採用慣行では，企業は新規学卒（以降，新卒）時に大量に採用を行い，その後長期にわたって雇用関係を継続する。近年，中途採用が増加しているものの，多くの日本企業にとって新卒採用は，将来の企業経営を担う人材の獲得期待もあり，特別な意味をもっている。例えば労働政策研究・研修機構（2008）の調査では，新卒者で正社員募集を実施した理由を企業に尋ねたところ，「長期的な視点で人材を確保，育成するため」が83.9％と最も多く，中途採用でこの理由を選択した割合（21.7％）と明らかに異なる。新卒採用は，長期の育成によって企業の価値観を身につけた社員を確保することを目的とするものであり，その中から将来のリーダーを育成することを意図するものである（厚生労働省，2004）。一方，就職活動を行う学生に視点を移すと，長期にわたってひとつの企業に勤める傾向の強い日本において，新卒時の就職は将来がかかった人生の大きな節目である。つまり新卒採用は企業と個人の両方にとって，大きなインパクトがあるといえる。このことは，次年度の採用予測や採用にまつわる様々な情報が，新聞やマスコミ等でさかんにとりあげられることからもわかる。

　さらに今後は，新卒採用に限らず，企業にとって外部市場からの採用の重要性が増すことが予想される。安定した品質を保ちながら効率的に大量生産を行う従来型の企業活動においては，社員一人一人の力量に業績が大きく左右されることは少なかった。それよりも，組織の一員として組織に対する忠誠心をもち，他の社員と協力してがんばってくれる人材を一定数確保することのほうが重要であった。しかし近年のビジネス環境の変化やテクノロジーの進化スピードに対応するために，企業はより従業員一人一人の能力に頼る

ことを余儀なくされている（Cascio & Aguinis, 2008）。さらに，少子化によって労働力が逼迫することは避けられないとの予測（雇用政策研究会, 2007）もあいまって，優秀な人材の確保はビジネスの成功に欠かせない要素になりつつある。

上記の変化からは，採用面接で何を評価すべきかも今後変化することが予想される。欧米型の採用で重視される特定の職務での成果を上げるための能力やスキルでも，日本型の採用で重視される組織への適合や他者と協力する能力でもなく，より自律的で柔軟に環境に適応する能力が強く求められる時代がきつつあるのかもしれない（Cascio & Aguinis, 2008）。今後どのような人物特徴が求められるかは別の議論になるが，評価すべき人物像が変化することで，これまでなんとなくやってきた方法による面接では，以前と同じ精度での採用を期待することは難しくなるだろう。

今後，採用評価の重要性は増す一方で，精度の高い面接評価を実施することはさらに難しくなると予想される。

2. 採用面接の機能

日本でも欧米でも，採用の意思決定に際して最も重視されるのは面接である。日本では90%を超える企業で新卒採用時には面接が実施されるし（日本経済団体連合会, 2009），米国でも同様の状況である（Guion, 1976）。企業は面接に何を期待するのだろうか。

採用において面接に期待される機能を，Guion（1976, pp. 347-348）は以下の4点にまとめている。

(1) 企業の広報活動の一環（採用広報，動機付け，企業イメージの向上，現実的な職務広報〈Realistic Job Preview〉）
(2) 応募者に関する情報収集（職歴や経済状況など）
(3) 面接以外では評価の難しい個人特性の評価（親しみやすさ，第一印象のよさ，会話の流暢さ，など）
(4) 応募者を次の選考段階に進めさせるか，あるいは採用するかといった意思決定の場

以上の4つの機能は日本の採用面接にもあてはまると考えられるが，これ

らの機能の重要度は並列ではなく，「(4)採否の意思決定」のために，「(2)応募者に関する情報収集」と「(3)個人特性の評価」があると考えられる。「(1)広報活動」の側面をのぞけば，採用面接とは意思決定のための情報収集と，収集された情報をもとに何らかの基準に照らした判断を行う場であるといえる。

　採用での情報収集や個人特性の評価には，履歴書や職務経歴書，適性検査など，面接以外の方法も用いられる。他の評価方法に加えて面接を行う理由は，面接でしか評価できない，あるいは面接で評価することがより妥当な個人特性があるとの期待によるものと考えられる。少なくとも企業の採用担当者は，面接の評価が正しいことを信じており，それは適性検査のような客観的な試験に勝ると考えているようである。米国の採用担当者を対象に行った調査結果では，彼らは面接評価が評価方法として最も妥当であると思っているが，実証研究の結果からは，面接の妥当性は他の評価手法と比べてそれほど高くないとの矛盾があることをHighhouse（2008）は，指摘している。

　採用面接評価は，そもそも採用担当者が期待するほどの成果をあげていない可能性があるが，これ以外にも採用面接に関する先行研究にはいくつかの課題がある。そこで次に，欧米で行われた先行研究では採用面接評価についてこれまで何が明らかにされており，何が今後の課題と考えられるかについて検討する。

3. 採用面接研究の問題点①：評価内容が特定されていない

　Schmidt & Hunter（1998）は，採用選考に用いられる様々な評価手法と入社後のパフォーマンス評価や職務遂行能力評価の関連性（基準関連妥当性，以下，特に断りのない限り"妥当性"とのみ記述）について過去85年間にわたって行われた研究のメタ分析を行い，評価手法間の比較検討を行っている。妥当性が一般に高いといわれる一般知的能力検査の妥当性係数は$\hat{\rho}=0.51$（メタ分析による真の相関の推定値で，統計的な補正後の値）であるが，採用面接でも構造化された面接は$\hat{\rho}=0.51$と一般知的能力検査と同水準の値を，構造化されていない面接でも$\hat{\rho}=0.38$を示している。構造化された面接とは，採用対象となる職務の特徴を職務分析で明らかにした上で面接の

質問内容と評定用の基準の設計を行うといった一連の手続きを経て行われる面接のことを指す。また採用面接の妥当性は，職務に関する知識テストの$\hat{\rho}$＝0.48と比べてもさほど遜色がない。

しかし，このような妥当性水準の比較には問題があることが指摘されている（Arthur & Villado, 2008）。というのも，一般知的能力検査は一般知的能力と呼ばれる心理概念を測定しており評価内容が特定できるが，採用面接は評価手法の呼称であり，何が評価されるかは特定されていない（Bobko, Roth, & Potosky, 1999；Campion, Palmer, & Champion, 1997）。従って両者の妥当性の比較にはあまり意味がない。メタ分析によって採用面接評価にある程度の妥当性があることが示されても，それは対象となった個別研究の妥当性水準の平均値を示しているだけであり，面接評価の妥当性の水準が評価内容によってどの程度変化するかは明らかではない。また，面接者と応募者が直接会って話をするという特徴をもつ面接評価では，応募者の印象のよさやコミュニケーション能力などが一律に評価されているのか，さらにこれらの評価が妥当性水準にどの程度の寄与するのか，などの質問に対する答えは得られていない。

採用面接でどのような内容が評価されているかに関しては，先行研究の数の多さに比して驚くほど研究が少なく，研究者によって捉え方もまちまちである。Huffcutt et al.（2001）は，面接に関する主要な研究で用いられた評価指標をまとめて，「知的能力」「知識・スキル」「性格特性」「社会的スキル」「興味・志向」「組織適合」「身体特徴」の7つに分類している。またSchmitt（1976）は，面接者と応募者が直接的なコミュニケーションをとるという面接の特徴から，面接で評価すべき人物特徴として，社交性，流暢な口頭コミュニケーション，などの対人関係能力や，頼りがい，誠実性，などの良い市民としての人物特徴をあげている。ただし，いずれも面接で用いられる評定項目をもとに論じているに過ぎず，面接で何が評価されているのかを実証的に検証したものではない。

面接評価が意図した内容を妥当に評価しているかは，それを支持する研究（Klehe & Latham, 2006）も，支持しない研究もあり（e.g., Van Iddekinge et al., 2004；Moy, 2006），結論が得られていない。また，面接を設計する際

の評価内容や質問方法が異なる場合でも妥当性の水準がさほど変化しないことを指摘し，結局面接では同じもの，例えば誠実さや知的能力などが評価されている可能性も論じられている（Schmidt & Rader, 1999）。

一方で，評価内容によって系統的に妥当性の水準に違いが生じる可能性も考えられる。一般に構造化された面接のほうが妥当性の水準が高いことはメタ分析の結果から示されているが（Wiesner & Cronshaw, 1988；McDaniel, Whetzel, Schmidt, & Mauer, 1994），その理由のひとつとして，両者の評価内容の違いが指摘されている（Campion, Palmer, & Campion, 1997）。Salgado & Moscoso（2002）は，構造化面接と構造化されていない面接の評価内容を検討した結果，以下のような結論を得ている。構造化面接では，採用対象となる職務の遂行に求められる能力やスキルを職務分析で明らかにした上で，面接の質問内容を設計する。従って非構造化面接よりも，職務遂行に直接必要な能力やスキルが評価されると考えられる。また面接では，仕事に関連した質問を用いるほうが，一般的な質問を用いるよりも妥当性が高くなることを報告した研究もある（McDaniel et al., 1994）。構造化面接の妥当性のほうが非構造化面接よりも高い理由としては，他にも同じ質問や評定項目を用いることによる測定の信頼性向上なども考えられるが（Schmidt & Zimmerman, 2004），評価内容によって妥当性の水準が影響を受けている可能性は否定できない。

それでは欧米のように，職務経験を尋ねて職務遂行のためのスキルや知識を評価することを意図した面接と，日本の新卒採用のように学生時代の勉強や部活動の話を聞いて一般的な人物特徴を評価することを意図した面接では，どちらの妥当性が高いのだろうか。先行研究の結果からは，前者のほうが直接的に職務に求められる人物特徴を評価するという点で，妥当性は高くなると考えられる。しかしこのような仮説を検討した研究は，行われていない。つまりこれまでの採用面接研究では，面接という手法と評価内容が区別されずに研究が進められてきたため，先行研究の知見の適用範囲は不明確で，研究者のみならず，面接で何を評価すべきかを決定する実務家にとっても問題となっている。

4. 採用面接研究の問題点②：面接者間の評価の違いに関する知見が不十分

面接評価の評価内容を，評価手法の特徴と分けて研究することの意義について上に述べたが，評価手法としての面接の特徴はどのようなものだろうか。採用場面でよく用いられる適性検査は，定められた採点基準に従って採点が行われる客観テストであり，いつテストを行ってもどの応募者に対しても同一の基準が適用される。一方で，面接評価は対人場面における主観的評価であるため，面接を行う時々で，また面接者によって，あるいは応募者によって，さらには面接者と応募者の組み合わせによっても，評価の基準が変動する可能性がある。面接による評価結果の分散は，本来応募者の特性のみによって生じるべきものではあるが，実は面接者側の要因によるばらつきが最も大きいことが，海外の研究でも（Graves & Powell, 1996），日本の研究でも（今城, 2005）指摘されている。このことは，同じ応募者に対する評価が面接者によって異なることを意味している。面接者間の評価の違いを，単純に評価エラーとみなすことの正当性ついては別の議論が必要だが，少なくとも違いがなぜ生じるのかを明らかにする必要がある。

面接者間の評価の違いに関するこれまでの研究では，採否の意思決定のために情報や評価を統合する際の重み付けが面接者によって異なることが，主な原因として指摘されてきた。具体的には，policy capturingと呼ばれる，面接者ごとの情報統合の方針を分析する手法によって，面接者間の採否の意思決定における各種情報の重みづけの違いが見いだされている（Graves & Karren, 1999）。ただし，これらの研究には2つの問題がある。まず，重みづけのもとになる各種情報の評価には面接者間で違いがないという前提がおかれていること，そして，情報の統合方法がなぜ面接者間で異なるかについての検討がなされていないことである。例えば，面接時の印象のよし悪しや職務経験などの様々な情報を，採否の決定の際に用いる程度が面接者間で異なることを示す研究はあるが（Kinicki et al., 1990），面接時の印象や職務経験の評価自体が面接者間で異なるかについては検討がなされていない。また，なぜ特定の面接者は職務経験以上に印象評価を重視するのかの検討もなされていない。この背景には，面接者間の評価の違いはあくまでエラーであって軽減すべきとの考え方，また面接者間の評価のばらつきを軽減する有

効な方法として構造化面接があることなどから，面接者間の評価の違いへの興味が低くなったと考えられる。しかし，面接者間の評価の違いが，なぜ，どのように生じるのかを明らかにすることは，科学的な関心事であるだけでなく，例えば面接者訓練の実施方法や面接者の選抜など，構造化以外の面接評価の精度向上のための有効な手段を得ることにもつながるであろう。

なお，policy capturing を用いるのではなく，面接経験の多寡（Dipboye & Jackson, 1999）や面接者の外向性（Lazar, Kravetz, & Zinger, 2004）といった面接者の特徴と面接評価の関連についても，研究が行われている。しかし残念ながら，職務遂行度を基準とする妥当性の水準に対して一定の効果をもつような面接者の特徴は見出されていない。つまり妥当性の高い評価を行う面接者がどのような特徴をもつ人物かについては明らかになっていない。その理由として，評価内容によって面接者間に違いをもたらす要因が異なる可能性が考えられる。例えば応募者の知的能力評価の際には，面接者自身の知的能力の違いが影響するかもしれないが，応募者のストレス耐性の評価には影響を及ぼさないといったことである。面接者自身の特徴が評価に及ぼす影響を知ることは，面接評価を理解する上でも，面接の精度向上のためにも重要だが，先行研究から得られる知見は十分とはいえない。

5. 採用面接研究の問題点③：一般の対人認知研究との接合がなされていない

採用面接の特徴のひとつは，それが対人認知や対人印象形成過程を含むことである。採用面接の目的は，応募者が入社後活躍できる人物であるかを高い精度で予測することであるため，評価すべき人物特徴が通常の対人認知場面と比べて明確である。また面接者は自分の友人やパートナーになる人を評価するのではなく，組織の代表として組織が採用する人を評価する点も，通常の対人認知とは異なる。それでも，採用面接に含まれる対人認知や印象形成過程に着目することで，面接評価の形成過程について，重要な知見が得られる可能性がある。

採用面接の主たる目的は採用後の応募者の成功確率を正しく見積もることであるため，妥当性の検証は重要である。しかし，結果的に面接評価がある程度の予測力をもつことが分かっても，その理由が明らかにならない限り予

測力の高い面接を再現することは難しい。そのためにも，評価内容に着目すべきであるし，加えて面接者がどのように情報を収集，評価し，意思決定に至るのかといった面接者の認知のプロセスを理解することも必要なのである（Dipboye & Gaugler, 1993）。ところが，実際の面接場面に近い状況で研究を行うと，細かな認知のプロセスを扱うことが難しい。1970年代頃に実験的な手法を用いた面接評価のプロセスに関する研究が行われたが，面接という状況の特殊性を十分に考慮できておらず，実用的な知見が得られにくいとの批判を受けている（London & Hakel, 1974）。以上のような理由から，面接者の認知プロセスに関する研究知見の蓄積は進んでいるとはいえない（Posthuma, Morgeson, & Campion, 2002）。

そこで，知見の蓄積が豊富な一般的な対人認知研究を参照することで，面接者の認知プロセスに関する洞察のヒントを得ることが期待できるのではないかということである。(Parsons, Liden, & Bauer, 2001）。

対人認知研究では，状況や認知者の違いを超えた一般的なプロセスモデルの確立や理論化を目指すことが多い。Fiske & Neuberg (1990) の連続体モデルでは，最初に人種や性別，年齢といったすぐに認識できる分類に基づくトップダウンの認知が行われ，その後認知者が正しい認知を行うことに動機付けられていれば，細かな情報に基づくボトムアップ型の認知が行われるとしている。面接評価のプロセスも，このような二重過程で成り立っているのだろうか。一方で，実は認知する特性によってプロセスが異なることを示す研究もあり（Reeder & Brewer, 1979），対人認知においても評価内容に着目することの重要性が指摘されている。対人認知研究では，評価内容に関する知見も蓄積されている。Cuddy et al. (2008) は対人認知の内容は大きく，「温かさ」と「有能さ」の2つの側面からなり，特に前者の認知は進化的な観点から他者認知において重要であると論じている。仮に彼らの議論が正しいとすれば，面接の評価も大きくこの2つの側面からなる可能性が考えられる。一方で，面接が組織にとって役に立つ有能な人材の選抜を目指すメリトクラシー的な立場に立った場合，有能さの評価こそが面接の目指す評価であるとも考えられる。

対人認知研究の知見の面接研究への適用は，決して進んでいるとは言えな

い。これは，通常の対人認知と異なり，採用面接という場面のもつ特徴が何か，またその違いがどのように対人認知に影響を及ぼすかが明らかにされていないことによるものと考えられる。この問題を克服するためには，対人認知のプロセスに関する精緻な実験研究と，実際の採用面接場面で生じる現象を知るための応用研究の両方が必要である（Ilgen, Barnes-Farrell, & McKellin, 1993）。対人認知研究から得られた知見をもとに仮説をたて，それを実際の採用面接におけるデータを用いて検証することで，採用面接における対人認知と一般の対人認知の相違点が明らかとなり，面接者の対人認知や評価形成に関する理解が深まることが期待される。

第3節　本研究のねらい

以上に述べてきた面接研究の問題点をまとめると，以下の3点となる。
(1) 評価手法としての面接評価の特徴と，面接における評価内容が区別されずに研究が行われてきたために，評価内容が異なる場合にこれまでの研究知見がどの程度適用可能かが不明である。結果的に，研究者は知見の蓄積が困難であるし，実務家は評価をしたい人物特徴の評価がどの程度可能かについての予測を立てられない。
(2) 面接評価手法の大きな特徴は，面接者によって主観的に評価が行われることであるが，面接者間の評価の違いが，何によって，どのように生じているかについてあまり研究が進んでいない。
(3) 面接評価は対人印象形成の特殊なケースと考えられるが，一般的な対人認知研究の知見が十分活用できておらず，面接者の対人認知や印象形成のプロセスについての理解が不十分である。

上記の3つの問題は独立したものではない。2点目の面接者間で評価に違いが生じる原因は評価内容によって異なる可能性があるし，一般的な対人場面で評価される人物特徴が面接でも評価されるかを検討することは，面接場面と一般対人場面の違いを考える際に有効である。さらに一点目の評価内容が明らかにされていないことは，入社後の成功予測のために必要な人物特徴を評価する，という採用面接の目的に照らし合わせると，特に問題である。

そこで本書では，採用面接で何が評価されているかを整理するための概念的枠組みを提案し，その枠組みの適切さを実証研究により検証することを主なねらいとする。枠組みの検証を行う実証研究の中では，残り2つの問題点である面接者間の評価の違いを生む要因の検討と，一般的な対人認知に関する先行研究の適応可能性の検討もあわせて行い，何らかの解を得ることを目指す。

第2章
面接評価内容に関する概念的枠組み

第1節　面接評価内容に関する概念的枠組みの必要性

　第1章で議論したように，面接精度の向上のためには，面接における評価内容が精度に及ぼす影響についての理解を深め，様々な研究を評価内容との関連で捉えなおす必要がある。実際に面接で何を評価するかは状況による個別性が高いため，それを整理するために，ここでは面接評価内容に関する概念的枠組みを提案する。面接の評価内容を整理する枠組みを作る際には，以下の2つの条件に従う。ひとつは，採用面接の実務場面での利用が可能であること，もうひとつはこれまでの先行研究や今後の研究から得られる科学的な知見の蓄積に寄与することである。

　ここでの提案はモデルではなく，概念的枠組みである。Giere（2004）は，科学におけるモデルの意味を，実世界と抽象度の高い理論を結ぶものとし，何をモデルに含めるかはモデルで説明したい事象の性質によるとしている。一方で概念的枠組みは，事象そのものの説明を目的とするものではない。従って全ての採用面接に，提案する評価内容が全て含まれることを主張するものでも，評価内容間の関係性が特定の方向性をもつことを主張するものでもない。ここでは，様々な採用面接で何が評価されているかを整理し，理解するための概念的枠組みの提案を行う。さらに評価内容の理解に加えて，実

務における計画的な採用面接の評価内容コントロールの実現を助ける枠組みであることも目指す。

　科学的なモデルの提案が目的ではないとしても，採用面接の精度向上に役立つ有効な枠組みの構築に科学的な先行研究の知見の活用は欠かせない。提案される枠組みは先行研究から得られた知見を適切に反映する必要があり，これらの知見との矛盾や乖離がある場合は，なぜそれが生じるのかについて科学な説明がなされる必要がある。振り返って，これらの矛盾や乖離を知ることで，研究者は第1章で指摘した面接研究の問題点の解決に向けた研究の視点を得ることが期待できる。

　つまりこの枠組みは，実務への科学的知見の活用を促すとともに，研究者に対しては実務に役立てるために何を研究すべきかの手がかりを与える効果をねらいとする。

　本研究では，主に日本企業で日本人を対象とした新卒採用時の面接評価データを扱う。従って，概念的枠組みが実務場面の評価内容理解に活用できるかの検討は，さしあたって日本の新卒採用に限定される。しかし枠組みの提案が依って立つ先行研究は，ほぼ欧米の採用面接を対象としていることから，これが支持される結果が得られれば，将来的に文化の枠を超えた，より一般性の高い概念的枠組みになる可能性がある。

第2節　枠組みの検討に関連する既存モデルと理論

　面接評価内容に関する概念的枠組みの提案に先立って，まずはこれまで提案されてきた関連するモデルや理論について簡単に紹介した上で，課題を述べる。その後，これらの理論やモデルと本研究で提案する概念的枠組みとの関連性について論じる。

1. Dipboyeの採用面接プロセスモデル

　社会的認知の研究を援用しながら，面接の評価プロセスについて提案された最も精緻なモデルが，Dipboye & Gaugler（1993）により提案されており，現在でも多くの研究で引用されている（例えばCampion, Palmer, &

Campion, 1997；Cortina, et al., 2000；Lievens & De Paepe, 2004)。このモデルは面接者が面接前に応募者に対してもつ印象や期待から始まり，言語・非言語のコミュニケーションを通じて面接場面での情報収集と職務への適合評価がなされ，最後に面接者による採否の意思決定につながるプロセスが示されている。また，面接の状況要因や面接者や応募者の個人特性がこのプロセスに影響を及ぼすとされている。Dipboyeのモデルは面接評価に関わる様々な要因を網羅しており，これを用いることで面接実施における留意点や面接評価の限界についての議論が深まる。しかし，このモデルは評価内容に関して全く触れていないため，どのようにすれば評価すべき人物特徴を妥当に評価できるかについては，十分な解答が得られない。例えば，非言語的コミュニケーションの影響が大きく対人場面で評価しやすい外向性と，適切な情報収集が重要な決断力とでは，正しい評価を行うためにプロセスのどこに注意をするべきかが異なるだろう。本研究で提案する概念的枠組みは，Dipboyeのモデルの実務場面での活用を促進する効果が期待できる。

2. 構造化面接

構造化面接（structured interview）とは，事前に面接で評価する人物特徴を特定・記述した上で，評価のための情報収集に必要な質問と，回答を評価するための評定項目を準備して実施する面接のことで，構造化されていない面接よりも高い妥当性が得られることがわかっている（Huffcutt & Arthur, 1994；McDaniel, Whetzel, Schmidt, & Maurer, 1994；Wiesner & Cronshaw, 1988)。構造化面接には，大きく2つの種類がある。ひとつは，Behavioral Description Interview（Janz, 1982）で，将来の行動予測のために被評価者が過去の類似場面でとった行動の様子を本人に尋ねるものである。もうひとつはSituational Interview（Latham, Saari, Pursell, & Campion, 1980）で，こちらは仮定の場面での行動意図を尋ねる。構造化面接研究のほとんどは欧米で行われており，質問は仕事上の過去の経験や，仕事上想定される場面での行動意図になっている。しかし，評価したい人物特徴が日本の新卒採用で見られる"積極性"のような抽象度の高いものである場合，どの程度構造化の手法が効果を発揮できるかは未知数である。

また，構造化面接は，面接評価の職務遂行度に対する予測力を向上させることがわかっているものの，その理由はいまだ明らかにされていない（Dipboye, 1997）。単に評価の信頼性が向上した結果なのか（Schmidt & Zimmerman, 2004），あるいは評価したい概念が妥当に評価されるからなのか（Huffcutt, Conway, Roth, & Stone, 2001）によって，構造化を行う際に重視すべきものが異なる。前者の場合は，質問を統一することや評定項目の使用を徹底することが効果的であるし，後者の場合は何を質問すべきかや，回答を評価する際の観点をどう設定するかがより重視されるだろう。構造化面接の効果が信頼性の向上に負うところが大きい場合，日本の新卒採用でも同様の効果が期待できる。一方，評価内容の職務との関連性の高さによる場合，日本の新卒採用では構造化面接の効果は期待できないかもしれない。

　構造化面接の技術は，採用面接研究で得られた最も堅固な実用知見である。ところが，上で論じたように，日本の新卒採用において効果があるかは不明である。本研究では，評価内容が先行研究と異なることが予想される日本の新卒採用場面における構造化面接の実証研究を行うことで，構造化面接の効果の要因に関する知見を得る。

3. 面接の評価内容分類

　本研究と同様に，Huffcutt, Conway, Roth, & Stone（2001）は面接の評価内容に関する知見が十分得られていないと考え，評価内容の分類を提案した。47の先行研究で用いられた面接の評定項目をもとに「知的能力」「職業上の知識・スキル」「性格特性」「社会的スキル」「興味・指向」「組織への適合」「身体的特徴」の分類が提案された。先行研究で用いられた338個の面接評価項目のうち，一般知的能力に20個，性格特性のうち勤勉性に55個が分類されたことが報告されている。この2つの人物特徴に分類された評価項目の数は他の分類カテゴリーより多く，相対的に多くの面接場面で評価項目に設定されていたことがわかる。

　Huffcutt et al（2001）の分類は網羅性が高く，採用面接の全体像を捉えて研究を進める上では有用な枠組みである。しかし実務場面での活用を考えた際には，分類の性質が明らかでない，分類間の関連性が議論されていない，

といった問題がある。例えば，勤勉性に分類された評価項目の中には責任感，主体性，一生懸命働くこと，時間厳守，倫理観の高さ，職業意識の高さなど，性質の異なる様々な評価項目が含まれる。「時間厳守」ができる人物かを評価する際には，勤勉性のような性格特性として評価することも，時間管理のスキルとして評価することも，価値観として評価することも可能である。しかし，組織が応募者の評価を行うのは，もとの評価項目に表現された内容についてである。結局，勤勉性という人物特徴での分類は，実務への知見の提供において限界がある。

加えて多くの組織では，評価したい人物特徴は複数あることが通常である。「時間厳守」のほかに，「計画性」を評価したいと考えた場合，これらの評価結果は，互いに関連している可能性がある。限られた面接時間の中で何を評価すべきかを決定したり，複数の特徴に関する評価の重み付けをどう最終の意思決定に反映させるのかを検討するためには，分類間の関係性を理解する必要がある。

何よりも，組織側が特定の人物特徴を評価しようとする場合，なぜ評価するのかの理由を念頭におく必要がある。仕事をうまく行うための行動特徴なのか，組織の一員として求められる人物特徴なのかによって，同じ人物特徴であっても，評価方法や最終の意思決定への反映の程度は異なる。本研究で提案する概念的枠組みは，Huffcuttらの分類のように評価しようとする人物特徴の内容に基づく分類ではなく，何のために特定の人物特徴を評価しようとするのかをベースに置く。

4. 対人認知の正確さを評価する分析アプローチ

採用面接において，評価したいものが正しく評価されていることをどのように検証すべきだろうか。Kruglanski（1989）は，対人認知の正確さについて，正確さを評価する際に用いる基準によって異なるものであり，正確さはひとつに定まらないとしている。具体的には，基準が評価者外にある場合と評価者内にある場合に大きく分けて，対人認知の正確さを議論する際には以下の2つの分析アプローチが存在することを指摘している。ひとつは外的な基準を用いて正確さを判断する現実主義的パラダイム（realist paradigm）

であり，もうひとつは認知主体の主観を基準とする現象主義的パラダイム（phenomenal paradigm）である。異なる分析アプローチを採用することで認知の正確さに関する結論が異なることが指摘されている。

　本研究ではこの考え方を援用し，面接で何が評価されるかを検討する際に，2つの異なる分析アプローチを用いることとする。ひとつは現実主義的パラダイムに対応し，外的な基準を用いる分析で，これを「外的基準アプローチ」と呼ぶ。もうひとつは現象主義的パラダイムに対応するもので，主観を基準とする分析であることから「主観的基準アプローチ」と呼ぶことにする。

　この2つのアプローチについて，面接の最終評価で応募者の積極性が評価されているかを検討する場合を考えてみる。面接の最終評価と，応募者が回答した性格検査の積極性尺度の得点との関連性を検証する場合が外的基準アプローチにあたる。この場合，両者の相関が有意であれば，積極性は面接で評価されたと言える。一方，主観的基準アプローチを用いる例としては，最終的な面接評価に加えて面接者は応募者の積極性の評価も行い，この積極性の評価が面接評価と有意な相関があるかを検討する場合があげられる。面接者が積極性があると認知した応募者の最終的な面接評価が高まるかを検証することで，面接では積極性が評価されたことを示す。前者のアプローチで積極性の評価がなされていないとの結論が得られても，後者のアプローチで積極性は面接の最終的な評価に影響を及ぼしているとの結論が得られる場合，アプローチの違いによって「面接で積極性は評価されているか」との問いに対して異なる結論が導かれる。

　Kruglanski（1989）は，どちらの分析枠組みを用いるかは研究者の目的次第であるとしているが，本研究では両方の分析枠組みを用いることとする。妥当性の高い面接評価を目指すとの目的に照らした時に，いずれの分析枠組みを用いるべきかを判断することが現時点では難しいからである。例えば，面接において性格特性が正しく評価されているかを検証する場合，被面接者の自己回答による性格特性検査の尺度得点を用いる外的基準アプローチが用いられることが多い（Barrick, Patton, & Haugland, 2000；Van Iddekinge, Raymark, & Roth, 2005）。しかし Mount, Barrick, & Strauss（1994）や Oh

& Berry（2009）は，性格特性と職務遂行度の相関は，自己回答ではなく他者評価による性格特性を用いるほうが高くなることを示した。これが正しいとすれば，他者による性格特性評価には本人の自己回答にはない有効な情報が含まれる可能性があるため，面接者による応募者の性格特性の評定結果を用いる主観的基準アプローチのほうが適当かもしれない。一方で，上記の研究で用いられたのは同僚や上司などによる認知であり，面接者のように短時間での相互作用による認知とは異なるため，面接者の特性認知のほうがより有効であると結論づけることもできない。

妥当性の問題とは別に，いずれの分析枠組みにも測定上の長所と短所があるため，両方を用いることで現象の理解は深まると考える。面接者の中で評価がどのように構成されているかを検討できる点は，主観的基準アプローチの利点である。一方でこのアプローチの問題点としては，全てのデータが面接者による評定であるため，コモンメソッド・バイアス（common methods bias）の影響をうけて実際以上に関係性が強く出る可能性がある（Podsakoff, MacKenzie, Lee, & Podsakoff, 2003）。また，面接者によって評価した人物特徴の意味が異なる可能性がある。例えば積極性の評価でも，面接者ごとに異なる意味合いの積極性を評価するかもしれない。積極性に関する複数の評定項目を用いて，評価のまとまりを検討できればこの問題は解決できるものの，時間の制約が大きい実際の面接場面でのデータ収集は難しい。

外的基準アプローチで応募者の自己回答による質問紙の測定結果を用いる場合，上記で指摘したコモンメソッド・バイアスの影響は受けない。また，特性の意味も応募者や面接者によって異ならない。つまり外的基準アプローチの最大の利点は，基準の意味合いが面接者や応募者間で異なることがなく，安定している点にある。ただし，上記でも指摘したように自己理解が常に正しいとは限らない。

面接評価ではなく，一般対人認知の正しさに関して，Zaki & Ochsner（2011）は，主観的基準アプローチにあたる「プロセス研究」と，外的基準アプローチにあたる「正確さ研究」の知見を統合することで，対人認知の正しさの実態をよりよく把握できると論じている。彼らは，対人認知はそれが適応的な社会行動に結びつくかが重要であり，それぞれのアプローチが考え

る"正しさ"の違いは，適応的な認知に向かって統合すべきとしている。面接評価の場合も，最終的なゴールは入社後の活躍予測にあり，そこに向けて2つのアプローチを用いることを試みる。

具体的に本研究では，外的基準アプローチとしては，面接者以外から得られた基準，ここでは主として，応募者の回答による性格特性や知的能力の客観式テストの結果，入社後の上司評価などを用いる。主観的基準アプローチでは，通常の面接評価に加えて，提案する概念的枠組みに含まれる3つの評価要素を面接者に評価してもらい，これらと最終の面接評価の間に有意な関係があるかを検証する。また3つの評価要素の間の関係性についても，主観的基準アプローチを用いて検討を行う。

第3節　概念的枠組みの提案

1. 採用基準に沿った人物評価と一般的な対人評価

最初に，組織や面接者が面接で評価したいと思う人物特徴の評価（採用基準として評価するもの）と，初対面の面接者と応募者が対人相互作用を行うという面接場面の特徴から自然に評価される人物特徴（面接場面での一般的な対人評価）の両方を，概念的枠組みに含めることについて説明する。

組織や面接者が特定の人物特徴を評価したいと思う場合には，その人物特徴がどのような点で応募者の将来の成功予測につながるかを考える。Guion (1998) は採用の意思決定について，以下のように述べている。

「新たな成員は，その成員が組織に利益をもたらすことを期待して選ばれる。彼らは主に，おおむね特定された組織成員としての役割——組織内で果たす機能や，全うすべき責務や，組織成員としての役割などの一連の役割——を受け入れることでこれを行う」(Guion, 1998, p.8)。

従って面接では，応募者の特定の個人特徴を評価することで，入社後に期待された役割を高いレベルで遂行する人物かを見極めようとする。期待される役割は，組織によって異なるし，職種や組織内の社会的な立場によっても異なるだろう。この役割遂行に必要な人物特徴を応募者が兼ね備えた程度を評価することが面接の目的であり，採用基準として評価されるものだといえ

る。

　他の測定手法と同様に面接評価においても，まず評価するものを決定し，それを測定するための質問と評価方法を整えるという一連の手続きは，測定精度向上のために効果的である（Guion, 1998）。また Tippins, Papinchock, & Solberg（2010）は，採用を成功に導くためには，組織は評価すべき人物特徴を，入社時に保有することの重要性，測定の可能性，人物特徴の数，組織目標との関連性，などを参考にして決めることが重要であると述べている（pp.364-366）。精度の高い面接とは，「採用基準として評価するもの」が妥当に評価される面接であると考えられる。

　ところが，そもそも面接で「採用基準として評価するもの」を妥当に評価できるかについては，いまだ研究者間で意見が一致していない。例えば，採用基準を評価できるように構造化面接は設計されるが，これによって意図したとおりの人物特徴が評価できたことを示す研究もあれば（Klehe & Latham, 2006），意図したものとは異なる人物特徴によって，評価が規定されたことを示す研究もある（Van Iddekinge, Raymark, Eidson, & Attenweiler, 2004）。前者では，ビジネススクールの学生を対象にチームワークの程度を面接で評価した後，授業の中でチームを組んで課題に取り組ませ，チームメイトからのチームワークの評価をとったところ，チームメイトからの評価結果と面接評価が有意な相関を示したことを報告している。ところが後者の研究では，顧客サービスの担当マネジャーの採用において実施した構造化面接の評価結果と，性格特性や顧客サービス志向など構造化面接での評価予定の特性について応募者が回答した質問紙の得点の間の相関を分析した結果，両者の間にはほとんど相関がなかったことを報告している。このような矛盾した結果は，評価内容の違いに起因するものかもしれないし，基準変数の測定方法の違いによるものかもしれない。前者はチームワークという対人関係の特徴を評価対象としたのに対して，後者は一般的な性格や指向を評価対象とした。また，前者は基準変数も他者評価だったのに対して，後者は自己申告式の質問紙が使われた。いずれにしても，評価しようとしたものが評価されない可能性が残されている。

　先行研究でさらに問題なのは，評価を意図した人物特徴との関連で説明さ

れない評価のばらつきについて，積極的に検討がなされていないことである。例えば上記の Van Iddekinge et al. (2004) では，面接で評価する予定の人物特徴を別の方法で測定した基準変数と面接評価との間に有意な相関はなかったものの，応募者の何らかの特性によって面接評価は有意に規定されたことが報告されている。つまり，そもそも評価をしようとした人物特徴とは別に，系統だって評価された人物特徴があることが示されている。しかしこの評価されたものが何であったかは検討されていない。

Schmidt & Rader (1999) は，面接では評価を意図した人物特徴ではなく，面接という場に特徴的な何らかの人物特徴が評価されている可能性を指摘している。彼らは電話による構造化面接の妥当性に関するメタ分析を行った結果，通常の対面の面接と同程度の水準の妥当性が得られたことを報告しているが，その理由として，どのようなタイプの構造化面接でも一般知的能力や誠実さなどの人物特性が結果的に評価されている可能性を指摘している。本研究では，面接場面の特徴から自然に評価される人物特徴（面接場面での一般的な対人評価）があると考え，この要素を枠組みに加える。

面接場面で一般に評価される人物特徴があるかについて，Schmidt & Rader (1999) の指摘以外にこれまで議論は行なわれていない。一方対人認知の研究では，われわれがほぼ自動的に他者の人物特徴の推論を行っていることが報告されている (Uleman, Saribay, & Gonzalez, 2008)。つまり，評価は意図しなくても行われるのである。採用面接は，応募者の入社後の成功を予測するための評価を行う場であるが，面接者と応募者の対人相互作用の場面でもある。従って面接の際にも，面接者は応募者について自動的に評価を行うと考えられる。また近年の対人認知の研究で，温かさと有能さ (warmth & competence：Cuddy, Fiske & Glick, 2008)，自己利益と他者利益 (self-profitability & other profitability；Peeters, 2002)，作動性と共同性 (agency & communion：Abele & Wojciszke, 2007) といった一般的な対人評価の次元があることが示されている。このような人物特徴は 0.1 秒の写真の提示でも評価され，なかでも温かさに該当する人物特徴の評価は有能さの評価よりも判断が正確であったことが示されている (Willis & Todorov, 2006)。採用面接の場面で顕在化する有能さや温かさに該当する人物特性が

あって，これがどの採用面接でも自然に評価される可能性が考えられる。

　このような面接場面で自然に行われる人物評価は，採用面接の目的のひとつである入社後の活躍の予測に役に立つのだろうか。前に述べたように，Schmidt & Rader (1999) は面接では一般に同じような人物特徴が評価され，しかもこの人物特徴の評価が面接評価の妥当性のベースである可能性を指摘した。しかしこれまでの採用面接研究では，面接評価の妥当性は採用基準として評価すべきものを正しく評価することによって高まると考えられている (Farr & Tippins, 2010)。実務場面においても，多くの組織では採用する職種や組織の特徴に合わせて評価する人物特徴を定めており，従って評価しようとする人物特徴は組織や仕事によって異なる。この相反する2つの主張の両方が正しい可能性はあるのだろうか。

　対人認知をふくむ社会的判断や態度変容など，社会的認知に関する研究の中では，近年二重過程モデルが多く取り上げられている (Evans, 2008; Smith & DeCoster, 2000)。これらのモデルはいずれも，認知容量をあまり必要とせず，過去に学んだこととの単純な連合を用いて直観的に認知が行われるシステムと，認知容量とある程度の時間を必要とし，ルールを用いて理性的に認知が行われるシステムの2つを含んでいる。そこで採用面接評価の場合も，2つの認知システムが関与していると考えることができる。採用基準に基づく人物特徴の評価が行われる場合は，面接者の考える人物特徴の定義と評価の基準があり，それと面接で得られた応募者の情報を意識的に照らし合わせながら評価が行われる。一方，評価基準とは別に面接場面で一定の人物特徴が評価される場合は，その時に活性化されやすい人物評価の枠組みを用いて，連合による評価が短時間に行われると考える。つまり，応募者の発言内容を聞きながら時間をかけて行う採用基準に基づく評価は，理性的な認知システムと強く関連し，採用基準とは関係なく自然と特定の人物特徴が評価される場合は，連合による認知システムとの関連が強いと考えられる。こう考えると，採用面接においては，採用基準に基づく評価と，採用基準とは関係なく自然に行われる対人評価の両方が存在すると想定するのが自然であるように思われる。

　なお，数多く提案された二重過程モデルの間には，いくつかの違いがある

(Smith & DeCoster, 2000)。そのひとつが，連合に基づく直観的な認知システムの扱いである。連合による直観的な認知のシステムが，正しい，理性的なもうひとつのシステムの認知を阻害するという立場と，このシステムも理性的なルール適用の認知システムとは異なる機能をもち，重要な役割を果たすとする立場である。連合に基づく認知システムは，認知容量を必要とせず，しかもすばやく判断が行える利点があり，場合によってはこちらの認知システムによる評価や判断のほうが正しいことも示されている（Ambady & Rosenthal, 1992）。対人認知のモデルでは前者の立場が採られているものの，それは連合に基づく評価として人種等のステレオタイプが扱われているからである。第一印象に関する評価の研究でも，ごく限られた情報に基づく直観的な評価であっても，教師（Ambady & Rosenthal, 1993）や営業職（Ambady, Krabbenhoft, & Hogan, 2006）としての活躍をある程度推測できることが示されている。そこで本研究では，評価をしようと思う人物特徴でなくとも，面接場面で直観的に評価される人物特徴評価にも意味のある評価が含まれるとの立場を取る。

2. 概念的枠組みの全体像

本研究で提案する概念的枠組みの前提として，入社後の活躍を予測するという面接評価の目的に沿っており，その結果，面接評価の妥当性に貢献する評価内容を扱うこととする。面接ごとに異なると考えられる「採用基準として評価するもの」も，「面接場面での一般的な対人評価」も，それぞれが面接評価の妥当性に固有の貢献をすると考える。「採用基準として評価するもの」は特定の職務や組織での活躍に必要な人物特徴を評価する。「面接場面での一般的な対人評価」は対人関係構築といった一般的に望ましい行動を予測する。従って，どちらも面接評価の妥当性を高めることができると考える。

図2-1は概念的枠組みを図示したものである。図の上部にある「採用基準として評価するもの」には，職務との適合評価と組織との適合評価が含まれる。「③職務との適合評価」は，入社後の職務遂行における成功を予測することであり，「②組織との適合評価」は，入社後の組織文化や組織の価値

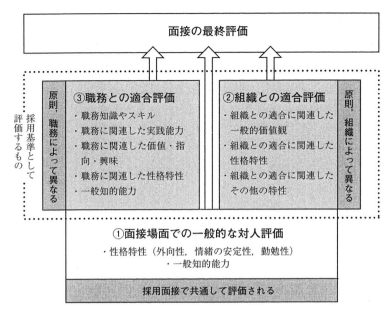

図2-1　面接評価内容に関する概念的枠組み

観への適合の良さを予測することである。それぞれが異なる側面で，応募者の入社後の活躍を予測する。これらの評価は，何をどのレベルで評価するかといった基準が面接者にあり，それに沿って行われる評価である。また，異なる組織，異なる職務との適合評価であるため，当然評価する人物特徴は，組織や職務によって異なる。

　図の下の部分の「①面接場面での一般的な対人評価」では，面接の場で特定の人物特徴が自然と評価されると考えるが，これは採用面接という場に特徴的な人物特徴の評価であって，組織や職務によって異ならないと考える。この面接場面で自然に評価されるものは，一般に対人場面で評価される「温かさ」に対応するような人物特徴や，基礎的なコミュニケーション力や対人対応力のようなもので，組織で働く際の一般的な社会性を支えるものとして面接評価の妥当性に貢献すると考える。

　ステレオタイプの研究に見られるように，短時間に行われる連合による評価はエラーの原因となることも多い（Fiske & Neuberg, 1988）。採用面接の

先行研究でも，採用基準として評価するもの以外の人物特徴の評価は主に評価エラーとして扱われてきた。例えば，性別（Goldberg & Cohen, 2004），年齢（Morgeson, Reider, Campion, & Bull, 2008），人種（Purkiss, Perrewe, Gillespie, Mayes, & Ferris, 2006），外見（Hosoda, Stone-Romero, & Coats, 2003），事前に得られる学業成績などによって形成された印象（Cable & Gilovich, 1998）などが，正しい評価を阻害することが検証されてきた。しかし，概念的枠組みの「①面接場面での一般的な対人評価」には入社後の役割遂行の成功を示す職務遂行度の評価や組織市民行動の評価を有意に予測する可能性のあるもののみを含めることとし，先行研究で扱われてきた評価の偏りやエラーなどは含めない。

面接評価の妥当性を阻害する評価のエラーはまた，組織との適合や職務との適合評価にも付随して存在すると考える。適合の評価に関して生じる評価エラーについては，本研究では特に面接者間の評価の違いという観点で取り上げ，検討を行う。なぜ「採用基準として評価するもの」を2つの適合評価からなるものと想定するかについて述べた後，それぞれの適合評価では，どのような人物特徴が含まれるかについて述べる。

3. 採用基準として評価するもの；職務や組織との適合

Guion（1998）が論じたように，企業は採用基準に設定する人物特徴がどのように役割遂行に結び付くかについてある種の仮説をもっている。企業の人事担当者を対象としたある調査では，面接で重視するのは「性格・人柄」と回答した企業が最も多く，全体の4割を占めた。次いで「熱意」(19.0%)，「質問に対する理解力・対応力」(16.2%) であった（矢野経済研究所, 2009）。企業はこれらの人物特徴を評価することで，応募者が入社後にどの程度高いレベルで期待する役割を満たせるかを予測しようとする。例えば，性格や人柄は入社後にスムーズな人間関係が築けるかの予測に役立つし，熱意は仕事のやる気に，また質問に対する理解力・対応力は入社後の仕事に関する知識の獲得を予測することをねらったものと考えられる。このような成功のパターンとして，職務遂行がうまくいくことと，組織メンバーとして機能することの2種類とがあると想定し，面接評価の概念的枠組みにおいて

は、採用基準として評価するものとして、「②組織との適合評価」と「③職務との適合評価」の2つを設けた。

1990年代以降、入社後の役割遂行の成功可能性予測を、個人と環境の適合（person-environment fit）の程度から捉えるアプローチが注目を集めている（Van Vianen, 2005；Kristof-Brown, 1996）。概念的枠組みの2つの適合評価は、この考え方を用いている。個人と環境の適合の考え方を用いれば、これまでの研究で主流であった職務と人の適合だけを対象とする狭い採用モデルではなく、例えば組織文化へのなじみのよさや、同僚や上司とより良い対人関係が築けるかなどの予測を含む、より広い採用モデルを扱うことが可能になる。

環境を捉えるレベルによって、適合の対象は仕事、職場集団、組織全体など様々であるが、いずれにしても組織の所属員と環境との適合が高いほど、個人や組織の能力が高まることが期待される。例えばWerbel & DeMarie (2005) は、個人と職務との適合は、能力やスキル利用による職務遂行レベルの向上によって組織の専門的な機能を高めるし、組織全体との適合は、組織文化を強めることで組織が提供する価値の競争優位性を高めると論じている。

個人と環境の適合という概念には、組織や仕事といった適合対象の違いの他に、いくつかの観点で整理が行われている。現在よく使われる観点として、「適合対象の違い」「適合の仕方の違い」「何が適合しているかの適合内容の違い」の3つがある（Edwards & Shipp, 2007）。適合対象には、上司や同僚といった特定個人、職務や職業、職場やグループ、組織全体、などが含まれる。適合の仕方の違いは、個人と対象の類似度によって適合が決まるとする追補的な適合（supplementary fit）と、個人が対象によって必要とされるものを補う、あるいは、個人が必要とするものを対象が補う相補的な適合（complementary fit）の2つがあるとされる。個人と似た価値観をもつ集団への適合は前者であり、個人のもつ特定のスキルを必要とするチームへの適合は後者である。また何が適合するかについては、性格、価値観、能力、属性などの個人特徴と、それぞれに対応する適合対象の特徴が扱われる。これらの3つの軸の組み合わせによって様々な適合がありうるが、適合

の違いによって個人や組織に及ぼす影響や，影響のプロセスが異なると考えられている。

　採用面接に関する研究の中心である欧米では，採用選考の際には応募者の特徴や能力と職務の特徴との適合（person-job fit）[1]が評価されてきた（Edwards, 1991）。上記の適合の整理の軸を用いると，適合の対象は「職務」であり，適合の仕方は「相補的」であり，適合の内容は職務遂行に必要な「経験，スキル，知識やその他の人物特徴」となる。該当する人物特徴を高いレベルで有する応募者ほど職務遂行に求められるものを満たしており，その結果，入社後に高レベルの職務遂行行動が期待できると考える。従って欧米で行われる採用選考方法の妥当性研究においては，入社後の職務遂行度の評価が基準として用いられている。

　先行研究において，職務との適合は採用の主要なモデルとされてきたが，これを環境と人との適合のひとつとして捉えて議論するようになったのは1980年代後半以降で，きっかけは人と組織の適合（person-organization fit PO fit）への注目の高まりであった。Bowen, Ledford, & Nathan（1991）は，"emerging trend" として，採用時に応募者と組織の適合を評価する先進的な取り組みをいくつか紹介している。その後，採用選抜に関する研究のレビュー論文や展望論文等でも，人と組織の適合の重要性が強調されるようになってきた（Borman, Hanson, & Hedge, 1997；Werbel & Gilliland, 1999）。また人と組織の適合という用語を初めて用いたのは，Chatman（1989）であるが，彼女を含め多くの研究者は組織と個人の価値や性格特性が類似していることを指して，組織への適合が高いとしている（O'Reilly et al., 1991）。前述した環境との適合を整理する観点を用いると，組織との適合は，適合の対象は「組織全体」であり，適合の仕方は「追補的」，適合の内容は「価値観や性格特性」が中心的に扱われている。

1　個人と職務の適合には，個人側からの視点での捉え方もある。個人の価値観や期待が特定の職務によってどの程度満たされるかを問題とする適合である。このような適合は個人と職業との適合（person-vocation fit）と呼ばれ，どのように個人が職業選択を行うかを研究対象とする職業心理学（Vocational Psychology）のテーマとして古くから扱われてきた（Holland, 1985）。ただし個人と職業との適合では，その仕事を選択するか否かの決定権は個人側にあることから，採用面接における評価を扱う本研究では対象外とする。

組織適合の研究の中で個人と共通する側面において組織の特徴を測定する際には，価値観や性格特性が用いられることが多いが，これらは組織レベルでは組織風土や組織文化という概念で扱われる。組織風土や組織文化は，組織成員に共有される価値観，あるいは組織成員に共通して見られる行動特徴を表わす。組織文化や組織風土の測定では，例えば，「私の所属する組織では，規律を守ることが重視される」などといった記述に対して，あてはまる程度をたずねるなどの方法が一般に採られる。

組織風土と組織文化の2つの概念は，これまでの研究の中で別々に用いられてきたが，Denison（1996）はこれらの違いについて検討した結果，両者はともに組織の社会心理的な文脈を対象とする研究であり同じ現象を扱っているとして，両者の知見を統合することを勧めている。Denisonの指摘した両者の違いは，組織文化が社会学の考え方を基礎とし，文化形成の過程と組織の個別性に着目するのに対して，組織風土は心理学を基礎とし，研究者の提示する側面による測定と，文化間の比較に重点が置かれている点である。しかし本研究で問題となるのは，適合の対象となる組織の特徴がどのような価値観や性格特性に関連したものとして記述されるかであって，両者の考え方の違いはあまり重要ではない。また実際に，組織風土と組織文化の研究で扱われている測度の内容や測定の方法は非常に似通っており，区別が難しい。組織文化の測度に含まれる尺度には，例えばHofstede et al.（1990）の，Authority, Power Distance, Security, Collectivism, Result Orientationがある。また組織風土の測度では，Hellriegel & Slocum（1974）の，Centralization, Supportiveness, Innovation, Peer relations, Motivation to Achieveがある。これらの下位尺度名を見てみると2つの測度がかなり似通った内容を測定していることがわかる。

実際に組織との適合の議論の中では，組織文化と組織風土の両方を用いたものもあり（例えば，O'Reilly, Chatman, & Caldwell, 1991；Joyce & Slocum, 1982），本研究では，組織風土と組織文化はいずれも組織成員に共有された価値観や行動特徴として，区別せず用いることとする。用語については，先行研究を引用する場合はもとの表現に従うが，それ以外は組織文化という言葉を統一して用いることとする。

職務との適合と比べると，組織との適合は個人の職務遂行度に及ぼす影響が直接的ではないためメリットが見えづらい。組織との適合は組織成員個々人の職務遂行レベルを上げるのではなく，組織と性格特性や価値観の似通った応募者を採用することで，よりスムーズな組織社会化を促したり（Chatman, 1991），組織への定着を促進するなどの効果（O'Reilly, 1991）や，組織へのコミットメントやロイヤリティを高めて組織の一体感を強める効果（Vancouver & Schimtt, 1991）などが期待されている。組織社会化とは，その組織に新規に参入した個人が，組織の暗黙の価値観やしきたりなどを身につけることで一人前の組織成員になっていく過程のことを指すが，特に採用の成否を考える際に重要な結果変数である。また Bauer et al.(2007) は組織社会化に関する先行研究をメタ分析した結果，組織社会化がうまくいくことが，組織へのコミットメントやロイヤリティの向上につながることを報告している。

　組織との適合が効果をもたらすプロセスについては十分明らかになっているとはいえないが，組織との適合と組織へのコミットメントやロイヤリティとの間には一般に有意な正の相関が得られることが，欧米のメタ分析の結果で報告されている（Kristof-Brown, Zimmerman, & Johnson, 2005）。また，日本でも角山・松井・都築（2001）によって，価値観における組織との適合と組織成員の職務満足度や組織へのコミットメントとの間の有意な関係が示されている。加えて角山らの研究では，組織との適合があがると，特定のパーソナリティが職務遂行度に及ぼす影響が強まり，間接的に職務遂行度を高めることも示している

　上記の先行研究は，組織との適合が入社後の役割遂行を有意に予測する可能性を示唆している。そこで，これを採用基準として用いることが考えられるが，職務との適合のかわりに組織との適合を用いるのではなく，職務との適合に加えて組織との適合を評価することが勧められている（Bowen et al., 1991）。職務との適合は職務遂行のレベルを，組織との適合は組織構成員の組織に対するポジティブな態度を予測するため，両方の評価を行うことで，より望ましい人材が採用される可能性が高まることが期待できるからである。Lauver & Kristof-Brown（2001）は，組織構成員自身による職務との

適合評価と組織との適合評価の間の相関は低く（r＝.18），離職の意図は後者によってのみ予測され，職務満足度に対しては両方の適合評価がともに固有の予測力をもっていたことを示している。また Arthur et al.（2006）は複数の研究データを用いて，組織との適合は，職務遂行度に対する直接の効果よりも，従業員の満足度や組織へのコミットメントを高めることによって職務遂行度を上げる効果が強かったことを示した。

　職務や組織との適合の他に，環境適合には，上司や同僚などの特定個人や職場やグループといった小集団への適合も含まれる（Kristof-Brown, 1996）。これらの適合は社内の異動やプロジェクトへのアサインメント，マネジメントなどを考える際には，重要な観点である。しかし日本の新卒採用では，採用後の仕事はもとより，職場や上司も決まっていない。また入社後に同じ上司や同じ職場で継続して仕事を行う状況は，一般的とは言えない。以上のことから，社外からの採用選考を考える際には小集団や特定個人との適合ではなく，職務との適合評価と組織との適合評価の2つを重視すべきと考える（Sekiguchi, 2007）。そこで本研究では職務との適合評価と組織との適合評価の2つの評価要素を「採用基準として評価するもの」に，組み込むことを提案する。

　面接評価に影響を及ぼすものとして他には，面接者と応募者の適合が考えられる。面接者と応募者の価値観などが似通っていて両者の適合度が高くなるほど面接評価が高くなることが，実証研究によって示されている（Garcia, Posthuma & Colella, 2008；Adkins, Russell, & Werbel, 1994）。面接評価の検討の際には，面接者との適合は考慮すべき現象であるが，面接者との適合評価とは，あくまで面接者の個人的な価値観との適合であって，面接者が組織社会化の過程で身に付けた組織の価値観や，特定の職務に精通することによって身に付けた職務の価値観や能力との適合ではない。従って面接者との適合は評価エラーと考えられるため，ここで提案する概念的枠組みには含めず，面接者間の評価に違いをもたらす原因のひとつとして検討を行う。

　職務との適合や組織との適合では，どのような人物特徴についての適合評価が行われるだろうか。適合に関する研究と，採用評価や面接評価に関する先行研究をレビューし，本概念的枠組みで扱う適合評価に含まれる可能性の

ある人物特徴について，次に論じる。

4. 職務との適合評価の対象となる人物特徴

欧米における採用選考に関する研究の多くは，従来個人と職務の適合に焦点を当ててきた。もちろん欧米にも新卒採用はあるが，その場合も主にインターンシップの経験をもとに職務との適合を評価する。そこで採用選考で評価する人物特徴とそのレベルを決定するために，職務分析によって当該職務の特徴を明らかにすることが，採用選考の精度を高める意味でも（Pearlman & Sanchez, 2010），また法的な正当性を担保する意味でも重視されてきた（Uniform Guidelines on Employee Selection Procedures, 1978）。

職務分析では，職務の特徴や職務遂行時の手続きを詳細に記述するとともに，その職務を遂行するために必要な知識，スキル，能力など（knowledge, skills, abilities, and others：KSAOs）が何かを特定する。採用選考の精度を高めるためには，職務分析で特定されたKSAOsを応募者がどの程度保有しているかを測定・評価し，採否の決定を行うことが勧められている。また，採用選考方法に関する基準関連妥当性の研究の多くは，職務遂行能力の上司評価を基準としており，このことからも職務との適合予測が最も重要な関心事であることがうかがえる。

一方，日本の新卒採用では，選考対象者が職務未経験者であることや，採用時には従事する職務が決められていないことが一般的であることから，欧米と比べると職務との適合度に対する注目は低い。実際の採用面接では，性格や人柄が重視されることはすでに触れたが，面接に限定せずとも採用選考時に重視するものとしては「コミュニケーション能力」「協調性」「主体性」「チャレンジ精神」「誠実性」などの一般的な人物特性が挙げられている（日本経済団体連合会, 2008）。この調査は大手企業に偏ったサンプルであるが，より一般的な調査であっても「熱意」「コミュニケーション力」「協調性」といった一般的な人物特徴を評価すると答えた企業が多く，その割合は企業の規模によって変わらなかった（労働政策研究・研修機構, 2008）。これらは特定職務の遂行にすぐ求められるものというよりも，入社後の育成や教育によって将来的に職務遂行ができるようになるためのいわゆる"潜在能

力"の評価である（岡部・樋口，2009）。しかし職種別採用が行われていなくとも，日本の採用において職務との適合が考えられていないわけではない。例えば事務職系と技術職系に分けて採用を行っている会社では，評価の際に重視されるものが異なることが調査の結果報告されている（日本経団連教育問題委員会，2004）。この調査では，技術職系の方が「ものごとを深く探求し考え抜く力」である知力の重視度が，事務職系に比べると高かった。また岡部・樋口の調査（2009）で，なぜ特定の人物特徴を評価するかをたずねたところ，人事担当者の回答の中には営業や工場のラインでの作業といった具体的な仕事を挙げてその理由が語られたことが報告されている（p.6）。入社後の活躍を考える際に，同僚とうまくやっていくことや組織の一員として組織になじむことは重要であるが，仕事が出来なくては採用した意味がない。たとえ新卒採用であっても，職務遂行の成功をある程度意識した評価がなされていると考えられる。

　日本の新卒採用では，採用時には応募者に職務経験がなく，将来従事する職務が確定していないものの，入社後に幅広い仕事ができることを予測するような，潜在的な能力の評価が必要になる。欧米でも近年，現有能力ではなく，将来の成長や能力発揮の可能性評価である潜在能力評価の必要性が言われ始めている（Silzer & Davis, 2011）。本研究では，日本の新卒採用のように，より一般的な個人特性をもって，将来の職務との適合可能性を評価する場合を「職務適合潜在力」評価として，以降では欧米型の職務との適合評価と区別して用いることとする。

　通常の職務との適合評価と比較した際の「職務適合潜在力」評価の特徴として，以下の3点を挙げる。
(1) 評価する人物特徴が，抽象的・一般的である。同じ外向性であっても，例えば営業職としての顧客に対する積極性ではなく，より一般的な対人場面での外向性を指す。
(2) 評価の対象となるのは，職務で求められる一定レベルの行動特徴を将来発現する可能性を高める人物特徴となる。またその人物特徴が求められるレベルに関しても，現時点で職務遂行で求められるレベルに足りているかを評価するものではない。

36　第Ⅰ部　背景・問題意識と概念的枠組み

```
欧米型の職務との適合評価のイメージ
  職務 A：遂行に必要な行動特徴 a を評価
  職務 B：遂行に必要な行動特徴 b を評価

職務適合潜在力評価（職務特化型）のイメージ
  職務 A：遂行に必要な行動特徴 a
    →将来的に行動特徴 a の発現を可能にする人物特徴 X を評価
  職務 B：遂行に必要な行動特徴 b
    →将来的に行動特徴 b の発現を可能にする人物特徴 Y を評価

職務適合潜在力評価（職務横断型）のイメージ
  職務 A：遂行に必要な行動特徴 a
    →将来的に行動特徴 a の発現を可能にする人物特徴 X + Y
  職務 B：遂行に必要な行動特徴 b
    →将来的に行動特徴 b の発現を可能にする人物特徴 Y + Z

⇒　職務 A，B の共通部分である人物特徴 Y を評価
```

図2－2　職務との適合評価と職務との適合潜在力評価

(3) 職務との適合で評価される人物特徴は職務ごとに異なることが原則であるものの，例外的に日本の新卒採用のように，複数の職務に共通する人物特徴の評価を行うことがある。

　また職務との適合評価と職務との適合潜在力の評価の違いを，イメージで例示したものを図2－2に示す。上記の特徴の(3)については，日本の新卒採用のように職務が特定されていない場合（職務横断型）と，職務は特定されているものの将来の可能性を評価する場合（職務特化型）があると考える。

　採用する職務が決まっており，応募者も職務経験がある場合の職務への適合評価では，該当する職務に必要な行動特徴を特定し，現時点で応募者がその行動特徴を有する程度を評価する。それとは異なり，「職務特化型」の職務適合潜在力を評価する場合は，採用する職務は決まっているものの，応募者はその職務や類似する職務を経験したことがない。この場合は直接職務遂行に必要な行動特徴は評価できないものの，将来その行動特徴が現れる確率を高めるような人物特徴を評価する。例えば，個人向けの金融商品の営業を行う仕事では，初対面の顧客であっても，収入や経済状態などの話しづらいことについてスムーズに聞きだせるように相手から信頼を得ることが重要で

ある（職務の遂行に必要な行動特徴）。この仕事への採用面接において，営業が未経験の応募者に対しては，相手の話に十分耳を傾け，相手の立場に立って話の内容を理解することができるか（必要な行動特徴の発現につながる人物特徴）を評価する。日本の一般的な新卒採用では，採用する職務は決定しておらず，「職務横断型」の職務適合潜在力評価が行われる。この場合の例として，ある会社では研究職は自分で研究の動向をキャッチアップしながら商品につながる研究のテーマを主体的に決定することが求められる（職務の遂行に必要な行動特徴a）。そこで様々な関連分野に対する興味関心をもちつつ（人物特徴X），自分の問題意識をもって主体的に行動できること（人物特徴Y）が評価の候補となる。一方，この会社の営業職は，無形の商品を顧客のニーズに合わせてカスタマイズし，自ら納品まで行うことが求められる（職務の遂行に必要な行動特徴b）。ここでは，自分の問題意識をもって主体的に行動できることと（人物特徴Y），顧客のニーズを的確に理解すること（人物特徴Z）が評価の候補となる。この会社で研究職と営業職を分けずに新卒採用を行う場合には，自分の問題意識をもって主体的に行動できるかが（人物特徴Y），評価されることになる。

　面接は柔軟性の高い評価手法であり，様々な人物特徴を評価することが可能である。Huffcutt et al. (2001) の提案した面接の評価項目の分類は，「知的能力」「職業上の知識・スキル」「性格特性」「社会的スキル」「興味・指向」「組織への適合」「身体的特徴」からなっていた。「組織との適合」を除くこれらの分類のうち，「職業上の知識・スキル」と特に職業に関連した「興味・指向」は，通常の職務との適合評価において評価されるものである。一方「知的能力」「社会的スキル」と，一般的な「興味・指向」は，職務適合潜在力評価の対象になりうる。「身体的特徴」については，一般的な身体的魅力と，職務に関連した身体的なスキルの2つが含まれる。前者は職務に直接関係しない場合には，面接評価の妥当性に貢献するとは考えられないため，フレームワークには含めない。後者は職務関連スキルとして，職務との適合の中で扱う。

　ここで提案する概念的枠組みでは，欧米の採用モデルである職務との適合評価と，職務適合潜在力の評価の両方を扱うこととする。従って評価される

人物特徴としては,「職務知識やスキル」「職務に関連した実践能力」「職務に関連した価値・指向・興味」「職務に関連した性格特性」「一般知的能力」の5つを置く。

5. 組織との適合評価の対象となる人物特徴

　ビジネス環境やテクノロジーの変化のスピードが早くなったことで,職務も頻繁に変化するようになった。職務が固定化されていれば,職務との適合評価は職務遂行レベルの予測精度が高く,価値があるが,職務そのものが変化を余儀なくされる環境下では職務との適合評価の限界が認識されるようになり,その結果,組織との適合が以前よりも注目を集めるようになった(Borman, Hanson, & Hedge, 1997；Werbel & Gilliland, 1999)。このような変化に対応して,職務との適合評価のみを採用の基準とすることにも限界が生じた(Anderson, Lievens, van Dam, & Ryan, 2004)。また,組織との適合は職務との適合よりも組織へのコミットメントの高さや定着のよさを予測することから(Kristof-Brown, Zimmerman, & Johnson, 2005),優秀なホワイトカラーの留保に貢献するなど,職務との適合にはない独自の効果も期待される。実際に,採用時に組織との適合を評価するケースが増えていることが指摘されている(Rynes, Colbert, & Brown, 2002)。

　それでも欧米では,現在も仕事に従事する人をその都度採用することが主流である(日本労働研究機構, 1998)。一方日本型の採用慣行では,職務経験のない応募者を新卒時に採用し,長期雇用する。そして従業員は社内の異動を通じて複数の職務を経験する(日本労働研究機構, 1998)。この場合,新卒採用時の特定の職務との適合評価の有効性には限界があり,欧米ほど重視されない。そのかわり長期雇用を前提とする日本の雇用慣行において,組織への社会化やコミットメントを向上させる効果をもつ組織との適合は,相対的に高い重要性をもつと言える。企業の新卒向けの採用広報を見ると,組織の文化や価値観にあった人材を求めるメッセージが出されている。2005年に日本企業を対象に行われたある調査では,9割を超える企業が採用時には企業文化や価値観との相性を重視すると回答している(リクルートワークス研究所, 2005)。

近年では欧米での雇用環境の変化を受けて，組織との適合に関して数多くの研究が行われるようになり，仕事や組織への満足度などとの関係性に関するメタ分析も行われている（Arthur, Bell, Villado, & Doverspike, 2006 ; Kristof-Brown, Zimmerman, & Johnson, 2005）。Arthur et al.（2006）では，組織との適合は職務遂行度とは弱い相関（$\hat{\rho}=0.15$）しかないものの，組織に対するコミットメントなどの態度や，仕事への満足感などとは比較的強い相関（$\hat{\rho}=0.31$）が報告されている。以上の傾向は Kristof-Brown et al.（2005）のメタ分析でも同様である。従業員と組織が適合している状態では，従業員の欲求が充足されることによって（Rounds, Dawis, & Lofquist, 1987 ; Schneider, Kristof-Brown, Goldstein, & Smith, 1997），あるいは類似した他の従業員に対する好意が高まることによって（e.g., Byrne, 1971），従業員の組織に対する満足度やコミットメントを高めるとの説明がなされている。一方で組織との適合と職務遂行度のつながりには理論的な説明がなく，実証的な検討でも，組職との適合と職務遂行度の間には直接的な関係があまりないこと（パス係数の推定値 0.06）が示されている（Arthur et al. 2006）。

組織との適合に関する先行研究では，価値観，性格特性，態度，目標，あるいは性別や人種などの属性に関する適合が扱われている。Kristof-Brown et al.（2005）が行ったメタ分析の対象となった研究のうち，最も数が多かったのは価値観における適合で，次に多かったのが，性格特性における適合である（Schneider, Goldstein, & Smith, 1995）。Kristof-Brown et al.（2005）のメタ分析では，価値観における適合と性格特性における適合では，職務への満足度との相関は前者のほうが高い値を示していた（それぞれ $\hat{\rho}=0.51$, $\hat{\rho}=0.08$）。組織へのコミットメントを基準とした際には，価値観のみの適合と性格特性を含む複数の側面における適合では，差は小さいものであったが前者のほうがやや高い値を示した（それぞれ $\hat{\rho}=0.68$, $\hat{\rho}=0.59$）。組織適合の評価内容として扱われることの最も多い価値観は，従業員の組織に対する態度を有意に予測できることが示されている。

一方で，性格特性を組織との適合の評価内容とする研究の中には一定レベルの効果を報告するものもあるが（e.g., Judge & Cable, 1997 ; Ostroff, 1993），価値観における適合評価ほど効果は安定していないようである。そ

の理由のひとつに，性格特性における適合は，価値観における適合とは異なる意味をもつことが考えられる（Ryan & Kristof-Brown, 2003）。例えば価値観と性格の両方の適合を用いた研究では，性格特性の適合のみが従業員が組織にとどまる選択を有意に予測することが示されている（Giberson, Resick, & Dickson, 2005；Westerman & Cyr, 2004）。また，価値観よりも性格特性のほうが行動に結びつきやすく，他者から観察しやすいといった理由で，適合評価には性格特性のほうがより適当であるとする議論（Ryan & Kristof-Brown, 2003）や，実際に組織との適合を評価するリクルーターに組織への適合を何で評価しているかをたずねたところ，価値観よりも性格特性を挙げることが多かったとの報告（Kristof-Brown, 2000）もある。採用面接の妥当性に貢献できる可能性は価値観による適合が高いものの，状況に応じて性格特性による適合も効果的であるといえる。

　採用場面における組織との適合評価に関する研究では，例えばリクルーターが応募者と組織が似ていると思う程度を主観的に評価したもの（e.g., Rynes & Gerhart, 1990）や，応募者自身が回答した価値観の尺度得点と面接者が回答した組織の価値観の尺度得点の一致度（Adkins et al., 1994）などの測定方法が用いられている。しかし，前者のような主観的適合評価と後者のような客観的適合評価の関連性は相関で 0.25 程度であり，異なるものを測定している可能性が指摘されている（Cable & Judge, 1996, 1997）。主観的な適合度を用いる時は，主観的評価を行う面接者やリクルーターが何に基づいて組織との適合度を判断しているかが，明らかにされることはあまりない。例えば Adkins らは面接者の主観的な組織との適合度評価を評定させているが，その質問は "Given your overall impression of this candidate, how good a 'fit' do you think there is between the candidate and your organization?" といったものである。

　採用場面における組織との適合評価の重要性が議論される一方で，実際の採用場面，特に採用面接における組織との適合評価については，まだ研究が不十分である（Judge et al., 2002）。ただし，前述したように組織との適合が組織や個人にもたらすプラスの効果については実証的に示されていることから（Arthur, Bell, Villado, & Doverspike, 2006；Kristof-Brown, Zimmerman, & Johnson, 2005), 組織適合評価が面接評価の妥当性を向上させる可能性は高い。そこで採用選考に限らず, 組織との適合に関する先行研究全般を参考に, 組織との適合評価の対象となる人物特徴として,「組織適合に関連する価値観」「組織適合に関連する性格特性」「組織適合に関する他の人物特徴」を置くこととする。

6. 面接場面での一般的な対人評価に含まれる人物特徴

ここまでは, 組織側が採用面接で評価したいと思うものについて述べてきた。ここからは採用基準としてではないものの, 採用面接において一般的な対人評価として自然に評価される人物特徴は何かについて検討する。

前述したように, 採用面接では, 組織や仕事の特徴の違いにかかわらず一般知的能力や誠実性などの個人特性が評価される可能性が指摘されている (Schmidt & Rader, 1999)。採用面接の評価との関係性を検証した研究が最も多いのが, 一般知的能力である。米国を中心とする研究でも, その後ヨーロッパの研究も含む研究でもメタ分析が行われており (Huffcutt, et al., 1996; Salgado & Moscoso, 2002), 前者では相関の平均の推定値として0.4を, 後者では構造化されていない面接では補正後の値で0.41が, 構造化された面接ではやはり補正後の値で0.28が報告されている。少なくとも欧米での採用面接では一般に知的能力が評価されていると言えそうである。

ただし, 特定の人物特徴が組織や職種の違いを超えて共通して評価されるのは, その人物特徴が採用面接の場面で自然に評価されるからとは限らない。その人物特徴が職種や企業の違いにかかわらず職務遂行度を高めることが期待される場合は, どの採用面接でも「採用基準として」評価される対象になる。個人特性と職務遂行度の相関をメタ分析した結果, 米国では一般知的能力 (Huffcutt, Roth, & McDaniel, 1996; Berry, Sackett, & Landers, 2007) と勤勉性 (Barrick, & Mount, 1991; Barrick, Mount, & Judge, 2001) が, 日本では外向性や情緒の安定性 (都澤・二村・今城・内藤, 2005) が, 組織や職種の違いを超えて一般的に有意な正の関係性があることが報告されている。このようにどの会社や職種でも一定の人物特徴をもった人物が活躍することが期待される場合, この人物特徴は結果的に採用面接で広範に評価さ

れ，かつ入社後の活躍予測に対する妥当性をもつことになる。

　また，例えば日本におけるメリトクラシーの議論の中では，面接を含む組織への採用選抜時の評価においては，学歴とともに日本的な組織の集団文化に典型的な価値観をもつ人物が評価され，それが日本的な組織文化の再生産につながっていることが指摘されている（竹内，1997）。このように，日本企業での採用という条件や特定の時代背景において，ある人物特徴がいずれの企業にとっても望ましい場合にも，これらが日本企業の採用面接で一般に評価されるものになりうる。

　上記のような人物特徴は，提案する概念的枠組みでは「採用基準として評価するもの」として扱う。この場合，職種や企業の違いには関係なく特定の人物特徴が一般に評価されることになり，職務との適合は職務によって，組織との適合は組織によって異なるとした概念的枠組みの条件に反するように見える。ただし，対象となる個別の職務や組織の特徴を意識して評価する人物特徴を決定していることに変わりはなく，結果的に同じ人物特徴が採用基準として抽出されたに過ぎない。この場合の一般性は，同じ人物特徴を採用条件とするような文化や採用慣習によって限定される。一般に評価される人物特徴は日本と欧米では異なることが予想されるし，職務遂行度の高い人物についてみんなが共有するイメージが時代によって変化すれば，それに伴って変化する。一方で「面接場面での一般的な人物評価」は，採用面接という場に特徴的に評価されるものであり，米国の採用面接と日本の採用面接では異ならないと考える。

　先行研究で，面接評価と一般に相関が確認されている一般知的能力は，多くの組織や職務に共通した「採用基準として評価するもの」だろうか，それとも「面接場面での一般的な対人評価」だろうか。一般知的能力は職務や組織の違いにかかわらず職務遂行度を有意に予測することが米国のメタ分析で示されている（Schmidt & Hunter, 1998）。一方日本のデータでは，一般知的能力と職務遂行度の間の相関は，常に有意とは限らない（飯塚・持主・内藤・二村，2005）。一般知的能力は，米国では一般に採用基準になりうるが，日本ではそうではない。

　ただし一般知的能力が「採用基準として評価するもの」であることは，必

ずしも一般知的能力が「面接場面での一般的な対人評価」であることを否定するものではない。一般知的能力が仮に採用基準として評価されている場合でも，加えて面接場面で自然に評価される可能性もある。一般知的能力は面接場面で評価しやすい個人特性であることが指摘されており（Huffcutt et al., 1996），面接時の話の様子から自然に評価される可能性が高い。面接者の質問を的確に理解し，自分の経験なり考えを論理的にわかりやすく説明できるなどの面接におけるコミュニケーションの達者さは，有能さを示すものとして面接場面で自然に評価されるかもしれない。一般知的能力に関しては，先行研究で面接評価との有意な相関が報告されていること，少なくとも日本では常に職務遂行度を高めるわけではなく（飯塚ら，2005），一般に採用基準になるとは言えないことから，面接場面での一般的な対人評価の対象となる人物特徴として概念的枠組みに含めることとする。

一般知的能力に次いで面接評価との関係性について研究が行われているのが性格特性である。米国におけるいくつかの先行研究では，性格特性の五大因子のうち面接評価と関連性が最も強いのは外向性であると報告されている（Barrick et al., 2000；Huffcutt et al., 2001）。また，ヨーロッパでのデータを中心にレビューを行った Robertson & Smith（2001）では，「外向性」に加えて「情緒の安定性」も程度は外向性ほど強くないが，安定して面接評価と関連することが報告されている。これらの研究から，採用面接評価と「外向性」「情緒の安定性」の間に一般に有意な相関が得られると予想できる。

それではこれらの性格特性は，面接場面で自然に評価されるものか，あるいは共通の採用基準になっているのだろうか。米国で行われたあるメタ分析では「外向性」「情緒の安定性」と職務遂行度の間には一般に有意な相関は得られていない（Barrick & Mount, 1991）。一方，米国で行われた別のメタ分析では，情緒の安定性に対応する「適応性」の尺度が，職務遂行度の評価と一般に有意な相関を示すことが報告されている（補正をかけない平均相関係数 0.13, Hough, Eaton, Dunnette, Kamp, & McCloy, 1990）。ヨーロッパのデータを用いたメタ分析でも，「情緒の安定性」が職務遂行度と一般に正の関係があったことが報告されている（$\hat{\rho}=0.19$：Salgado, 1997）。欧米の先行研究の結果からは，「情緒の安定性」は一般に採用基準になる可能性がある

が，「外向性」はそうではないといえる。

　一方で日本におけるメタ分析では，外向性に含まれる「活動意欲」「身体活動性」「社会的内向性」「達成意欲」などの尺度において，職務遂行度の評価との間に補正値で 0.12 ～ 0.21 の相関の推定値が報告されている。さらに値は小さいものの，情緒の安定性にあたる「敏感性」「自責性」「気分性」では，補正値で − 0.08 ～ − 0.17 とある程度の相関が示された（都澤ら，2005）。以上の結果から，日本では「外向性」「情緒の安定性」はともに，一般に採用基準になる可能性がある。

　性格特性に関しても一般知的能力と同様に，「採用基準として評価するもの」であることが「面接場面での一般的な対人評価」であることを否定するものではない。性格特性については，面接評価との相関を見た研究が一般知的能力ほど多くないため，一般的な対人認知研究の知見を参考にする。

　何が評価されているかを検討する際に，外的基準アプローチと主観的基準アプローチがあることについて前に述べた。主観的基準アプローチを用いる場合は，認知者がどのような観点で他者を見ているかで評価内容を検証し，外的基準アプローチを用いる場合は，認知者の評価と，性格検査など対象者の人物特徴を測定する他の測度，あるいは，第三者の評価など用いて，評価内容を検証する。

　対人認知の研究の中で主観的基準アプローチをとる研究では，人を評価する際の側面として，温かさと有能さ（Cuddy, Fiske & Glick, 2008）といった一般的な評価次元があることが示されている。このような評価次元についての実証研究では，例えば評価者が様々な側面において他者を評定した結果の構造を分析することで，評価次元が想定どおり得られることを示している（Abele & Wojciszke, 2007）。したがって評価者の視点からは，温かさや有能さに関して評価が行われているといえる。一言で温かさと有能さといってもそれぞれの次元は多くの人物特徴を含む。性格五大因子にあてはめた時に，どのような温かさや有能さに関する人物特徴が評価されるのだろうか。

　温かさと有能さの 2 軸と，性格五大因子の関係性は直接明らかにされていない（Srivastava, 2010）。ただし，性格五大因子はさらに 2 つの上位因子に分けられることが近年多くの実証研究で示されており（ex., Digman, 1997；

Becker, 1999；Jang et al., 2006；Rushton & Irwing, 2008；Blackburn, Renwick, Donnelly, & Logan, 2004)，いずれも「調和性」「勤勉性」「情緒の安定性」がひとつに，「外向性」と「開放性」がもうひとつの因子にまとまることが示されている。前者は社会性や協調性，安定性などに関連し，後者は勢いや主体性，柔軟性を表す因子で，この2つが社会的認知研究で言われている共同性と作動性の2軸にそれぞれ対応すると論じられている(Saucier & Goldberg, 2003)。つまり性格五大因子は，社会的認知評価の2軸の下位要素をなしていることになり，いずれも対人場面で評価される可能性がある。

　外的基準アプローチを用いた研究では，評価内容検討の基準として被評価者の回答による性格特性尺度得点が使われることが多い。研究の結果，性格五大因子の「外向性」の評価は，相手と会ってからかなり早い段階で，あるいは限られた情報しか与えられない場合でも行われ，しかもその評価は他の評価と比べると比較的正確であることが報告されている（Funder & Sneed, 1993；Kenny et al., 1994；Levesque & Kenny, 1993；Park & Judd, 1989)。理由として，Funder & Sneed (1993) は性格五大因子の中でも「外向性」が最も観察可能であることを指摘している。また，外向性ほどではないものの，次いで正確に認知されている特性として「勤勉性」を報告している研究もいくつかある（Park & Judd, 1989；Albright, Kenny, & Malloy, 1988)。また，Carney et al. (2007) は5秒のビデオ映像の提示によって，「情緒の安定性」が，「外向性」「勤勉性」に次いで観察者の印象評価と被評価者本人の尺度得点との相関が高かったことを報告している。上記に述べた性格五大因子の因子分析の結果によれば，「外向性」は有能さに，「勤勉性」と「情緒の安定性」は温かさに属することなり，主観的基準アプローチの研究知見とも矛盾しない。また，面接評価と性格特性の関連性を見た先行研究の知見とも一致する。そこで，「外向性」「勤勉性」「情緒の安定性」を「面接場面での一般的な対人評価」に含まれる性格特性とする。

　以上をまとめると，「一般知的能力」は，すでに採用面接評価との関係が欧米での先行研究で示されており，また一般対人認知の観点からは有能さを示す個人特性と考えられることから「面接場面での一般的な対人評価」であ

ると考える。また性格特性では，面接評価との相関を見た先行研究と一般対人認知に関する研究結果を参考に，「外向性」「勤勉性」「情緒の安定性」が「面接場面での一般的な対人評価」であるとする。これらの人物特徴は「採用基準として評価するもの」である可能性も残されているが，この点については実証研究で改めて検討を行うこととする。

7. 3つの評価要素と面接の総合評価との関連

　本研究では「採用基準として評価するもの」として，職務との適合に関わる人物特徴，組織との適合に関わる人物特徴を，また「面接場面での一般的な人物評価」として外向性，情緒の安定性，勤勉性と，一般知的能力を含めた面接評価内容の概念的枠組みを提案する。これらの評価要素はどのようにして最終評価に統合されるのだろうか。各評価要素と総合評価の関係性は採用事情の違いや，面接者の違いの影響を受けるのだろうか。

　対人認知の研究において提案されている二重過程モデルのうち，連続体モデル（Fiske & Neuberg, 1990）では，人種や性別などの属性カテゴリーに基づく印象評価が先行するものの，認知者が相手を理解することに動機付けられる場合には，ボトムアップの詳細な情報処理が並行して行われるとしている。今回提案するフレームワークの「面接場面での一般的な人物評価」は，連続体モデルのトップダウン処理で扱われる人種や性別といった属性カテゴリーではないにしても，初期印象での，明るい－暗い，元気がよい－悪い，清潔感がある－ない，といった大きなカテゴリーのどちらに応募者が入るかが判断されていると考えると，トップダウンの評価に近いものと考える。カテゴリカルな評価でなくても，特に背が高いとか，奇抜な格好をしているなどの特徴的な外見も，連続体モデルのトップダウンの評価として論じるものもある（Smith & DeCoster, 2000）。さらに，通常面接者は応募者を評価することに強く動機付けられていることから，直感的な判断に頼るのではなく，ボトムアップの詳細な情報の検討がなされると考えられる。つまり，「採用基準として評価するもの」と「面接場面での一般的な対人評価」はともに最終評価に影響を与えるものの，評価者が情報に注意を払う程度や，相手を正しく評価したいと思う動機によって，ボトムアップの評価であ

る「採用基準として評価するもの」の最終評価への影響が強くなることが予想される。

「採用基準として評価するもの」に含まれる職務との適合評価と組織との適合評価のどちらが，最終評価の際により重視されるかのバランスは，面接の置かれた状況によって異なると考えられる。職務経験のない応募者を採用し，社内での異動を通してジェネラリストとしての活躍を期待する日本の新卒採用の場合には，中途採用を行う場合よりも，また明確に定義された職務に人を充てる米国の採用よりも，組織との適合評価の重要性は増すだろう。また，同じ組織やポストへの採用であったとしても，組織の採用ポリシーによっても，職務と組織のどちらの適合を重視するかが異なるだろう。

職務と組織の2つの適合評価は，入社後の成功予測の対象となる行動が異なることから，独立した評価であると想定した。しかし結果的に，たがいに関連する人物特徴が含まれる可能性もある。「採用基準として評価するもの」と「面接場面での一般的な対人評価」が，明確に区別できない場合がある。例えば，コミュニケーション能力の評価は営業職では仕事との適合を予測するが，同時に一定レベルのコミュニケーション力をもつことは全ての組織成員に求められており，組織への適合を予測することもあるだろう。さらに，面接ではコミュニケーション能力が一般に評価されることも考えられる。このような状況は個別評価の最終評価への統合を検討する際の問題となる。残念ながら，この問題について実証的に検討した研究はこれまでのところ行われていない。関連する研究としては，面接者が採否の意思決定に際して応募者の評価情報をどのように統合するかを検討したものがある（Graves & Karren, 1999）。しかし，これらの研究は主として面接者間の評価観点の違いに着目したものであって，枠組みで提案したような評価の目的や，評価の性質の異なる評価要素間の統合を扱ったものではない。

職務への適合で評価される人物特徴と組織への適合で評価される人物特徴，面接場面での一般的な対人評価の対象となる人物特徴の関連性を整理することで，最終評価への影響のバランスがある程度コントロール可能になるかもしれない。例えば，対人積極性がさほど強く求められない職務，組織でありながら，この人物特徴が面接で一般に評価される場合には，最終評価へ

の影響をコントロールすることが必要になる。あるいは、自己主張の強さは職務への適合を高めるが、組織への適合を阻害する場合、どの程度の自己主張の強さを許容するのか、などといった問題を考える場合もあるだろう。概念的枠組みの提案にあたっては、状況に応じて3つの評価要素が最終評価に影響する程度は変化するものの、3つの評価要素はすべて最終評価に影響を与える可能性があるとおいて検討を進める。

第4節 実証研究の概要

1. 実証研究の目的

　ここまでは、主として先行研究の知見を参考にしながら、面接の評価内容に着目した概念的枠組みを提案した。第Ⅱ部では、実証研究の結果を報告する。実証研究は、以下3点を目的とする。

目的1：提案した概念的枠組みに含まれる3つの評価要素（面接場面での一般的な対人評価，組織との適合，職務との適合）が，採用面接の最終評価に影響することを示す

目的2：提案した概念的枠組みについて，以下の4つ主張の妥当性を検証する
　〔1〕「面接場面での一般的な対人評価」では，様々な組織採用面接で共通の人物特徴が評価される
　〔2〕「組織との適合」では，面接者との適合ではなく，組織との適合が確かに評価されている
　〔3〕職種別採用を行わない日本の新卒採用面接においても，「職務との適合」が評価されている
　〔4〕各評価要素の評価結果は，応募者の入社後の活躍予測に貢献する可能性がある

目的3：概念的枠組みを用いることで，第Ⅰ部で論じた以下2点の面接研

究の問題点が解決できる可能性を示す
〔1〕 面接者間の評価の違いを検討する際に，評価要素を考慮することが有効である
〔2〕 対人認知研究の知見の適用は有効である

2. 実証研究の目的と研究1～7との関連

第Ⅱ部で報告する実証研究と，上記の3つの目的との関連性について説明する（表2-1）。研究1と研究2は「①面接場面での一般的な対人評価」について，研究3と研究4は採用基準として評価されるもののうち「②組織との適合」について，研究5と研究6は採用基準として評価されるもののうち「③職務との適合」について検討する。最後に研究7ではある会社の面接評価データを用いて，3つの評価要素すべてを同時に分析し，実務場面での概念的枠組みの有効性について考察を行う。各評価要素の検証にあたっては，外的基準アプローチと主観的基準アプローチの両方を用いる。主観的基準アプローチを用いた研究では，面接者間で評価の違いが生じる理由についても検討を行う。また一般対人認知研究からの知見の援用は，各研究で必要に応じて行う。

以下に，7つの実証研究の概要を簡単にまとめる。

研究1：

「組織の違いにかかわらず，面接場面で一般に評価される人物特徴はあるかどうか」を検討する。具体的には，86社の新卒採用時の面接評価と，性格検査と一般知的能力検査からなる応募者の適性検査の得点を用いて，各社ごとの面接評価と適性検査得点の相関係数をメタ分析的な手続きによってまとめる。これによって会社の違いにかかわらず一般的に面接評価と有意な関連性をもつ応募者の個人特性が何かを検証し，欧米の先行研究と比較しながら考察を行う。

研究2：

「面接場面で一般に評価される人物特徴は，初期の印象評価に影響を及ぼすことで最終的な評価に影響を及ぼすかどうか」を検討する。あるサービス会社A社の採用面接時に収集した初期印象の良さの評定結果と面接の最終

表2-1　実証研究の概要

	外的基準アプローチ	主観的基準アプローチ
① 面接場面での 一般的な 対人評価	研究1（複数組織のデータ）： 複数組織において，面接評価と関連する応募者の個人特性が何かを検証	研究2（A社のデータ）： 応募者の第一印象の良さが面接評価に与える影響を検証
② 組織との 適合評価	研究3（複数組織のデータ）： 組織による面接評価の違いが，組織特徴によって説明可能かを検証	研究4（A社のデータ）： 応募者の価値観が組織との適合評価において評価されるかを検証
③ 職務との 適合評価	研究6（B社のデータ）： 特定職務を念頭に設計された構造化面接評価の予測的妥当性を検証	研究5（面接経験者を対象にした調査）： 面接者の職務経験が，新卒採用時の評価すべき人材観に影響を及ぼすかを検証 研究7　分析2（A社のデータ）： 職務との適合評価が最終的な面接評価に及ぼす影響は，面接者の人材観によって影響を受ける
①～③の 最終評価への 統合	該当する研究なし	研究7　分析1（A社のデータ）： 3つの評価要素が，どのように最終的な面接評価に影響を及ぼしているかを検証

注：括弧内は使用データ。

評価，応募者の適性検査の得点を用いて，共通に評価される個人特性が印象評価を通じて最終評価に影響を及ぼすモデルを，共分散構造分析を用いて検証する。

研究3：

　組織との適合評価が面接で行われているかを確認するために，「面接評価は組織によって異なっており，それは組織の特徴を反映しているかどうか」を検討する。研究1で使用した86社のうち組織特徴が確認できた81社のデータを用いて，各社ごとの面接評価と適性検査得点の相関係数を従属変数，組織の特徴（業種，従業員数，創業・創立年，資本金）を独立変数としてカテゴリカル回帰分析を行う。組織特徴によってどのような相関係数の違いが得られるかを考察する。

研究4：

　「応募者の価値観は面接での組織との適合評価に影響を及ぼすかどうか」を検討する。サービス会社A社の面接時の組織との適合評価を従属変数とし，応募者をレベル1，面接者をレベル2とするマルチレベル分析を行う。

第 2 章 面接評価内容に関する概念的枠組み 51

応募者の特定の価値観が組織との適合評価に影響を及ぼすことを確認するとともに，面接者の組織文化認知，応募者との価値観の乖離度，面接者の固定的人間観などが調整変数としてどのように評価に影響を及ぼすかをあわせて検証する。

研究 5：

新卒採用面接において職務への適合が評価されるためには，面接者は職務との適合を意識した評価観点をもっていることが必要である。企業で採用面接の経験者を対象に行った調査データを用いて，「面接者自身の職務経験によって新卒採用面接における応募者の評価観点が異なるかどうか」を検討することで，面接者の評価観点に職務との適合評価の視点が含まれることを示す。

研究 6：

日本の新卒採用では応募者が職務未経験であることから，職務遂行に直接関連する能力やスキルの評価は難しい。そこで，応募者が将来的に職務遂行で成功することを予測するための人物特徴評価を「職務適合潜在力評価」として，これの妥当な評価ができたかを検討する。具体的には，特定職務（営業）を念頭において構造化した採用面接時のデータを用いて，採用時の面接評価と採用後の営業職としての評価の関連性を分析する。

研究 7（分析 1）：

概念的枠組みで示した 3 つの評価要素（「面接場面での一般的な対人評価」「組織との適合評価」「職務との適合評価」）は，それぞれ面接の最終評価に影響を与えているかどうかを検討する。分析 1 では，あるサービス会社 A 社の面接時の採用基準としての人物特徴評価，印象評価，組織との適合評価のそれぞれが面接の最終評価に固有の影響を及ぼすことを，共分散構造分析を用いて検討する。

研究 7（分析 2）：

研究 5，6 で検討できなかった職務との適合評価における面接者間の評価の違いの要因を検討する。分析 1 と同じデータを用いて，応募者をレベル 1，面接者をレベル 2 とするマルチレベルモデルを用いて分析する。同じ組織に属する複数の面接者は共通の視点をもって，応募者の職務適合潜在力を

評価していることを示す。加えて，職務との適合評価で面接者間の違いが生じる理由のひとつとして，面接者のもつ人材観（応募者にどのような特徴を望むか）の違いが及ぼす影響について検討する。

第Ⅱ部　実証研究

第3章

研究1:「複数組織の採用面接で共通して評価される個人特徴は何か」

　研究1では，採用面接場面において一般に評価される人物特徴があるか，あるとすればそれは何かを，客観的基準アプローチを用いて検証する。具体的には，複数組織における実際の新卒採用時に得られた面接評価データと，応募者が回答した適性検査の得点の間の相関を組織ごとに求め，その結果をメタ分析の手法を用いて統合する。検証を行う仮説は以下に記す。

　仮説1:採用面接では，組織の違いにかかわらず「一般知的能力」「外向性」「情緒の安定性」「勤勉性」の高い人が高く評価される傾向がある

第1節　方法:複数の会社における面接評価と
　　　　　　人物特徴の相関の統合

1. 分析に使用した測定尺度とデータの収集方法

　2006年10月～2008年4月の間に，4年制大学生・大学院生の応募者を対象とした新卒採用で実施された総合適性検査SPI2-U（Synthetic Personality Inventory 2:リクルートキャリア）の16尺度（性格特性13尺度，一般知的能力3尺度）の得点と面接の評定を組織ごとに相関分析をした結果を用いる。総合適性検査SPI2-U（2002;以下SPI2）は，1974年に開発された適性

表 3-1　適性検査 SPI2 の尺度内容と信頼性係数 (n ≒ 85,500)

尺度名	得点が低い時の傾向	得点が高い時の傾向	α係数
社会的内向性	対人面で積極的 交際が広く，浅い	対人面で控えめ 交際が狭く，深い	.91
内省性	考えるより行動する あまり深く考えない	掘り下げて考える 難しく考えすぎる	.86
身体活動性	じっとしていることを好む 腰が重い	フットワークが良い 落ち着きがない	.89
持続性	あっさりしている あきらめが早い	粘り強い あきらめが悪い	.87
慎重性	思い切りがよい 軽率になりやすい	見通しをつける 優柔不断になりやすい	.87
達成意欲	現実を受け入れる 欲がない	大きな目標をもつ 競争心が強い	.84
活動意欲	じっくり取り組む のんびりしている	決断が早く行動が機敏 せっかち	.87
敏感性	細かなことは気にしない 物事に動じない	心配性　神経質 繊細　感情が細やか	.89
自責性	くよくよしない 楽観的	自責傾向　おちこみやすい 受容的	.89
気分性	気分に波がない 感情的にならない	感情的 周囲に影響されやすい	.85
独自性	周囲の意向を気にする 常識的	個性的　マイペース 周囲への関心が薄い	.80
自信性	穏やか　親和的 弱気になりやすい	覇気がある　自尊心が強い 自信過剰	.84
高揚性	浮ついたところがない 感情を表に出さない	明るい　自由奔放 散漫　調子が良い	.80
一般知的能力	言語能力が低い 論理的思考力が低い 数的能力が低い	言語能力が高い 論理的思考力が高い 数的能力が高い	.82

検査 SPI-U の第二版で，特に日本の新卒採用において，2007年以降は毎年100万人以上が受験する適性検査である。一般知的能力は4年制大学生を母集団として，性格特性は一般企業人を母集団として標準化されている（平均50, 標準偏差10）。性格特性と一般知的能力検査の尺度の概要と信頼性は表 3-1 の通りで，全て問題のないレベルである。またこれまで何度か，妥当性の検証も行われている（都澤・二村・今城・内藤，2004；飯塚・持主・内藤・二村，2005）。面接評定に関しては，通常企業では採用までに数回にわたって面接を行うが，ここでは採用選考の最初に行われる面接評価データを用いる。性格特性は85件の相関係数を，一般知的能力は69件の相関係数を

用いる。データの提供を受けた会社の業種と従業員数は表3-2に示す。比較的大手の企業のデータが多いことが特徴である。総サンプル数は，性格特性7万783名，一般知的能力4万5710名であった。

2. メタ分析による複数の相関係数の統合

性格検査は仮説の検証を行いやすくするために，因子分析を行って4因子にまとめた（表3-3）。性格五大因子との関連を実証的に検証するデータがなかったため，因子分析の結果得られた4因子の尺度内容を元に対応づけを行った結果も表3-3に示す。調和性（agreeableness）については該当する因子が存在しなかった。

表3-2 組織の特徴

業種	（組織数）
メーカ	28
通信	6
システム	12
金融・保険	7
小売	4
物流・輸送	3
不動産・設備	3
その他サービス	22
計	85

従業員数	（組織数）
280～1000名	14
1001～3000名	29
3001～5000名	13
5001～1万名	17
1万1名以上	12
計	85

研究ごとに求められた相関係数は，産業組織心理学の分野で最もよく用いられるHunter & Schmidt（1990）のメタ分析の手続きに従い，統合した。ここでは面接評価と性格特性，あるいは一般知的能力の間の相関が，企業の違いを超えて一般に有意であるといえるかを検討する。Schmidt & Hunter（1977）は，個人特性の測定結果と基準変数の間の相関係数は個々の研究で異なる値をとることが多く，そのばらつきには人為的な誤差が含まれているとした。そしてこれらを完全に除去することができれば，妥当性係数の真値は，産業特性や企業特性あるいは職務特性などによる状況の個別性を超えて1つに定まるとの前提のもとに，唯一の真値の推定を行うことを志向した。人為的な誤差として，つぎの7つをあげている。(1)標本誤差，(2)従属変数の測定誤差，(3)独立変数の測定誤差，(4)独立変数の範囲制限（選抜効果），(5)従属変数の構成概念からのずれや研究間での違い，(6)研究者の計算，タイピング，転記の間違い，(7)独立変数の構成概念からのずれや研究間での違い，である。特に(4)の独立変数の範囲制限は，採用選抜の場合には，ある特性が一定以上高い，あるいは低い人にしか従属変数の測定が行われないことが多

表 3-3　性格検査部分の因子分析結果と再構成後の尺度

再構成後	尺度内容	元尺度名	1	2	3	4	共通性
情緒の 不安定さ (0.93)[1]	悲観的 心配性 繊細 気分にむら	自責性 敏感性 自信性 気分性	*0.76* *0.75* *-0.63* *0.47*	0.06 0.23 0.14 -0.45	-0.19 -0.15 0.38 0.18	-0.09 -0.27 0.37 0.10	0.62 0.71 0.70 0.46
勤勉性 (0.91)	粘り強い 着実	慎重性 持続性 内省性	0.26 -0.04 0.06	*0.67* *0.61* *0.55*	-0.29 0.02 -0.10	-0.16 -0.11 0.29	0.63 0.39 0.40
外向性 (0.93)	積極的 活動的 意欲的	身体活動性 活動意欲 社会的内向性 高揚性 達成意欲	-0.24 -0.27 0.41 0.22 -0.06	-0.19 -0.25 -0.01 -0.31 0.06	*0.63* *0.60* *-0.57* *0.54* *0.52*	-0.14 0.25 0.02 0.11 0.27	0.52 0.57 0.49 0.45 0.35
独創的 (0.80)	個性的 マイペース	独自性	-0.25	-0.10	0.14	*0.55*	0.40
		因子寄与	2.24	1.61	2.00	0.83	

注：1）再構成前の元の尺度のα係数（n ≒ 85,500）を用いて算出した信頼性係数。
　　2）Schnmit, Kihm, Robie (2000) より。

いため，問題となるものである。(5)から(7)までの誤差については影響を取り除くことはできないが，(1)から(4)までは統計的な手法により影響を取り除くことが可能である。具体的には，(1)は研究ごとのサンプル数による重み付けを用いることで，(2)と(3)は信頼性の補正を行うことで，(4)は範囲制限の補正を行うことで誤差を取り除く。

　しかしながら，たとえ誤差が除去されたとしても，相関は様々な要因によって異なることが考えられる。例えば本研究の場合，面接者や組織によって異なる可能性がある。そのような場合に，両者の相関をいわゆるランダム効果として考え，真の値が一定の分散をもつと考えた上で求めるのが80%確信区間（80% credibility interval：80% CV）である（Schmidt & Hunter, 2000）。この考え方によれば，相関の真値は80%の確率でこの区間に収まると考えられる。そこで推定された相関係数の真値の上限値と下限値の両方が揃って0を含まない場合には，相関係数は状況の違いを超えて正の，あるいは負の値をとるものと考える（Schmidt, Hunter, & Caplan, 1981）。

　本研究では上記のメタ分析を用いて，面接評価と適性検査による応募者の

第3章 研究1:「複数組織の採用面接で共通して評価される個人特徴は何か」

性格五大因子の測定内容[2]

Neuroticism
　Emotional control, Negative affectivity, Optimism, Self-confidence, Stress tolerance

Conscientiousness
　Attention to detail, Dutifulness, Responsibility, Work focus

Extroversion
　Adaptability, Competitiveness, Desire for advancement, Energy level, Influence, Initiative, Risk-taking, Sociability, Taking charge

Openness to Experience
　Independence, Innovativeness/creativity, Social astuteness, Thought focus, Vision

個人特性の測定結果の相関が,個別研究の違いにかかわらず,常に正のあるいは負の相関を示すかについて検証を行う。

計算手続き:

　本研究では,観測された個々研究での相関係数に以下に述べる計算手続きを用いて補正をほどこし,最後に研究ごとの標本数による加重平均をとることによって「相関係数の真値の推定値($\hat{\rho}$)」および「相関係数の真値の分散(σ_{ρ^2})」を求める。

　なお,以下の数式における記号はそれぞれつぎの意味を表す(ただし表記中,添字のiは個別研究の別を表す)。

ρ_{xx} ： 適性検査の信頼性係数

ρ_{YY} ： 面接評価の信頼性係数

U_i ： [範囲制限を受けていない適性検査の標準偏差]／[範囲制限を受けた適性検査の標準偏差]

r_i ： 補正前の相関係数

r_{ci} ： 適性検査の範囲制限と,適性検査と面接評価の信頼性の低さとによる希薄化補正後の相関係数

n_i ： 標本数

N ： 総標本数

σ_{ei}^2 ： 補正前の相関係数の標本誤差分散

σ_{eci}^2 ： 補正後の相関係数の標本誤差分散

$\hat{\rho}$ ： 相関係数の真値の推定値

σ_{ρ}^2 ： 相関係数の真値の分散

(1) 範囲制限と信頼性の低さによる希薄化の補正

①範囲制限による希薄化の補正

$$r_i' = U_i r_i / \sqrt{\{(U_i^2-1)r_i^2+1\}}$$

②信頼性の低さによる希薄化の補正

$$r_{ci} = r_i' / \sqrt{\rho_{XX}}\sqrt{\rho_{YY}}$$

(2) 補正後の標本誤差分散（σ_{eci}^2）の算出

$$\sigma_{eci}^2 = \alpha_i A_i \sigma_{ei}^2$$

ただし，

$$\alpha_i = 1/\{(U_i^2-1)r_i^2+1\}$$
$$A_i = r_{ci}/r_i$$
$$\sigma_{ei}^2 = (1-r_i^2)^2/(n_i-1)$$

(3) 真の相関係数の推定値（$\hat{\rho}$）の算出

$$\hat{\rho}_c = \sum n_i r_{ci} / N$$

(4) 真の相関係数の分散（σ_ρ^2）の算出

$$\sigma_\rho^2 = \sigma_r^2 - \sigma_e^2 = \overline{\sigma}_{rc}^2 - \overline{\sigma}_{ec}^2$$

$$\sigma_r^2 = \overline{\sigma}_{rc}^2 = \sum n_i (r_{ci} - \hat{\rho})^2 / N$$
$$\sigma_e^2 = \overline{\sigma}_{ec}^2 = \sum n_i \sigma_{eci}^2 / N$$

　用いられた適性検査の信頼性係数は表3-3に示す値を，また範囲制限前の標準偏差についてはこの適性検査の得点が平均50，標準偏差10で標準化されているため，この値と個別研究で得られた適性検査得点の標準偏差を用いた。範囲制限の比率を示すUは表3-4に示す。Uの値を見ると「外向性」「情緒の不安定さ」「一般知的能力」では，比較的範囲制限が大きく，これらの尺度に関して面接前に選抜が行われた可能性が高い。また「外向性」「一般知的能力」は会社によって範囲制限の程度のばらつきが比較的大き

く，この２つの尺度を面接前の選抜に用いる程度や，これらの尺度に関して偏りのある集団が面接に参加する程度は会社によって異なっていたことがわかる。メタ分析ではこ

表３−４　範囲制限の状況（U）

尺度	最小値	最大値	平均値	標準偏差
外向性	1.11	2.27	1.45	0.25
勤勉性	1.08	1.57	1.28	0.08
情緒の不安定さ	1.19	1.91	1.43	0.17
独自性	0.91	1.27	1.02	0.06
一般知的能力	0.96	2.05	1.40	0.27

のような面接時の集団の偏りについて統計的な補正を行うことで，集団の偏りのない状態での面接評価と個人特性の間の関係性を検証する。

もうひとつの補正の対象である面接評価の信頼性については，本来ならば個別の研究で報告された信頼性を用いるべきところだが，１項目による評定であったため信頼性係数が算出できなかった。そこで Conway, Jako, & Goodman（1995）が行った面接評価の信頼性のメタ分析結果を参考に，一律で 0.7 を用いた。

第２節　結果：「外向性」「情緒の不安定さ」は組織の違いにかかわらず一般に面接評価と関連

メタ分析の結果は表３−５の通りである。80％確信区間が０を含まなかった尺度は，「外向性」と「情緒の不安定さ」の２つであった。「外向性」は下限が 0.029，上限が 0.487 であった。「情緒の不安定さ」は下限が − 0.290，上限が − 0.039 となった。「一般知的能力」と「勤勉性」については，それぞれ下限が − 0.025 で上限が 0.294，下限が − 0.084 で上限が 0.112 と確信区間が０を含む結果となったため，面接評価との相関が０になる可能性があり，一般に有意な関係があるとはいえない結果であった。従って予測は一部しか支持されなかった。

表３−５　メタ分析結果

	補正前平均相関係数 r	補正後の相関係数の真値 ρ	σ_ρ^2	σ_r^2	σ_e^2	誤差による分散説明率	80%確信区間下限	80%確信区間上限
外向性	0.146	0.258	0.032	0.034	0.002	0.061	0.029	0.487
勤勉性	0.009	0.014	0.006	0.008	0.002	0.242	− 0.084	0.112
情緒の不安定さ	− 0.096	− 0.165	0.010	0.012	0.002	0.178	− 0.290	− 0.039
独自性	0.013	0.018	0.003	0.005	0.002	0.340	− 0.054	0.089
一般知的能力	0.082	0.135	0.016	0.018	0.003	0.142	− 0.025	0.294

「外向性」は相関の真値の推定値が0.258と他の尺度と比べると高かった。ただし、「外向性」の確信区間の幅は0.459と広く、外向性の高い人は一般に面接で高く評価される傾向があるものの、その傾向の強さは会社によって違いがかなりあることがわかった。「情緒の不安定さ」についても相関の推定値は小さいものの、情緒の不安定な人ほど面接評価が低くなる傾向が一般にあることがわかった。また確信区間の幅は0.251と、「外向性」に比べると小さいが、会社による違いがそれなりにあることが示された。

「一般知的能力」については予測に反して確信区間の下限が負の値となったものの、−0.025と絶対値は小さく、負の値をとることは少ないといえる。また、確信区間の幅は0.320と「外向性」に次いで大きく、「一般知的能力」と面接評価の相関も会社によって値が比較的大きく異なることがわかった。

第3節　考察：「外向性」「情緒の不安定さ」は面接で一般に評価される人物特徴か

「面接場面での一般的な対人評価」の対象となる人物特徴として、「外向性」「情緒の安定性」「勤勉性」「一般知的能力」の4つをあげたが、「勤勉性」と「一般知的能力」では仮説は支持されなかった。その理由として、面接と一般の対人場面との性質の違いや、先行研究が主に行われてきた欧米と日本の面接事情の違いが考えられる。以下、面接評価との一般的な関係性が得られなかった2つの人物特徴についてはその理由を、また一般的な関係性が示された2つの人物特徴については、それが第2章で議論したように面接場面に特徴的に評価される人物特徴であったのかについて、それぞれ考察を行う。

1. 一般知的能力と面接評価に一般的な相関が得られなかった理由

予想に反して「一般知的能力」は、面接場面で一般的に評価される人物特徴ではなかった。採用面接の場で、面接者の質問を的確に理解し、自分の経験なり考えを論理的に話ができるなどの、一般知的能力が高いことで期待されるコミュニケーションの達者さが、面接で常に評価されるわけではなかっ

た。この理由として(1)用いたデータの偏り，(2)範囲制限の補正が機能しなかった可能性，(3)面接場面での行動の制限の３つが考えられる。

　まずデータの偏りについて，今回用いたデータは応募者の知的能力においてかなりの偏りがあった。分析の対象となったデータは，比較的大手の企業に偏っており（表3-2），しかもすべて対象者は4年制大学の学部か，大学院の卒業見込み者ということで，一般知的能力について偏りのある集団となっている。メタ分析の際に知的能力検査の範囲制限について補正を行っているが，補正の際に用いた知的能力検査の母集団自体が4年制大学生であることから，より一般の集団と比べると能力レベルは高い。また，大手企業のデータが多く含まれていたことで応募者集団の知的能力はさらに高いレベルにあったこと，また面接前の初期選考で知的能力検査の結果を用いる企業が多いことなどから，応募者集団の知的能力はますます高レベルの集団となる。対象となった65件の研究中，平均50点，標準偏差10で標準化された得点で平均点が60点を超えたものが25件もあり，50点を下回っていたのはわずか5件であった。

　2点目に範囲制限の補正には，補正に用いた母集団そのものが高学歴者に偏っていたこと以外にも，補正の方法自体に問題があった可能性もある。補正は客観式テストにより測定された一般知的能力評価が高ければ高いほど，面接評価が直線的に高くなる関係性を前提としている。仮に知的能力がある程度のレベルを満たしていれば，それ以上敏感な評価がなされないとすれば，範囲制限による補正は機能しなくなる。範囲制限の補正は，関係の直線性の違反に対して弱いことが知られている（Greener & Osburn, 1979）。本研究の対象企業でどの程度このような状況があったかは疑問であるが，米国では能力はある程度は必要であるが，高ければ高いほどよいというものでないとの考え方が一部見られることが，指摘されている（Schmidt & Hunter, 2004）。仮に一般知的能力が「面接場面での一般的な対人評価」の対象となる人物特徴であったとしても，一般知的能力があるレベルを超えて高い集団を対象に面接を行ったときは，面接評価に影響しなくなる可能性がある。

　3点目に，面接場面の行動にそもそも知的能力の差が現れにくかった可能性がある。日本の新卒採用における近年の傾向として，応募者の側が面接で

の質問に対する回答を十分に準備したり，練習して臨むことが一般的になっている。その結果，予想したような説明の的確さや論理性といった違いが，面接での受け答えの中で現れにくくなっているのかもしれない。

「一般知的能力」は，欧米の先行研究を中心としたメタ分析では面接評価と0.40と比較的大きな相関が得られていたが，それは「一般知的能力」が面接場面で一般的に評価される人物特徴である可能性と，多くの企業で共通して採用基準となっていた可能性の両方を含んでいた。欧米の採用面接で「一般知的能力」は，多くの企業で採用基準になる可能性は前に指摘したとおりである。ただし，現時点でどちらの理由によるものかについて結論を得ることはできないため，今後さらに研究を重ねることが必要だろう。

2. 勤勉性と面接評価に一般的な相関が得られなかった理由

「勤勉性」についても，「一般知的能力」と同様の議論が成り立つ。「勤勉性」は面接場面で一般に評価されるものでもないとの結果となり，慎重で粘り強い行動をすることは，面接の場で常に評価されるわけではないことが示された。予測と異なる結果が得られた理由としては「一般知的能力」で論じた，(1)用いたデータの偏り，(2)範囲制限の補正が機能しなかった可能性，(3)面接場面での行動の制限の3つが考えられる。しかし，「勤勉性」の場合，特に可能性が高いのが面接場面での行動の制限である。

「勤勉性」は面接評価との関連を議論されているものの (Schmidt & Hunter, 1998)，その結果は一般知的能力のように安定しておらず，米国の先行研究でも採用面接との相関は有意にならなかったとの報告がある (Barrick, Patton, & Haugland, 2000)。概念的枠組みの提案に際しては，「勤勉性」は「外向性」に次いで"一般対人場面"で評価されやすいとの先行研究結果をもとに，枠組みに含めた。しかし面接場面と一般対人場面の違いが原因で，勤勉性は評価されなかったのかもしれない。採用面接は応募者にとって自己アピールの場であり，自分の能力ややる気を売り込むことはあっても，「勤勉性」に該当する行動特徴は面接場面では現れにくい可能性がある。その場合，限られた情報による評価が行われるが，視覚情報で「勤勉性」を評価する際には，服装や髪型といった外見上の清潔感と関連すること

が報告されている（Albright, Kenny, & Malloy, 1988）。採用面接場面では，どの応募者も同じような黒のスーツと靴に身を包み，同じような鞄を持ち，似通った髪型をしているため，少なくとも外見に違いを見出すのは難しい。一般対人場面では現れやすい「勤勉性」に関する情報が，採用面接場面では得られにくかったと考えられる。また外見から受ける印象の均一性以外にも，どの程度その場にふさわしい受け答えや，きちんとした言葉遣いができるか，といったことについても場の規範が強く，あまり個人差が出なかった可能性がある。

仮に面接場面に現れる勤勉性に差があったとしても，ある程度できていればよしとしてそれ以上のものを評価しない場合は，一般知的能力の時と同様，面接評価との関係性が非直線的になるなどの問題が生じる。あまりに勤勉性が低くていい加減なのも問題だが，まじめすぎることが常に良いとは限らない。この場合は関係性が線形ではなく，範囲制限の補正は機能しない。また本研究で用いた尺度の問題点もある。今回用いた合成尺度の「勤勉性」は，五大因子の「勤勉性」の測定内容をすべてカバーできていない（表3-3参照）。五大因子には，責任感やまじめさといった要素がふくまれるが，本研究で用いた合成尺度にはこういった要素が欠けており，着実に物事を行う（慎重性），粘り強さ（持続性），しっかり考えてから取り掛かる（内省性）といった性格特徴を表わすものになっていた。この欠けていた部分については，検討されていないことに注意が必要である。

最後にデータの偏りについてである。大手企業にデータが偏っていたことは，上述したように一般知的能力の水準を高めた。「勤勉性」に関しては，一般知的能力のような極端な偏りは考えにくいものの，違いが生じる可能性は否定できない。合成前の尺度で「内省性」「持続性」「慎重性」の研究ごとの平均値の平均はそれぞれ54.6, 55.9, 50.3 と，50よりも若干値が高い。中小企業への応募者集団が，大企業の応募者集団よりも勤勉性が低い傾向がある場合には，これらの性格特性が評価される程度は本研究で得られた結果よりも強まるかもしれない。また身だしなみや態度といった点でも，大企業に来る応募者に比べてばらつきが出るかもしれない。いずれにしても，データの偏りに関しては，今後一般知的能力と合わせて，中小企業の採用面接評価の

データを用いた分析を行う必要がある。

　上記で上げた理由以外に、今回分析にあたって面接の最終評価のみを用いたことも、「一般知的能力」や「勤勉性」が一般に面接で評価されないとの結果になった理由のひとつと考えられる。採用面接では、面接開始から時間の経過に伴って応募者から様々な情報を聞き出すため、途中で評価は変化する。面接開始時には「一般知的能力」や「勤勉性」も評価されていたかもしれないが、最終評価に反映されなかったのかもしれない。「一般知的能力」も「勤勉性」も、欧米では職務遂行度評価と一般的な相関が確認されているが（Huffcutt, Roth, & McDaniel, 1996；Berry, Sackett, & Landers, 2007；Barrick & Mount, 1991；Barrick, Mount, & Judge, 2001；Salgado, 1997）、日本のメタ分析の結果ではいずれの尺度もそうなっていない（飯塚ら, 2005；都澤ら, 2005）。概念的枠組みを提案する際に、「面接場面での一般的な対人評価」は入社後の役割遂行を妥当に予測するとの前提を置いたことから、「面接場面での一般的な対人評価」は最終評価に反映される必要があり、最終評価を分析に用いたことに問題はない。しかし仮に面接場面での一般的な対人評価が最終評価に影響する程度が、採用基準として評価するものと関連する程度によって大きく既定されているようであれば、「一般知的能力」や「勤勉性」が面接場面で常に評価されていたとしても、最終評価に影響を及ぼす程度が変動してしまったため、相関が弱まったのかもしれない。

3. 外向性と情緒の安定性は面接場面における一般的な対人評価か

　「外向性」と「情緒の安定性」については仮説通り、より外向的であって、情緒が安定している人ほど面接評価が高くなる傾向が一般的に見られた。これらの特性が面接評価と一般に関連していた理由についても、面接場面で一般に評価されやすい特性だったことと、これらの特性がどの組織の採用基準にも含まれていたことの2つが考えられる。

　前者の理由に関しては、性格特性の中で「外向性」は観察されやすく（John & Robins, 1993；Kenrick & Stringfield, 1980；Blackman & Funder, 1998）、現実的パラダイムを用いた一般の対人認知研究においても、評価されやすいことがわかっている（Levesque & Kenny, 1993）。一方で先行研究

では,「情緒の安定性」は「外向性」と比べると観察されにくく,評価されにくいとされている。ただし,採用面接は応募者が緊張しやすい場面であるため,「情緒の安定性」が観察されやすかった可能性がある（McCarthy & Goffin, 2004）。

　一般的な対人認知の研究によれば,温かさと有能さといった2つの軸によって対人評価がなされるとの議論があり,面接でもこの2つに該当する個人特徴が評価されるだろうと考えた。性格五大因子をさらに因子分析によって2因子にまとめた研究結果からは（ex., Digman, 1997；Becker, 1999；Jang et al., 2006；Rushton & Irwing, 2008）,「外向性」は有能さに,「情緒の安定性」は温かさに関連しており,有能さと温かさの両側面がいずれも一般に評価されていた。しかし「勤勉性」と「一般知的能力」についても,前者は温かさに後者は有能さに分類されるにもかかわらず,これらの特性は一般に面接で評価されなかった。どのような温かさや有能さが評価されるかは,上記に議論したように面接という場の特徴によって決まると考えられる。

　第2章で議論したように,面接において一般に評価されるものは,面接者が用いやすい評価スキーマとの単純な連合によって評価される。採用面接でどのような質問を行うかは採用基準によって異なると考えられるし,採用基準が同じであったとしても面接者が異なれば異なる質問がなされることが多い。従って多くの採用面接で共通した人物特徴が評価される場合は,言語情報以外の,面接場面に現れやすい行動特徴に基づく評価が行われると考えられる。

　このような評価の典型として,第一印象評価がある。対人印象形成には機能的な柔軟性があり,第一印象が何によって決まるかはその時々の状況によって様々であることが指摘されている（Schaller, 2008）。例えばManer et al.（2005）は,認知者が身の危険を感じている状況ではそうでない時と比べて,ニュートラルな表情を示す対象者に怒りの感情を認知しやすいことを示している。また認知者が注目する特性だけでなく,その時々の文脈によって対象者が表現する特性の認知には違いが生じるとされている（Zebrowitz & Collins, 1997）。組織行動でも,特定の性格特性を反映した行動は,その行動を喚起する状況の下で発現されることが実証的に示されてい

る（Lievens, Chasteen, Day, & Christiansen, 2006）。つまり応募者が面接場面で採りやすい行動によって，どのような人物特徴に関する印象評価がなされるかは異なると考えられる。初対面の相手である面接者に対して応募者が自己アピールを行う採用面接場面では，より明るく積極的に振舞うことのできる「外向性」や，あまり緊張せず自然に振舞うことのできる「情緒の安定性」は，面接場面の応募者の行動特徴に影響を及ぼすと考えられる。採用面接が対人相互作用の場面であることに加えて，応募者は自分を高く評価してもらえるように自分を売り込む場であることによって，どのような人物特徴が一般に評価に影響を与えるかが定まったといえる。

「外向性」と「情緒の安定性」が一般に評価されたもうひとつの理由として考えられることは，これらの個人特性がどの組織にとっても，評価したいものであった可能性である。「情緒の安定性」については，欧米のデータでも（Hough, Eaton, Dunnette, Kamp, & McCloy, 1990），程度は弱いものの日本のデータでも（都澤ら，2005），職務遂行度との間に一般的な関係が見出されている。また「外向性」は，日本のデータを用いたメタ分析（都澤ら，2005）では職務遂行度との間に一般的な関連性が示されている。確かに日本の人事担当者は，新卒採用の際に積極性や意欲の高さといった外向性にあたる人物特徴を重視する傾向がある（労働政策研究・研修機構，2006）。従って，これらの人物特徴が多くの組織に共通して採用基準に含まれていた可能性は否定できない。そこでこれらの性格特性が，「面接場面での一般的な対人評価」であったか，共通に「採用基準として評価するもの」であったかは，次章の研究2で改めて検討を行う。

第4節 研究2で検討する問題

研究1では，概念的枠組みで「面接場面での一般的な対人評価」の対象として挙げた人物特徴が，組織の違いを超えて面接評価と有意な相関が得られるかを検討した。その結果，「外向性」と「情緒の安定性」は，面接評価と一般に有意な正の関係性が得られた。しかしこれらの特性が，多くの組織で共通に「採用基準として評価するもの」であって，「面接場面での一般的な

対人評価」でなかった可能性については未検討である。第2章で論じたように、「面接場面での一般的な対人評価」は、面接の初期場面で、評価内容を強く意識することなく自然に評価されるものである。そこで次の研究では2つの性格特性が、面接場面での初期印象評価に影響を与えるかを検討する。

また、今回は最終的な面接評価を用いたために検討できなかった、「面接場面での一般的な対人評価」が最終評価に反映される程度が、「採用基準として評価するもの」との関連性に影響を受ける可能性についても、研究2で検討を行う。「採用基準として評価する人物特徴」と「面接場面で一般に評価される人物特徴」に乖離がある場合は、後者の評価が最終評価に反映されにくくなるとの予測を検討するものである。なお、「外向性」と「情緒の安定性」に加えて、「一般知的能力」についても、面接評価との相関は一般的ではなかったものの80%確信区間が-0.025～0.294と大きく正の方向によっていたことから、合わせて検討を行うこととする。つまり、「外向性」「情緒の安定性」に「一般知的能力」を加えて、これらの人物特性が第一印象に影響を与えるかを再度検討するとともに、「採用基準として評価するもの」にこれらの人物特徴と類するものが含まれている場合、最終評価への影響が大きくなるかを見る。特に、欧米で面接評価との一般的な関連が示されている「一般知的能力」は、米国でのメタ分析では職務遂行度との有意な関連が確認されているが、日本ではそのような結果が得られておらず[1]、「採用基準として評価するもの」に一般にはなりえない。このことが影響して、最終評価との相関が弱まったのかもしれない。

また研究1のメタ分析では、最終的な面接評価との関連性を、性格特性ごとに独立して分析したため、これらの性格特性がどのように統合的に面接の最終評価に影響を及ぼしたかはわかっていない。面接評価と性格特性の関連

---

[1] 日本では、米国よりも上司にサポーティブなリーダシップを求めるといった報告がある（Kabasakal & Bodur, 2004）。また特に職場において、東アジアでは、米国に比べると人間関係に配慮したコミュニケーションがとられることが実証的に示されている（Sanchez-Burks, Lee, Choi, Nisbett, Zhao, & Koo, 2003）。日本では知識を身につける、論理的な思考をするといった知的能力に支えられる職務行動よりも、同僚や上司との良好な人間関係の中で職務を行うといったより性格特性に起因する職務行動が重視されるため、採用時にも一般知的能力があまり重視されないのかもしれない。

性に関する先行研究でも，特性ごとに独立して検討は行われてきた。ただし「情緒の安定性」と「外向性」は，統合的な対人評価に対して区別した影響がみられないことを報告した研究もあり（Cook et al., 2000），面接評価との一般的な関連性が確認された2尺度がどのように最終面接評価に統合されるかについては，確認を行う必要がある。また，「外向性」は有能さに，「情緒の安定性」は温かさに対応することを前述したが，本当にそのような評価がなされていたかも疑問であり，この点についても検討を行う。

第4章

研究2：「外向性と情緒の安定性は，初期印象で評価されるか」

　研究2では，研究1で日本の新卒採用面接で一般に面接評価と関係のあることが示された「外向性」「情緒の安定性」と，一般的な影響は確認できなかったものの比較的大きな影響が示された「一般知的能力」が最終面接評価に影響を及ぼすプロセスについてより詳細な検討を行う。これら3つの個人特性が「面接場面での一般的な対人評価」である可能性を検証するために，これらの個人特性が初期印象をよくすることで最終評価に影響を与えたかを見る。さらに初期印象は，面接者が意図的に行う「採用基準として評価するもの」の評価にも影響を与えることで，最終評価に反映されたかについても検討する。また研究1では議論にとどまっていた，一般対人認知の主要な軸とされる「温かさ」や「有能さ」の評価と，3つの個人特性の評価の関連性についてもあわせて検討を行う。

第1節　初期印象評価について先行研究でわかっていること

　対人場面で一般に評価されるものがあり，しかもその場の特徴から自然に評価がなされる場合，それはどのような現象として理解されるだろうか。Uleman（1999）の考える「意図的（intentional）」と「無意図的（unintentional or spontaneous）」の2つの対人印象形成のプロセスにおいて，無意図的な対人印象形成は恒常的にアクセスが可能な心理概念や方法に導かれて

おり，連合によって相手の特徴として潜在的に認識されると述べている。また Sloman（1996）も同様の議論の中で，対人印象形成の過程には「連合システム（associative system）」と「法則準拠システム（rule-based system）」の2つがあり，前者は意図しない評価で，外見など比較的容易に入手できる情報を元に直感的な評価がなされるとしている。

　連合による対人印象形成は，第一印象評価やステレオタイプ研究などで扱われてきた。ステレオタイプ研究では，ステレオタイプの影響は主に評価のエラーやバイアスとみなされてきた。他方，第一印象評価の研究では，評価エラーとしての印象評価ではなく，"thin slice" と呼ばれる非常に限定された情報に基づく対人評価でも，比較的妥当な評価が可能であることが示されている（Ambady & Rosenthal, 1992）。例えば，教師のパフォーマンスや（Ambady & Rosenthal, 1993），営業職のパフォーマンスについて（Ambady, Krabbenhoft, & Hogan, 2006）有意な予測が可能なことが示されている。ちなみに，"thin slice" に関する研究は100名を超える評価者の同意部分の妥当性を検討しており，せいぜい数名の面接者しか一人の応募者を評価しない採用面接場面ではそれほどの精度が見込めないことには注意が必要であるものの（Kunda, 1999），これらの研究からは，初期印象にも妥当な評価が含まれる可能性が示されている。Barrick, Swider, & Stewart（2010）の研究では，面接者が構造化面接を実施する前のラポールの段階で評価した結果が，単に面接者との相性のよさや面接者の応募者に感じる好意を超えて，重要なものを評価していることを示している。またこの研究では，初期評価は採用基準として評価されるものとは異なる人物特徴の評価であるが，面接評価の妥当性を高めたことが示されている。

　第一印象は時間が経過して情報が増えてもあまり大きく変化せず（Willis & Todorov, 2006），特に「外向性」や「情緒の安定性」の評価は，発言の内容ではなく，外見や表情や動作，声のトーンなどによる影響が大きいことがわかっている（Borkenau & Liebler, 1992）。従って，採用面接で自然に評価されるものは，外見や表情，声のトーンや話し方等をもとに面接の初期に形成された印象評価である可能性が高い。そこで「外向性」と「情緒の安定性」が言語情報の影響をあまり受けない面接の初期印象で評価されたかを，

研究2では検討する。これらの個人特性が強い応募者ほど，面接者が抱く初期印象が良く，その結果最終評価も高くなるとの関係性が見出されれば，これらの個人特性は「面接場面での一般的な対人評価」と考えられる。

第2節　面接で一般に評価されるものと，初期印象，採用基準の関連性

　研究1では応募者の回答による性格尺度の得点と最終面接評価の関係性を検討する外的基準アプローチを用いたが，研究2では性格尺度の得点に加えて，最終的な面接評価以外に，いくつかの視点で面接者が評価を行った結果を用いる主観的基準アプローチを採用する。面接者が追加で評価するもののひとつは面接時の初期印象評価で，もうひとつは，採用基準としてこの会社が設定した求める人物特徴についての評価である。前者は「外向性」と「情緒の安定性」が初期印象で評価されたかを確認するために，後者はこれらの性格特性が初期印象を媒介して「採用基準として評価するもの」の評価を高めたかを確認するために用いる。具体的には，以下の仮説を検証する。

　仮説2－1：「外向性」「情緒の安定性」は，初期印象を良くすることによって，また採用基準として評価される人物特徴評価に正の影響を与えた結果，最終面接評価に影響を及ぼす

　一般知的能力については，研究1で面接評価との相関の80％確信区間の下限値が負の値となったため，一般に正の相関があるとの結果にはならなかった。しかし研究1で考察したように，初期印象では評価されたが，採用基準で評価する人物特徴との関連性が低かったため，最終評価への影響が弱まった可能性がある。そこで「一般知的能力」についても，以下の仮説を検証する。

　仮説2－2：「一般知的能力」は，初期印象を良くすることによって，また採用基準として評価される人物特徴評価に正の影響を与えた結果，最終面接評価に影響を及ぼす

研究1では，性格五大因子をさらに2因子にまとめた研究から（ex., Digman, 1997 ; Becker, 1999 ; Jang et al., 2006 ; Rushton & Irwing, 2008），「外向性」は有能さと関連があり，「情緒の安定性」は，温かさと関連すると述べた。また「一般知的能力」はその意味内容から，有能さに関連すると考えられる。そこで，以下の仮説を検証する。

仮説2-3：「外向性」と「一般知的能力」は有能さに関連する採用基準の人物特徴評価に，「情緒の安定性」は温かさに関連する採用基準の人物特徴評価に影響を及ぼす

第3節 方法：共分散構造分析による
　　　　プロセスモデルの検討

1. 分析に使用した測定尺度とデータの収集方法

あるサービス会社A社で2007年に行われた採用面接時に実施した面接の評価結果と，応募者の適性検査SPI2（リクルートキャリア）の結果（n＝325；男性216名，女性109名）を用いる。この会社は従業員数500名程度の企業であるが，毎年5～7名程度の学部，あるいは修士の新卒を採用している。この会社では，内定までに3回の面接が行われる。一回目の面接では，面接の最終評価（1：次面接はない～4：ぜひ採用したい，の4段階）の他に採用基準としての人物特徴である，自律性，思考力，創造性，誠実さ，協調性の5つの評価項目に5段階で評定（1：弱いあるいはない～5：とても強い）を行うことを面接者に求めている。これらの5項目は意味内容から考えて，自律性，思考力，創造性は有能さに，誠実さと協調性は温かさに分類される。ここでは，温かさに分類される2つの評価項目のうち，「情緒の安定性」と関連性がより高いと考えられる協調性（以降，協調性評価）の評価項目を用いる。また有能さに分類される3つの評価項目のうち，「一般知的能力」と関連が深いと考えられる思考力（以降，思考力評価）を用いる。さらに，研究への協力依頼ということで第一印象のよさ（以降，第一印象評価）を5段階（1：よくない～5：とてもよい）で行ったものを用いる。

第一印象評価はなるべく面接の早いタイミング（入室後の自己紹介の後）で行うことを教示した。「思考力評価」「協調性評価」「最終評価」はすべて，約30分間の面接終了直後に行われた。

適性検査 SPI2 からは，研究1のメタ分析で一般に面接評価との関連性が得られた「外向性」に該当する5尺度（身体活動性，活動意欲，社会的内向性（−），高揚性，達成意欲），「情緒の安定性」に該当する4尺度（自責性（−），敏感性（−），自信性，気分性（−））と，研究1では一般に有意な関係性があるとの結果にはならなかったものの，相関の推定値が「外向性」に次いで大きかった「一般知的能力」を用いることとする。それぞれの尺度の信頼性については表3−1を参照。

2. 共分散構造モデルの構築

共分散構造分析のモデル構築に際して，図4−1のような概念間の関係を想定した。個人特性は，面接時の第一印象に影響を及ぼした上で，最終評価に影響を及ぼすルート（①），第一印象を介さずに求められる人物特徴の評価に影響を及ぼすことで最終評価に影響を及ぼすルート（③），直接最終評価に影響を及ぼすルート（②）の3つが考えられる。先行研究が不足しているため，積極的に関係性を否定できないものについてはいったん関係性があることを予測した上で，データの当てはまりを見ながら最終モデルを構築する。

図4−2が分析スタート時の初期モデルである。採用面接の研究では初期印象が面接評価に及ぼす影響が実証的に示されていることから（Barrick, Swider, & Stewart, 2010），「第一印象評価」は「最終評価」に直接影響を及

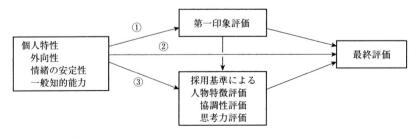

図4−1　分析の概念図

76　第Ⅱ部　実証研究

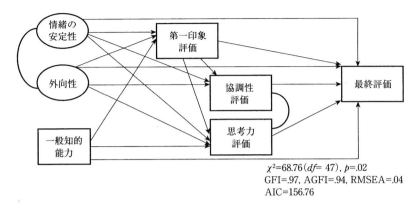

$\chi^2=68.76(df=47), p=.02$
GFI=.97, AGFI=.94, RMSEA=.04
AIC=156.76

図4-2　初期モデル

ぼすことが予想される（「第一印象評価」→「最終評価」）。同様の理由で，「第一印象評価」は職務遂行に必要とされる人物特徴評価である「協調性評価」と「思考力評価」にも影響を及ぼすと考える（「第一印象評価」→「協調性評価」，「第一印象評価」→「思考力評価」）。

　「協調性評価」と「思考力評価」の2つの人物特徴評価は，採用基準であることに加えて前者は一般対人認知の評価軸のひとつである温かさに，後者はもうひとつの評価軸である有能さに対応することから，ともに「最終評価」に影響を及ぼすことが期待される（「思考力評価」→「最終評価」，「協調性評価」→「最終評価」）。また，Rosenberg et al. (1968) は，社会的に良い・悪いの対人評価と，知的に良い・悪いの対人評価の間には 0.42 の正の相関があったことを報告していることから，「思考力評価」と「協調性評価」の間に共変動を仮定する。

　次に個人特性から，各評価への影響を考える。先行研究では「外向性」「情緒の安定性」(Carney, Colvin, & Hall, 2007；Ambady & Rosenthal, 1992),「一般知的能力」(Borkenau, Mauer, Riemann, Spinath, & Angleitner, 2004) のいずれも初対面の限られた情報での評価がある程度可能なことが示されていることから，3つの個人特性はすべて「第一印象評価」に影響を及ぼすと考える（「外向性」→「第一印象評価」，「情緒の安定性」→「第一印象評価」，「一般知的能力」→「第一印象評価」）。また「外向性」や「情緒の安定

性」が高い人は相手に明るい印象を与えるとともに，初対面の面接者に対して緊張や委縮しすぎることなくコミュニケーションを行うと期待されることから，「外向性」と「情緒の安定性」はともに「協調性評価」に影響を及ぼすと考える（「外向性」→「協調性評価」,「情緒の安定性」→「協調性評価」）。また上記のような面接での行動は応募者の自信の表れともとられる可能性があることから，これらの個人特性は有能の評価である「思考力評価」にも影響する可能性がある（「外向性」→「思考力評価」,「情緒の安定性」→「思考力評価」）。「一般知的能力」については，最も関連性が高いと考えられる「思考力評価」への影響を予測する（「一般知的能力」→「思考力評価」）。

最後に，「外向性」「情緒の安定性」「一般知的能力」の3つの個人特性は，直接「最終評価」に影響を及ぼす可能性も否定できないため，直接の影響を仮定する（「外向性」→「最終評価」,「情緒の安定性」→「最終評価」,「一般知的能力」→「最終評価」）。

第4節　結果：面接で一般に評価されるものから最終評価へのプロセスモデル

表4-1に，モデルに用いた変数の記述統計量と変数間相関を示す。

初期モデルでのあてはまりがよいとは言えなかったため（$\chi^2 = 68.76$, $df = 47$, $p = .02$, GFI = .97, AGFI = .94, RMSEA = .04, AIC = 156.76），10%水準で有意にならなかったパスをとって作成した最終モデルが，図4-3である（$\chi^2 = 54.19$, $df = 44$, $p = .14$, GFI = .97, AGFI = .95, RMSEA = .03, AIC = 122.19）。外向性と情緒の安定性については潜在変数を用いたが，外向性の潜在因子に対して有意な負荷量の得られなかった「高揚性」と，情緒の安定性に対して有意な負荷が得られなかった「気分性」がそれぞれ取り除かれた。表4-2は，最終評価に対する標準化統合効果をまとめたものである。

まず「思考力評価」「協調性評価」「第一印象評価」は，全て「最終評価」に5%水準で有意な影響を及ぼしていた（パスの値はそれぞれ 0.46, 0.22, 0.22）。「第一印象評価」も予測通り「思考力評価」「協調性評価」の両方に5%水準で有意な影響を及ぼしていた（パスの値はそれぞれ 0.40, 0.37）。採

表4-1 使用変数の記述統計と変数間相関係数 (n = 325)

		社会的内向性	身体活動性	達成意欲	活動意欲	敏感性	自責性	気分性	自信性	高揚性	一般知的能力
性格特性	社会的内向性(SO)										
	身体活動性(AC)	-0.37									
	達成意欲(AM)	-0.28	0.18								
	活動意欲(VI)	-0.37	0.50	0.37							
	敏感性(NE)	0.37	-0.28	-0.13	-0.30						
	自責性(DE)	0.41	-0.19	-0.15	-0.30	0.61					
	気分性(EW)	0.07	0.15	0.05	0.06	0.17	0.32				
	自信性(OA)	-0.47	0.28	0.30	0.42	-0.52	-0.51	-0.12			
	高揚性(HM)	-0.12	0.39	0.24	0.33	0.10†	0.22	0.48	-0.08		
	一般知的能力	0.03	-0.11	-0.04	-0.11	0.03	-0.04	-0.10†	-0.03	-0.13	
面接評定	最終評価	-0.14	0.05	0.05	0.04	-0.03	-0.09	-0.06	0.10†	0.05	0.00
	思考力評価	-0.12	-0.03	0.03	0.07	-0.06	-0.06	-0.07	0.07	0.04	0.08
	協調性評価	-0.16	0.14	0.07	0.10†	0.01	-0.02	0.00	0.02	0.09†	-0.07
	第一印象評価	-0.14	0.08	0.02	0.11†	-0.05	-0.06	-0.05	0.01	0.09	-0.02

注:網をかけた値は,すべて1%,あるいは5%水準で有意。10%水準で有意のものには†。

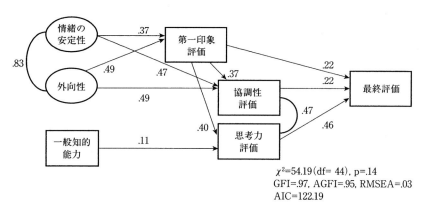

図4-3 最終モデル

表4-2 標準化統合効果

	個人特性			面接評価		
	一般知的能力	情緒の安定性	外向性	第一印象評価	協調性評価	思考力評価
最終評価 (4段階)	0.05	0.27	0.34	0.48	0.22	0.46

最終評価	思考力評価	協調性評価	平均値	標準偏差
			42.37	8.36
			55.19	9.41
			58.86	8.40
			55.62	10.82
			45.74	8.26
			45.94	8.88
			45.32	9.03
			55.97	8.97
			54.37	9.11
			65.74	4.81
			1.96	0.98
0.66			2.91	0.97
0.56	0.54		2.90	0.94
0.50	0.40	0.44	3.37	0.83

用基準として評価するものである2つの人物特徴の評価間，あるいはこれらの評価と最終評価の関係についてはモデル構築に際して予想した通りの結果となった。

次に個人特性と評価の関係性を見る。「外向性」と「情緒の安定性」はともに「協調性評価」（パスの値はそれぞれ 0.49, 0.47）に5％水準で有意な影響を与えていた。また「外向性」は5％水準で，「情緒の安定性」は10％の水準で「第一印象評価」に有意な影響を与えていた（パスの値はそれぞれ 0.49, 0.37）。従って仮説2-1は支持された。しかし，外向性は「思考力評価」には有意な影響を与えなかったことから，仮説2-3は一部支持されなかった。また，「一般知的能力」は予想通り「思考力評価」に有意な影響を与えていた（パスの値は0.11）が，「第一印象評価」には有意な影響を及ぼさず，仮説2-2も一部支持されなかった。「一般知的能力」「外向性」「情緒の安定性」は，いずれも「最終評価」に対して直接的に有意な影響はなかった。

総じてみると，図4-1に示した個人特性が第一印象に影響を与えてそれが入社時に求められる特性の評価に影響を与えた結果，最終評価に影響を及ぼすルート（①）と，第一印象を介さずに採用基準による人物特徴評価に影響を及ぼすことで最終評価に影響を及ぼすルート（③）とがあることは示されたものの，個人特性が直接最終評価に影響を及ぼすルート（②）はなかった。

第5節　考察：外向性と情緒の安定性は初期印象で評価され，その結果最終評価に影響する

研究2では，研究1で日本の新卒採用の面接で一般に評価されるとの結果が得られた性格特性「外向性」「情緒の安定性」と，一般的には評価されなかったものの，比較的強い関係性があることが多い「一般知的能力」につい

て，最終評価に影響を与えるプロセスの検討を行った。

　結果は図4-3に示す通りで，一般に面接評価と関連がある2つの性格特性は面接時の初期印象に影響を与えた上で，最終評価に影響を及ぼしており，これらの性格特性が「面接場面での一般的な対人評価」に該当することが示された。また，これらの性格特性は，「採用基準として評価するもの」のひとつである「協調性」の評価にも影響を及ぼした上で，最終評価に影響を及ぼしたことがわかった。しかし，「一般知的能力」は第一印象には影響を及ぼしておらず，「一般知的能力」は，「面接場面での一般的な対人評価」には該当しないことが，改めて示された。

　初期印象における研究では，例えば被評価者が特定の文章を読む様子を非常に短時間見せるだけで，知的能力が評価されることが報告されている (Borkenau, Mauer, Riemann, Spinath, & Angleitner, 2004)。面接の場でも言葉遣いや話し方等，知的評価のための情報は得られそうである。しかし「一般知的能力」が第一印象評価に影響を及ぼさなかった理由としては，ひとつにはこのデータの「一般知的能力」の平均値が65.74（平均50，標準偏差10の標準得点）と非常に高く，範囲制限が影響したと考えられる。つまり，どの応募者も一定レベルの知的能力があったため，初期印象に違いがなかった。あるいは，面接の場で用いる言葉遣いや話し方には強い規範があるため，個人差が現れなかったとも考えられる。一般知的能力は評価観点のひとつである「思考力評価」には有意に影響していたが，影響の程度は決して大きくなかった。ここでも前述した範囲制限や面接時の行動の制限の影響が考えられる。いずれにせよ一般知的能力は第一印象評価に影響しておらず，一般知的能力はいったん第一印象として評価されたが，採用基準として評価される人物特徴との関連性が低かったため，最終評価への統合に影響が出なかったとの説明は，成り立たなかった。

　「外向性」と「情緒の安定性」は，いずれも「第一印象評価」に影響を及ぼしていた。第2章でも述べたように，「外向性」は一般対人認知の先行研究でも，対人の初期場面において最も評価が行われやすい人物特性であることがわかっている (Funder & Sneed, 1993 ; Kenny et al., 1994 ; Levesque & Kenny, 1993 ; Park & Judd, 1989)。一方，「情緒の安定性」に関しては，

ある程度正確に評価可能であるとする研究も（Carney et al., 2007），評価は難しいとする研究もあり（Borkenau & Liebler, 1993），安定した結果は得られていない。情緒の安定性のほうが，関連する行動が表れる場面が外向性と比べると限定的である可能性があるが，採用面接評価とはある程度安定した結果が得られていることから（研究1；Robertson & Smith, 2001），人からの評価を受けるという面接場面では行動に現れやすい特性であると考えられる。

　先行研究では様々な性格特性と人物評価の関係は，性格特性ごとに独立して検討されてきたが，本研究では「外向性」と「情緒の安定性」を同時にモデルに入れたところ，両者の間にはかなり強い相関（0.83）があった。このことから，両尺度ともに高い人ほど初期印象が良かったことがわかる。両尺度がともに高い人は対人的に明るくて積極的な印象を与える人であり，そのような人物は面接でよい初期印象を与えたと考えられる。ただし各性格特性から第一印象への独自の影響もそれなりにあり，例えば「外向性」が低く，対人面であまり押しが強くなく，おとなしい感じだとしても，「情緒の安定性」が高く，おどおどすることなく落ち着いた振る舞いをする応募者も，良い印象を与えていた。さらにこれら2つの性格特性は，採用時に求める人物特徴のひとつである「協調性評価」にも，「第一印象評価」とほぼ同程度，影響を及ぼしていた。「協調性評価」はさらに「第一印象評価」からも影響を受けていた。明るくて社交的な人は，協調性があると評価される傾向があることに加えて，印象が良くなり，その結果協調性があるとみなされていた。

　しかし2つの性格特性はいずれも「思考力評価」には直接的には有意な影響を及ぼさなかった。ただし，「思考力評価」には「第一印象評価」からの影響があったことから，明るく社交的な人は，そのことを以て思考力があるとは思われないものの，印象が良くなった結果として，思考力もあると評価されるといった間接的な影響が示された。表4-2の標準化統合効果をみると，「思考力評価」に「一般知的能力」が及ぼす影響は0.11であったが，「外向性」や「情緒の安定性」は「第一印象評価」を媒介して「一般知的能力」以上に，思考力評価に影響していたことが分かる（それぞれ，0.15, 0.20）。

結果的に「外向性」と「情緒の安定性」が最終的な面接評価に及ぼす影響は，一般知的能力と比べてかなり強いものであった。

「面接場面での一般的な対人評価」は初期印象として評価された後，ハロー効果（Nisbett & Wilson, 1977）のように広範に面接評価に影響を与えるため，最終的な評価に与える影響は大きくなることが示された。第一印象は明るく積極的イメージのある応募者で高くなったが，そのようなイメージとはあまり関連性がないと思われる「思考性」にも相当の影響が見られた。この結果は，連続体モデル（Fiske & Neuberg, 1990）から導き出した「面接場面での一般的な対人評価」は，「採用基準として評価するもの」と関連性が高いほど最終評価に反映されやすいとの予想に反するものであった。

一般対人認知の基本的な評価軸であるとされる有能さ，温かさとの関係については，因子分析を用いた性格特性研究の結果を参考に（Saucier & Goldberg, 2003），「外向性」と「一般知的能力」は有能さにあたる思考力の評価に，「情緒の安定性」は温かさの評価にあたる協調性の評価に関連すると予測した。しかし今回の分析結果では，「外向性」と「情緒の安定性」はほぼ同程度，協調性の評価に影響を与えており，「外向性」が思考力の評価に影響を与えることはなかった。従って「面接場面での一般的な対人評価」である「外向性」と「情緒の安定性」が，それぞれ有能さと温かさといった2つの側面に対応して評価されたことは示せなかった。一方で「最終評価」に対しては，「思考力評価」も「協調性評価」も有意な影響があり，面接者の主観においては，有能さと温かさの2つの側面が最終評価に反映された結果となった。特にこの組織の採用面接では「思考力評価」の影響のほうが強く，面接の最終評価を行う際には，面接者は温かさよりも有能さを重視していたことになる。

Kruglanski（1989）が指摘したように，外的基準アプローチか主観的基準アプローチかによって評価される人物特徴について異なる結論が得られた。残念ながら，両者の違いを説明することを目指すような研究はこれまでほとんど行われていない。例外的に，温かさを代表すると考えられる性格五大因子のひとつである調和性（agreeableness）は，評価者が重視するポイントであるにもかかわらず，被評価者自身の回答による性格特性の尺度得点を基

準とすると，正確に評価されていないという調和性の非対称性（agreeableness asymmetry）と呼ばれる現象があることが実証的に示されている（Ames & Bianchi, 2008）。つまり評価者にとって相手が温かな人物であるかは重要な評価観点であるが，調和性が高いと自分で思っている人が温かいと評価されるわけではない。本研究の結果からは，面接評価内容の検討を行う際には，両方のアプローチを用いることの有用性が示された。

第6節　研究1・研究2のまとめと今後の課題：
面接場面で一般的に評価される人物特徴と面接評価の意義

　研究1の結果から，「外向性」「情緒の安定性」は一般的に面接評価と有意な正の相関があり，この2つの人物特性が「面接場面での一般的な対人評価」にあたると考えられた。ただしいずれの尺度も，一般に職務遂行度と関連することがメタ分析で示されており，異なる組織に共通して「採用基準として評価するもの」になっていた可能性は否めない。そこで研究2では，これらの性格特性が面接場面でのごく限られた情報を用いて行われる印象評価に影響するかを分析し，これを支持する結果を得た。加えて研究2の会社では，これらの性格特性は「採用基準として評価するもの」とも関連があった。研究1で，「外向性」「情緒の安定性」と面接評価との相関係数の分散は，誤差によってそれぞれ6％と18％しか説明されず，組織間で相関係数にはかなりの違いがあることが示された。その理由のひとつとして，これらの性格特性は「面接場面での一般的な人物評価」であるだけでなく，「採用基準として評価するもの」であり，その程度の違いが組織間での違いを生じさせたと考えられる。一方「一般知的能力」は，研究1でも一般に評価されているとの結論は得られず，研究2でも初期印象評価に影響を与えなかった。しかし研究1，研究2ともに用いたデータに知的能力の偏りが大きく，本研究の結果を一般化するためには，今後検討すべき重要な課題である。

　研究2ではまた，「面接場面での一般的な対人評価」は「採用基準として評価されるもの」と関連性が強いほど，最終評価に強く影響を及ぼすとの予測を検討した。しかし，この予測は支持されず，「協調性評価」と「思考力評価」という意味合いの異なる人物特徴評価に対して，第一印象はほぼ同程

度の影響があった。第一印象が最終面接評価に及ぼす影響について Barrick, Swider, & Stewart（2010）では，最終評価との相関 $r=.42$ を報告している。Barrick らの研究は学生を参加者として実験的に行われたものであるが，研究2の第一印象から最終評価への標準化統合効果は 0.48 とほぼ同程度の値となった。第一印象評価は強く意識することなく行われ，コントロールされることなく様々な評価に影響を及ぼすと考えられる（McCarthy & Skowronski, 2011）。ただし初期印象が最終評価に影響を与える程度が，面接時の状況や面接者の特徴によって変化する可能性はある。例えば面接時間が短さや，面接者のあいまい耐性の低さ（Cacioppo & Petty, 1982）によって，判断を急ぐような状況では，初期印象の影響が強く出るかもしれない。今後，このような検討も必要である。

第5章

研究3：「採用面接評価の組織間の違いは組織の特徴に関連しているか」

　この章では，組織との適合に関する評価を扱う。組織との適合が欧米で注目を浴びるようになってから徐々に研究の数も増え，メタ分析によって従業員と組織との適合と，組織コミットメント，仕事の満足度，職務遂行度，離職といった様々な結果変数との関連性が示されている（Kristof-Brown, Zimmerman, & Johnson, 2005；Verquer, Beehr, & Wagner, 2003；Hoffman & Woehr, 2006）。一方で採用時の組織との適合評価には採用面接が最も適していると言われながらも（Chatman, 1989），残念なことに採用面接における組織との適合評価の研究は，採用面接研究の進んでいる米国においても十分になされているとは言えない（Judge et al., 2000）。

　面接における組織との適合評価に関する先行研究では，面接者が応募者を気に入るか（likability）や，応募者が自分と似た価値観をもっていると思う程度を評定した結果など，面接者の主観的評価によって，適合が測定されることが多い（e.g., Garcia, Posthuma, & Colella, 2008；Chen, Lee, & Yeh, 2008）。つまり主観的基準アプローチの研究に偏っている。一方 Cable & Judge（1997）は，面接者が評定した組織の価値観と応募者の価値観の客観的適合度を算出し，それが面接者による主観的な応募者の適合評価につながり，さらにこの適合評価が採否の意思決定に影響を及ぼすことを示す実証研究の結果を報告することで，面接では組織への適合が妥当に評価されると論じている。著者の知る限り，彼らの研究は採用面接における組織との適合評

価の妥当性を，面接者の主観的評価以外のデータを用いて検討した唯一の研究である。しかし彼らの研究は，適合の対象となる組織文化の評価も面接者によってなされた点が問題である。組織文化の認知には面接者自身の価値観が影響を及ぼすことが指摘されていることから（今城，2007），結局彼らの研究では，面接者と応募者の価値観の適合と組織適合を十分切り分けて検討できていない。

面接における組織との適合評価は，組織との適合ではなく，面接者との適合を反映したものでのではないかとの指摘は，これまでも組織適合研究の問題点として指摘されている（Parsons, Cable, & Wilkerson, 1999；Adkins, Russell, & Werbel, 1994；Howard & Ferris, 1996）。先行研究をメタ分析した結果からも，組織成員を対象とした組織との適合の程度に比べると，採用面接時の応募者と組織との適合評価は，入社後の応募者の職務遂行度や組織に対するコミットメント，満足度といった結果変数を予測する程度は小さく，採用面接で適合の評価が妥当になされているかについては疑問が呈されている（Kristof-Brown et al., 2005）。

面接者の主観的評価以外の変数を用いて，組織との適合評価の妥当性を直接検討した研究はほとんど行われていないものの，間接的に組織との適合が評価されていることを示唆する研究はある。例えば，同じ組織に属する面接者の評価は異なる組織に属する面接者の評価より一致しやすいことを報告した研究がある（Rynes & Gerhart, 1990）。また今城（2005）では，日本の新卒採用時の面接評価を用いてマルチレベル分析を行った結果，面接者間の違いを統制した上で，組織間の違いが存在することが示されている。これらの研究からは，同じ組織に属する面接者間では共通の評価視点があることが示唆されるが，研究数が少なく，また面接者間で共有された評価視点が組織との適合に関連するものかは検討されていない。

そこで研究3では，採用面接評価には組織間の違いが存在すること，そしてこの組織間の違いは組織特徴によってある程度説明可能であることを示すことをねらいとする。分析に際しては，研究1で使用した複数組織の面接評価と応募者の性格特性の相関分析を行ったデータを用いて組織レベルの分析を行う。これにより面接者とではなく，組織との適合が評価されているかを

検討する。組織の特徴として，本研究では組織文化ではなく，その形成に影響を及ぼすと考えられる組織の設立時期や組織規模といった客観的なデータを用いる。通常，組織文化はその組織の成員によって評定される測度を用いるが，妥当な測定を行うためには組織ごとに一定数の成員の評定が必要になる。今回は多数の組織を対象とするため，従来の方法での組織文化の測定は困難である。そこで情報が開放されている業種や組織規模などの組織特徴のデータを用いることとした。分析に使用する組織の特徴と組織文化の関係性については，いくつか研究や議論が行われており，以降でレビューを行う。また組織文化を直接測定しないことの限界については，考察で論じる。

第1節　面接者との適合の影響の統制方法

面接評価は面接者が主観的に行う評価であるため，面接者との適合の影響を排除することは容易でない。本研究では，以下で述べる用いるデータの2つの特徴を活かして，面接者との適合の影響を統制した上で，組織との適合が評価されているかを検証する。1点目に，日本の新卒採用時の面接では短期間に数多くの応募者を対象に面接を行うため，1社あたり複数名の面接者がいることが通常である。今回分析に用いるのは各組織が1回目に行う個人面接であることから，特に多くの面接者が関わる傾向が強い。そこで組織レベルの分析を行う際に，面接者との個人的な適合の影響は誤差として扱うことができるという点である。2点目の特徴は，組織の特徴を表わす指標として組織規模や業種といった客観情報を用いることである。これによって，Cable & Judge (1997) に見られた面接者による認知の偏りを含む組織文化の評定結果の使用を回避することができ，組織との適合評価は，実は面接者の個人的な価値観との適合ではないのかとの批判に対応できる。これらの客観情報は直接組織文化を測定したものではないが，業種やその他の組織のシステムの違い（従業員数，権力の分散化，階層のフラットさ，など）と組織文化との関連は，いくつかの先行研究で示されている (Gordon, 1991 ; Hofstede, 2001)。

上記の特徴を活かして，本研究では組織との適合が採用面接で評価される

ことを検証する。研究3の仮説は以下の通りである。

仮説3－1：採用面接で特定の個人特性が評価される程度は，組織間で異なる
仮説3－2：組織間の面接評価の違いは，業種や従業員数などの組織特徴によって有意に説明される

第2節　業種などの組織の特徴と組織文化の関係

　研究3では，組織文化の研究に用いられることの多い組織成員による主観的な組織文化の測定結果ではなく，企業のホームページなどで公にアクセスが可能な客観情報である，業種，従業員数，創業時期，資本金の4つを分析に用いる。これらの客観的な組織特徴によって，組織が直面する課題は異なると考えられる。そしてこのような組織課題への対応に際して採用される，考え方，対処の仕方，判断等によって組織文化がある程度規定されると考えられる。

　組織文化の定義には，組織が直面する課題への対応がこれらの組織の文化を形作ることが論じられている。例えばSchein（1986）は，"組織文化とは，特定のグループにおいて発明され，発見され，開発された基礎的で仮定されたパターンであり，外的な適応や内的な統合の問題に対処する際に学んだものであり，正しいと考えられる程度にうまく機能した結果，新しいメンバーにこれらの問題について認知したり，考えたり，感じる正しい方法であると教えられるものである"と定義している。またHofstede（1980）は，IBMの組織文化を検討することを目的とした調査を実施した際に，一般的な価値観には国の文化の影響が色濃く現れていたことを示したが，その後の検討で組織文化には国の文化とは別の特徴があり，それは仕事の進め方を反映していることを報告している（Hofstede et al., 1990）。またVan Den Berg & Wilderom（2004）も，実証研究により同様の結果を報告している[1]。

　客観的な組織特徴が組織文化とどのように関連するかについて，いくつか

実証研究も行われている。Gordon（1991）は，業種による顧客ニーズの違いが組織文化に及ぼす影響について議論を行い，Chatman & Jehn（1994）はその議論を受けて，特にテクノロジーと成長の程度の2側面から業種が組織文化に影響を及ぼしていることを実証的に示した。また Hofstede, Neuijen, Ohayv, & Sanders（1990）は，従業員数と資本金を組織規模を表わす指標として用いて，この両方の指標が大きくなると仕事に対して割り切ったドライな対応が求められるようになることを示した。

創業時期に関しては実証的な研究はなされていないものの，組織文化の変化やダイナミックス，発展を考慮して，組織の成熟化と組織文化を関連付けるモデルが提案されている（Zheng, Qu, & Yang, 2009）。Zheng らによれば，組織が誕生した初期のステージは，組織のリーダーが強力なシンボルの使用やインスピレーションによって，組織の価値観やミッションを成員に浸透させていく時期とされる。次の成長段階に入ると，成長を安定させ，既存市場での拡大を狙うようになる。そのために組織を整え，手続きを公式化するとともに文化の定着を図るようになる。その結果，それまでと比較するとリスクを避けるようになる。次の成熟化の時期には，組織は内部に様々に分化した価値観を抱えることを余儀なくされ，その調整を行うことが重要になってくる。この時期の組織では，ひとつの組織文化というより多くの下位の組織文化が混在する状態で，文化間の摩擦が生じ組織全体の文化は不安定になる。最後のステージでは，組織は変化を求められる。そのためにバラバラになった組織文化は再度，ある程度の統一を図る必要が出てくる。以上のモデルは先行研究等を参考にして提案されたものであり，実証的な裏づけがなされているわけではない。しかし組織の変化に従って，組織文化も一定の変化をすると考えられる。

本研究で用いる組織特徴との関係では，「業種」は顧客ニーズという外的

---

1 本書では組織文化と組織風土は区別しない方針を採ることは第2章で述べたが（p. 31），組織風土については，組織課題への対処方法の影響が組織文化ほど定義で明確に述べられているわけではない。例えば Schneider（1975）は"（組織）風土の認知は，成員が同意する組織の実践や手続きの特徴についての認知である"と論じた。ただし，組織の成員が共通に特定の実践や手続きを採用し，しかもそれが長期に用いられる場合，少なくともこの実践や手続きが，過去のある時点での組織の課題解決に大きく寄与したことにあると考えることには無理がない。

な環境に対応するために生まれた組織文化の違いに,「従業員数」や「資本」といった組織規模に関するものは組織内の統合の必要性によって生まれた組織文化の違いに,「創業年」は組織の発達段階に伴って生じる外的, 内的課題に対処するために生じた組織文化の違いにそれぞれ対応すると考えられる。

　上記は全て海外での研究であり, 残念ながら客観的な組織の特徴と組織文化の関係を調べた研究は日本では行われていない。しかし日本企業であっても, 利益をあげ, 企業を存続させるという組織の目標は米国の企業と同じである。そのために, 顧客や外部のビジネス環境に適応する文化が形成されるとのGordon（1991）の議論は, 日本企業にも当てはまるだろう。同様に組織規模が大きくなるに従って, 組織内での仕事の進め方に変化が生じることは日本の組織でも起こり得ることである。また, 企業のライフサイクルと経営者の特徴の関係性について日本企業を対象に行った研究では（楠, 2012）, 日本企業にも誕生から成長, 成熟, そして衰退に代表される一連の企業の発達段階があることが論じられており, 創業からの時間の経過は, 日本企業の組織文化にも何らかの影響を与えると考えられる。日本企業と欧米の企業が, 同じ環境に対して異なる対応をとる可能性は否定できないものの, 本研究で用いる客観的な組織の特徴である「顧客ニーズ」「従業員数」「資本金」「創業時期」については, 組織文化に何らかの影響があると考えることができる。

第3節　方法：本分析で使用する組織特徴
　　　　　（業種, 従業員数, 創業年, 資本金）

　2006年10月～2008年4月の間に, 新卒採用で実施された総合適性検査SPI2（リクルートキャリア）の14尺度（性格13尺度, 知的能力1尺度）の得点と面接の評定を組織ごとに相関分析をした結果を用いる。多くの企業は採用決定までに複数回の面接を行うが, ここでは選抜効果の影響が比較的小さい最初の個人面接のデータを用いる。研究1と同じデータであるが, そのうち組織の特徴に関する情報がホームページから入手できた性格81研究, 能力66研究を用いた。また研究1では, 先行研究との比較検討を行う

第5章 研究3:「採用面接評価の組織間の違いは組織の特徴に関連しているか」 91

表5-1 分析に用いた変数の記述統計

(性格尺度81組織,一般知的能力66組織)

	各組織の尺度平均の平均値	各組織の尺度平均の標準偏差	元の相関係数の平均値	補正後の相関係数の平均値	補正後の相関係数の標準偏差
社会的内向性	45.144	3.373	−0.141	−0.163	0.106
内省性	54.535	3.371	0.016	0.016	0.088
身体活動性	53.981	3.864	0.104	0.108	0.093
持続性	55.920	1.821	0.033	0.033	0.072
慎重性	50.195	3.165	−0.024	−0.022	0.070
達成意欲	55.606	3.431	0.105	0.118	0.097
活動意欲	53.238	3.954	0.086	0.080	0.072
敏感性	48.130	2.729	−0.062	−0.068	0.084
自責性	47.053	2.813	−0.077	−0.082	0.093
気分性	46.509	1.726	−0.027	−0.028	0.087
独自性	50.370	2.338	0.006	0.006	0.063
自信性	54.059	2.957	0.109	0.120	0.091
高揚性	53.605	2.714	0.045	0.048	0.103
一般知的能力	58.061	4.501	0.095	0.130	0.137

注:網をかけた6尺度は,組織特徴によって面接評価との相関が有意に説明されたもの。

ため因子分析を行って性格五大因子に対応した尺度を再構成したが,性格特性における組織との適合を検討した先行研究では様々な性格特性検査が使われており,五大因子にまとめて先行研究と比較検討する意味が小さいこと,またもとの細かく分れた測定尺度のほうが,性格特性における組織間の評価の違い検出できる可能性が高いことから,ここでは元の14尺度を用いて検討を行うこととする。14尺度の信頼性は研究1で示した表3-1の通りである。組織によって応募者集団の個人特性には偏りがあるため,組織ごとに相関係数の範囲制限の補正を行った。これにより,例えば応募者が全体的に外交的な人が多く,結果的に面接評価との相関が得られにくくなっているといった状況を補正した上で,面接評価の違いを検討した。各尺度の補正前後の相関係数の記述統計を表5-1に示す。

組織特徴は,各企業のホームページから入手できる情報をもとに,業種,従業員数,創業年,資本金のコーディングを行った。コーディングのカテゴリーは,「業種」は,個人を顧客とするメーカー(医薬品,食品,自動車メーカーなど),法人を顧客とするメーカー(工業用機器・資材メーカーなど),個人を顧客とする非メーカー(個人向け通信サービス,人材ビジネス,個人

表5-2 組織特徴のコーディング結果

業種	
メーカ（個人消費者向け）	21
メーカ（法人向け）	7
非メーカー（個人消費者向け）	29
非メーカー（法人向け）	24
計	81

従業員数	
～300名	3
301～1000名	11
1001～3000名	27
3001～5000名	12
5001～1万名	16
1万1名以上	12
計	78

創業年	
～1940年まで	21
1941～1950年	8
1951～1960年	6
1961～1970年	8
1971～1980年	13
1981～1990年	10
1991～2000年	8
2001年以降	7
計	81

資本金	
～1億円まで	2
1億1～10億円	17
10億1～100億円	15
100億1～300億円	19
300億1～1000億円	15
1000億1円以上	13
計	81

向け金融など），法人を顧客とする非メーカー（システム会社，コンサルティング会社など）の4分類，「従業員数」は6分類（～300名まで，301～1000名，1001～3000名，3001～5000名，5001～1万名，1万1名以上），「創業年」は8分類（～1940年まで，1941～1950年，1951～1960年，1961～1970年，1971～1980年，1981～1990年，1991～2000年，2001年以降），「資本金」は6分類（～1億円まで，1億1～10億円，10億1～100億円，100億1～300億円，300億1～1000億円，1000億1円以上）で行った。

業種のコーディングに際しては，個人向けと法人向けの両方を顧客とする企業の場合は，その企業の主要顧客がどちらになるかが判断できる場合はそれで分類し，得られた情報から判断が難しい場合は個人向けとして扱うこととした。このコーディングには一部判断が入るため，著者のほかに企業向けコンサルテーションを行っている会社で研究業務に従事するもの1名に独立してコーディングを行ってもらい，結果の一致を確認した。コーディング結果は表5-2の通りである。

第4節　結果：組織特徴によって面接評価との関係性に影響が見られた性格特性6尺度

　性格，能力合わせて14の尺度について，組織ごとの尺度得点と面接評価の相関係数（範囲制限による補正後）を従属変数，コーディングを行った組織の特徴（業種，従業員数創業年，資本金）を独立変数として，カテゴリカル回帰分析を行った。カテゴリカル回帰分析の結果の結果，R^2 が5％水準で有意であったのは，性格特性6尺度（内省性，身体活動性，慎重性，活動意欲，気分性，自信性）で，それぞれ 0.281，0.208，0.262，0.239，0.237，0.275 であった。これら6尺度の平均値を見ると（表5-1），一般に活動的で自分に自信があり，気分の浮き沈みが少なく，ものごとを深く考えることをよしとする人が多い傾向が見られた。各組織特徴の数量化と標準偏回帰係数については，本章末に掲載の付録Aの通りである。どの組織特徴が影響を及ぼしていたかは，尺度によって異なっていた。数量化後の組織特徴間の共線性の許容度は，最も小さいもので0.55であり，多重共線性は見られなかった。カテゴリカル回帰分析の結果をまとめたものが表5-3である。

表5-3　カテゴリカル回帰分析のまとめ

	R^2	業種				従業員数（→多）	創業（→新）	資本金（→大）
		メーカ個人消費者	メーカ法人	非メーカ個人消費者	非メーカ法人			
内省性	0.281	3	1	4	2	-	+	++
身体活動性	0.208						-	--
慎重性	0.262					-	++	++
活動意欲	0.239	3	4	2	1	--	-	
気分性	0.237	1	3	2	4			-
自信性	0.275	4	1	2	3	--	-	
		医薬品，食品，自動車メーカなど	工業用機器・資材メーカなど	個人向け通信サービス，人材ビジネス，個人向け金融など	システム会社，コンサルティング会社など			

注：1）能力を含む16尺度のうち，R^2 が5％水準で有意になったもののみ報告。
　　2）セルには標準化係数が5％水準で有意であったもののみ，数字，記号を入力。
　　3）業種の列の数字は，標準化係数がプラスに大きな値を示した順。
　　4）従業員数，創業，資本の列の記号は，＋－の符号は標準化係数の符号で，絶対値が3以上の時に2つ記号を入力。

第5節　考察：組織の特徴によって評価される個人特性は
どのように異なるか

　カテゴリカル回帰分析の結果の結果で R^2 が5％水準で有意であった性格特性6尺度（内省性，身体活動性，慎重性，活動意欲，気分性，自信性）では，組織間の面接評価との相関係数の違いのうち20～30％は，組織特徴の違いによって説明されていた。

　どの組織特徴が強く影響していたかは尺度により異なっていたため，組織特徴ごとに考察を行う。まず業種による影響を見ると，メーカー，非メーカーともに法人を顧客とする企業で，内省性の尺度得点が高い人，あるいは気分性の低い人の面接評価が高くなっている。内省性は行動よりも思索を好み，ものごとを深く考える傾向を測定しているが，法人を相手にする仕事ほど複雑な商品・サービスが多く，思索をする力がより求められると考えられる。気分性については，この尺度得点が高い人は気分にむらがある一方，感情に素直で表現が豊かであるといった特徴があり，このような人物は法人顧客の企業よりも，個人顧客の企業の方が向いているということだろう。また非メーカーの方がメーカーと比べると，課題解決にあたる際の行動や決断の速さ（活動意欲）を評価する傾向が強かった。ものづくりにじっくり取り組むメーカーと比べると，非メーカーではより機敏な対応が求められるということだろう。

　自分自身に自信を強くもつ傾向を表わす自信性については，メーカー，非メーカーの違いや，顧客が法人か個人かの違いによる系統だった傾向は見られなかった。自信性のある人物を高く評価する傾向が最も強かったのは法人向けのメーカーで，その傾向が最も弱かったのは個人顧客向けのメーカーであった。前者のほうが後者よりも，応募者の自信性の平均値は有意に低かった（法人向けメーカー 51.65，個人顧客向けメーカー 55.37）。このことから，法人向けメーカーでは応募者の自信性の水準が全体的に低かったため，面接評価において自信性の高さが影響を及ぼしたものの，個人顧客向けのメーカーでは，応募者の自信性は十分に高かったため，面接評価には影響を及ぼさなかった可能性が考えられる。範囲制限の補正は行っていたものの，この

補正は性格特性と面接評価が線形の関係にあることを前提としているため，仮に一定レベル以上は必要がないといった評価になる場合には，補正は機能しない。また，自信性のある人物を高く評価する傾向が最も強かった法人向けのメーカーには工業用機器や資材メーカーが含まれ，次にその傾向が強かった個人向けの非メーカーには人材ビジネスや個人向け金融などが含まれている。これらの業種では，どちらかといえば商品やサービスの変化スピードがさほど速くなく，安定的に確度の高いサービスを提供することが求められることが多い。業種が組織文化に及ぼす影響を検討する際の視点として，Gordon（1991）は顧客が求めるものとして新規性と安定性を指摘しているが，法人向けのメーカーと個人向けの非メーカーはどちらかといえば安定性を提供する方に当たる。商品やサービスの安定性を表現するものとして，従業員の自信のある態度が求められるのかもしれない。

　従業員数に関しては，従業員が多い会社ほど内省性と慎重性の尺度得点と面接評価の関係は弱まる傾向があった。従業員数が多くなると，組織内の機能分化が進み，各従業員の役割は明確になる。個々人の裁量の範囲は狭くなり，決められた役割を果たすことが求められるようになることから，一人一人が，じっくり考えて（内省性）行動する必要性は低下する。また従業員数が多い会社には，現場で顧客サービスにあたる人やメーカーの工場労働者などを雇用する会社が含まれる。このような会社では，必ずしも大多数の人が，じっくり考えて（内省性）慎重に行動する（慎重性）ことを求められるわけではないのだろう。

　一方，同じく組織規模の指標である資本金では逆の効果があり，内省性や慎重性の高い人が面接で評価される傾向は，資本金が大きな会社ほど強くなる傾向があった。また，資本金の大きな会社ほど，活動性，活動意欲，気分性，自信性といった尺度と面接評価の関係性は弱まる傾向があった。事業規模を表わす2つの指標の間には0.64の相関（Spearmanのρ, $p < .001$）があり，従業員数が多くなると資本金も多くなる傾向が一般に見られた。ただし組み合わせで見てみると，従業員数に比して資本金の大きな会社には，大きな設備投資の必要なメーカーや社会インフラの構築や整備に当たる会社，あるいは大企業などからある事業に特化して独立した子会社などが含まれて

おり，このような会社特有の面接評価の傾向が反映している可能性がある。このような会社には事業の安定した企業が多く，堅実な職務遂行を必要とされることから，フットワークよく動く押しの強いタイプよりも落ち着いた，思慮深いタイプが好まれるということかもしれない。

　創業の新しさの影響については実証的な先行研究がなく，探索的に分析を行った結果，資本金の大きさとほぼ同様の影響が見られた。ただし，創業の新しさと資本金の大きさの間には−0.30とやや弱い負の相関があることから（Spearman の ρ, $p < .01$），創業の新しさは資本金の大きさとは異なる意味で面接評価に影響を及ぼしたと考えられる。創業の新しさは，時間の経過とともに組織に起こる変化の影響をするための変数として用いたが，数量化の結果を見ると1981年以降とそれ以前で2分されていることがわかる（表5−2）。つまりこの時期の前後で，組織文化に違いが生じていると考えられる。この時期以降に創業した25社のうち，14社についてはITや通信関連の企業であった。これらの企業では目に見えないサービス商品を扱うため，深く考える力（内省性）が，フットワークの良さ（身体活動性）よりも求められている可能性がある。同様に慎重に行動する（慎重性）タイプの人が評価され，自分に自信のある（自信性）人の評価は高くならない傾向が得られたと考えられる。創業時期の影響は，組織の発達段階との関連で生じると考えたが，そうではなく創業時期によって現れる業種の特徴によるものであったと考えられる。

　対人面での明るさや積極性に関連する特性である社会的内向性（反転）や高揚性と，志の高さを表わす達成意欲，悲観的であったり心配症などの線の細さを表わす敏感性，自責性や気分性，それと独自の物の見方を重視する独自性では，面接評価との相関の違いは組織特徴によって有意に説明されなかった。表5−1から独自性の相関の平均値と分散はいずれも他の尺度と比べて小さく，いずれの組織でも面接評価との相関が弱かったことで，組織特徴による影響が得られなかったと考えられる。独自性以外の，対人面での明るさ，志の高さ，線の細さに関する尺度は，逆にいずれの組織でも望ましいと思われる方向が一義に決まりやすかったため，組織の特徴の影響が得られなかった可能性が考えられる。ただし，研究1と同じデータを用いて尺度別

に面接評価との相関係数をメタ分析した結果（今城，2009）では，サンプリング誤差による分散の説明率はあまり高くなく（14〜52％），これらの尺度でも面接評価との相関には組織間で違いがあることが示されている。組織の特徴によって組織間の面接評価の違いが有意に説明された6尺度においても，決定係数 R^2 は 0.2〜0.3 にとどまっており，決して大きな値ではない。今回用いた組織特徴の指標は決して十分とはいえないため，今後組織特徴を表わす他の指標を用いたり，組織文化を直接測定した結果などを用いて，これらの尺度と面接評価の関係性の組織間の違いが何によってもたらされるかをさらに検討することが必要である。

　本研究は組織間で面接評価に違いがあること，その違いが組織文化に影響を及ぼす組織の特徴によって有意に説明できることを示した。特に組織レベルの分析を行うことで，採用面接における組織との適合評価研究における課題であった面接者との個人的な適合の影響を統制した上で，組織間の面接評価の違いを示したことの意味は大きいと考える。しかし本研究にはいくつかの限界があり，それについて次に述べる。

第6節　本研究の限界と研究4・研究7への課題

　本研究では，3つの限界点があげられる。1点目に今回研究に用いたのは組織適合を評価した結果ではなく，面接の最終評価であったことである。最終評価には組織との適合以外の観点での評価も影響を及ぼすと考えられるため，組織特徴が組織との適合評価に及ぼす影響は過小評価された可能性がある。同様に今回，社会的内向性や達成意欲といった「採用場面での一般的な対人評価」に該当する性格特性尺度においては，組織特徴の影響が見られなかったが，これも最終評価を用いたことで検出力が低下したことによる可能性がある。さらに重要なことは，今回の分析の結果得られた組織の特徴による面接評価の違いが，組織との適合が評価されたことによるものかは，直接検討されていないことである。組織間での面接評価が異なる理由には，例えば応募者向けのセミナーの内容や適性検査の活用方法などの面接以外の採用プロセスの影響や，応募者集団の違いの影響なども考えられる。後者に関し

ては，応募者集団の性格特性や知的能力の偏りについて，統計的な補正を行った。しかし前者については統制できていない。さらに面接評価内容の概念的枠組みでは，「組織との適合評価」は採用基準として評価するものと置いたが，この点に関しても検討できていない。

　2点目の限界として，組織文化ではなく，それに関連すると思われる客観的な組織特徴のデータを用いたことがあげられる。客観的な組織特徴の使用は，面接者との適合の可能性が排除できるという点では利点があった。しかし分析に用いた組織の特徴は，十分に網羅的であったとはいえない。例えば，業種は顧客の特徴とメーカー・非メーカーで4分類したのみであったが，個人向けのメーカーでも，食品メーカーと，電機メーカーでは異なる文化をもつ可能性は高い。さらに組織文化を用いていないことの欠点として，組織の事業戦略や事業の強み，あるいは企業のサービスの意味づけといった内容が反映されていないことがあげられる。事業戦略に関連性の深い組織の特徴は業種であるが，Chatman & Jehn（1994）は組織文化には業種の違いでは説明されない要素があったことを報告している。例えば同じ家電メーカーでも，特定の企業が何を自企業の存在価値と考えるかによって，企業内で求められ，評価される行動には違いが生じる。2つの家電メーカーA，Bがあり，いずれも高い技術力に基づく質の良い商品の提供を通じて消費者の生活をより便利にすることをゴールとしていても，メーカーAはこれまでにない新しい商品を生み出すことで消費者に夢を与えたいと考え，メーカーBは質の高い商品を低コストで提供することでなるべく多くの消費者の生活をよくしたいと考える場合，組織文化には違いが生じるだろう。前者では，新しいアイデアが歓迎され，前例にないことに挑戦する行動が評価される。一方後者では，いかに効率よく間違いなく仕事を行うかに関心が高く，それに貢献する行動が高く評価される。組織文化の違いは，どのような特徴もつ人物がその組織にとってより望ましいかを規定する。このような違いについて，今回の研究では検討することができなかった。

　3点目に，本研究では分析に用いるデータ数を増やすために，各組織において最初に行われた面接のデータを用いた。しかしChuang & Sackett（2005）はキャンパス・リクルーターを対象とした調査の結果，企業で複数

回面接を行った際に，組織への適合は後の面接においてより重視されることを報告している。日本の新卒採用でも，ほとんどの企業は二次面接，三次面接と複数回，面接を行う。後の面接のほうが組織との適合評価を重視していた場合，今回用いた一次面接のデータでは十分な結果が得られなかった可能性が残される。

次の研究4では，上記の1点目の課題については，ある会社の実際の採用面接で組織との適合を評価したデータを用いて検証する。また2点目の課題については，面接者の組織文化の認知が，組織との適合評価に影響を及ぼすことを示す。加えて，面接者との適合ではなく，組織との適合評価であることを，研究3とは異なるアプローチを用いて再度確認する。組織との適合評価が最終評価に反映されているかは，研究7で検証する。

付録A　カテゴリカルデータの回帰分析結果（R^2 が有意になった6尺度）

内省性

多重R	R^2乗	調整済みR^2乗	F	有意確率
0.530	0.281	0.154	2.211	0.020

係数

	標準化係数		自由度	F	有意確率
	ベータ	標準誤差			
業種	0.302	0.122	3	6.157	0.001
従業員数	－0.289	0.119	3	5.892	0.001
創業年	0.236	0.103	2	5.249	0.008
資本金	0.654	0.138	4	22.441	0.000

数量化

内省性との相関	度数	数量化
－.21 ～ －.15	4	－2.013
－.12 ～ －.06	11	－1.353
－.06 ～ －.02	13	－0.693
－.01 ～ .04	18	－0.033
.04 ～ .09	24	0.628
.10 ～ .15	6	1.288
.18 ～ .23	5	1.948

業種	度数	数量化
メーカ（個人消費者向け）	21	－0.150
メーカ（法人向け）	7	1.442
非メーカ（個人消費者向け）	29	－1.139
非メーカ（法人向け）	24	1.087

従業員数	度数	数量化
～300名まで	3	－1.877
301～1000名	11	－1.877
1001～3000名	27	－0.041
3001～5000名	12	－0.041
5001～1万名	16	0.675
1万1名以上	12	1.424

創業年	度数	数量化
～1940年まで	20	－0.675
1941～1950年	8	－0.675
1951～1960年	6	－0.675
1961～1970年	8	－0.675
1971～1980年	13	－0.675
1981～1990年	10	1.002
1991～2000年	8	1.694
2001年以降	8	1.694

資本金	度数	数量化
～1億円まで	3	－3.240
1億1～10億円	17	－0.482
10億1～100億円	15	－0.482
100億1～300億円	18	－0.307
300億1～1000億円	15	0.636
1000億1円以上	13	1.625

注：最適化水準；相関は数値，業種は名義，その他は順序（以下，同）。

第5章　研究3：「採用面接評価の組織間の違いは組織の特徴に関連しているか」

活動性

多重R	R^2乗	調整済みR^2乗	F	有意確率
0.456	0.208	0.108	2.073	0.043

係数

| | 標準化係数 | | 自由度 | F | 有意確率 |
	ベータ	標準誤差			
業種	−0.195	0.121	3	2.591	0.059
従業員数	−0.162	0.108	1	2.257	0.137
創業年	−0.299	0.109	1	7.519	0.008
資本金	−0.357	0.119	4	9.035	0.000

数量化

活動性との相関	度数	数量化
−.15 〜 −.04	6	−1.930
−.03 〜 .02	7	−1.279
.03 〜 .07	19	−0.627
.08 〜 .14	18	0.024
.14 〜 .18	18	0.676
.20 〜 .25	9	1.327
.28 〜 .35	4	1.978
業種	度数	数量化
メーカ（個人消費者向け）	21	0.454
メーカ（法人向け）	7	2.211
非メーカ（個人消費者向け）	29	−1.164
非メーカ（法人向け）	24	0.363
従業員数	度数	数量化
〜300名まで	3	−5.099
301〜1000名	11	0.196
1001〜3000名	27	0.196
3001〜5000名	12	0.196
5001〜1万名	16	0.196
1万1名以上	12	0.196
創業年	度数	数量化
〜1940年まで	20	−0.688
1941〜1950年	8	−0.688
1951〜1960年	6	−0.688
1961〜1970年	8	−0.688
1971〜1980年	13	−0.688
1981〜1990年	10	1.454
1991〜2000年	8	1.454
2001年以降	8	1.454
資本金	度数	数量化
〜1億円まで	3	−2.528
1億1〜10億円	17	−0.567
10億1〜100億円	15	−0.567
100億1〜300億円	18	−0.289
300億1〜1000億円	15	0.402
1000億1円以上	13	1.914

慎重性

モデルの要約

多重 R	R^2 乗	調整済み R^2 乗	F	有意確率
0.511	0.262	0.144	2.222	0.023

係数

	標準化係数		自由度	F	有意確率
	ベータ	標準誤差			
業種	0.131	0.106	3	1.515	0.218
従業員数	−0.240	0.121	4	3.932	0.006
創業年	0.389	0.106	2	13.486	0.000
資本金	0.476	0.124	2	14.693	0.000

数量化

慎重性との相関	度数	数量化
−.19 〜 −.14	3	−1.912
−.13 〜 −.08	17	−1.277
−.08 〜 −.05	6	−0.643
−.04 〜 −.01	25	−0.008
.00 〜 .04	15	0.627
.04 〜 .09	10	1.262
.10 〜 .14	5	1.897
業種	度数	数量化
メーカ（個人消費者向け）	21	0.824
メーカ（法人向け）	7	−2.088
非メーカ（個人消費者向け）	29	−0.801
非メーカ（法人向け）	24	0.856
従業員数	度数	数量化
〜300名まで	3	−1.072
301〜1000名	11	−1.072
1001〜3000名	27	−0.937
3001〜5000名	12	0.844
5001〜1万名	16	1.024
1万1名以上	12	1.149
創業年	度数	数量化
〜1940年まで	20	−0.906
1941〜1950年	8	−0.552
1951〜1960年	6	−0.552
1961〜1970年	8	−0.552
1971〜1980年	13	−0.552
1981〜1990年	10	1.440
1991〜2000年	8	1.440
2001年以降	8	1.440
資本金	度数	数量化
〜1億円まで	3	−3.336
1億1〜10億円	17	−0.448
10億1〜100億円	15	−0.448
100億1〜300億円	18	−0.448
300億1〜1000億円	15	1.158
1000億1円以上	13	1.158

第5章 研究3:「採用面接評価の組織間の違いは組織の特徴に関連しているか」

活動意欲

モデルの要約

多重 R	R^2 乗	調整済み R^2 乗	F	有意確率
0.488	0.239	0.130	2.193	0.028

係数

	標準化係数 ベータ	標準誤差	自由度	F	有意確率
業種	0.289	0.118	3	6.003	0.001
従業員数	-0.064	0.126	1	0.257	0.614
創業年	-0.464	0.118	2	15.523	0.000
資本金	-0.229	0.127	4	3.263	0.016

数量化

活動意欲との相関	度数	数量化
-.08 — -.08	3	-1.884
-.03 — .02	16	-1.251
.03 — .06	13	-0.618
.06 — .10	15	0.016
.10 — .14	21	0.649
.14 — .19	8	1.282
.20 — .25	5	1.916

業種	度数	数量化
メーカ(個人消費者向け)	21	-1.017
メーカ(法人向け)	7	-2.127
非メーカ(個人消費者向け)	29	0.474
非メーカ(法人向け)	24	0.937

従業員数	度数	数量化
〜300名まで	3	-0.727
301〜1000名	11	-0.727
1001〜3000名	27	-0.727
3001〜5000名	12	-0.727
5001〜1万名	16	1.376
1万1名以上	12	1.376

創業年	度数	数量化
〜1940年まで	20	-0.847
1941〜1950年	8	-0.591
1951〜1960年	6	-0.591
1961〜1970年	8	-0.591
1971〜1980年	13	-0.591
1981〜1990年	10	1.447
1991〜2000年	8	1.447
2001年以降	8	1.447

資本金	度数	数量化
〜1億円まで	3	-2.450
1億〜10億円	17	-0.827
10億1〜100億円	15	-0.827
100億1〜300億円	18	0.167
300億1〜1000億円	15	0.643
1000億1円以上	13	1.627

気分性

モデルの要約

多重 R	R^2 乗	調整済み R^2 乗	F	有意確率
0.487	0.237	0.140	2.450	0.017

係数

	標準化係数		自由度	F	有意確率
	ベータ	標準誤差			
業種	− 0.488	0.120	3	16.485	0.000
従業員数	− 0.141	0.108	2	1.723	0.186
創業年	0.125	0.118	2	1.118	0.333
資本金	− 0.295	0.115	2	6.650	0.002

数量化

気分性との相関	度数	数量化
− .37 〜 − .24	2	− 2.028
− .15 〜 − .10	11	− 1.344
− .10 〜 − .05	19	− 0.659
− .05 〜 .00	23	0.025
.00 〜 .04	14	0.710
.05 〜 .10	6	1.394
.11 〜 .22	6	2.079

業種	度数	数量化
メーカ（個人消費者向け）	21	− 1.322
メーカ（法人向け）	7	0.046
非メーカ（個人消費者向け）	29	− 0.168
非メーカ（法人向け）	24	1.346

従業員数	度数	数量化
〜 300 名まで	3	− 4.153
301 〜 1000 名	11	− 0.092
1001 〜 3000 名	27	− 0.092
3001 〜 5000 名	12	− 0.092
5001 〜 1 万名	16	− 0.092
1 万 1 名以上	12	1.547

創業年	度数	数量化
〜 1940 年まで	20	− 1.591
1941 〜 1950 年	8	− 0.112
1951 〜 1960 年	6	− 0.112
1961 〜 1970 年	8	− 0.112
1971 〜 1980 年	13	0.879
1981 〜 1990 年	10	0.879
1991 〜 2000 年	8	0.879
2001 年以降	8	0.879

資本金	度数	数量化
〜 1 億円まで	3	− 4.269
1 億 1 〜 10 億円	17	− 0.253
10 億 1 〜 100 億円	15	− 0.253
100 億 1 〜 300 億円	18	− 0.253
300 億 1 〜 1000 億円	15	0.909
1000 億 1 円以上	13	0.909

第5章 研究3:「採用面接評価の組織間の違いは組織の特徴に関連しているか」

自信性

モデルの要約

多重R	R^2乗	調整済みR^2乗	F	有意確率
0.524	0.275	0.147	2.149	0.025

係数

	標準化係数		自由度	F	有意確率
	ベータ	標準誤差			
業種	0.269	0.107	3	6.267	0.001
従業員数	−0.180	0.105	2	2.898	0.062
創業年	−0.454	0.110	3	17.025	0.000
資本金	−0.244	0.108	4	5.082	0.001

数量化

自信性との相関	度数	数量化
−.08 〜 −.05	5	−1.881
−.01 〜 .04	12	−1.254
.04 〜 .09	13	−0.627
.10 〜 .15	19	0.000
.15 〜 .20	16	0.627
.20 〜 .26	12	1.254
.28 〜 .34	4	1.881
業種	度数	数量化
メーカ(個人消費者向け)	21	−1.565
メーカ(法人向け)	7	1.427
非メーカ(個人消費者向け)	29	0.723
非メーカ(法人向け)	24	0.080
従業員数	度数	数量化
〜300名まで	3	−4.993
301〜1000名	11	−0.318
1001〜3000名	27	0.276
3001〜5000名	12	0.276
5001〜1万名	16	0.276
1万1名以上	12	0.276
創業年	度数	数量化
〜1940年まで	20	−1.334
1941〜1950年	8	−0.364
1951〜1960年	6	−0.364
1961〜1970年	8	−0.364
1971〜1980年	13	0.117
1981〜1990年	10	1.276
1991〜2000年	8	1.276
2001年以降	8	1.276
資本金	度数	数量化
〜1億円まで	3	−1.131
1億1〜10億円	17	−0.849
10億1〜100億円	15	−0.849
100億1〜300億円	18	−0.376
300億1〜1000億円	15	1.098
1000億1円以上	13	1.604

第6章

研究4:「主観的基準アプローチを用いた(面接者とではなく)組織との適合評価の検討」

　採用場面における組織との適合評価に関する先行研究では,面接での組織適合評価が面接者との適合を反映したもので,組織との適合ではないのではないかとの指摘がなされている(Parsons et al., 1999 ; Adkins et al., 1994 ; Howard & Ferris, 1996)。これに対して研究3では,面接評価には組織による違いがあり,その違いの20〜30%は業種や組織規模,組織の創業の新しさといった組織特徴によって説明できることを示した。しかし,組織特徴による面接評価の違いが,組織との適合評価の結果もたらされたものかは,直接検討できていない。そこで研究4ではある会社の採用面接で面接者が組織との適合を評価したデータを用いて,応募者の価値観に基づき,応募者と組織との適合を面接者は評価していることを検証する。加えて複数の面接者が共通の視点で組織との適合評価をしたことを示すことで,面接者との適合ではなく,組織との適合が評価されたことを検証する。

第1節　組織適合の定義

　組織適合には,組織と個人が何らかの観点で似通っている追補的な適合と,組織や個人の側が求めているものを他方が満たす相補的な適合がある(Muchinsky & Monahan, 1987)。また Kristof(1996)は組織適合を,"compatibility between people and organizations that occurs when : (a) at least one entity provides what other needs, or (b) they share similar fundamental characteristics, or (c) both" と定義している。定義 (a) の組織と個人が互いに必要とされる特性をもつことで実現する相補的な適合も，現従業員が感じる組織との適合感を用いた研究では検討されることがあるものの，採用時の組織との適合評価に関する先行研究では，一般に定義 (b) の追補的な適合が検討されている (e.g., Dineen et al., 2002 ; Saks & Ashforth, 1997 ; Cable & Judge, 1997 ; Higgins, 2000 ; Kristof-Brown, 2000)。これは組織の採用選考時の評価では「自組織の雰囲気になじむ人」や「自組織が重要であると思っている価値を共有できる人」が求められるからである。そこで本研究でも組織適合を「組織と人が類似した特徴を共有する程度」とする。

第2節 適合の内容による効果の違い： 性格特性の適合と価値観の適合

適合の内容とは組織と個人の"何が"類似しているのかを指すが，主として価値観 (e.g., O'Reilly, 1991 ; Cable & Judge, 1997) や性格特性 (e.g., Westerman & Cyr, 2004) などが扱われる。適合の内容に関する議論では，例えば，Chatman et al. (1991) は，人と組織の特徴を表現する比較的安定した概念として価値観を用いることが適当であると論じている。一方，Ryan & Kristof-Brown (2003) は，価値観よりも性格特性のほうが安定しており，他者からの観察が可能で，行動に近いとして，性格特性による適合評価の利点を論じている。しかし現時点では，どちらを用いるべきかについては結論が得られていない (Kristof-Brown, Zimmerman, & Johnson, 2005)。

組織との適合が組織や個人にもたらす効果について，Ryan & Kristof-Brown (2003) は，価値観の一致は常に良い効果をもたらすことが期待されるが，性格特性における一致は必ずしも望ましい効果をもたらさない可能性があると指摘している。価値観の類似度は，組織の目標共有の促進につながるものの，性格特性は異なる特性をもつ人の組み合わせのほうが補いあってより高い成果が出る場合があるからである。実証研究をメタ分析した結果では，性格特性における適合などと比較すると，価値観における適合のほうが

職務満足度といった組織への態度にプラスの影響を与える程度が強いことが報告されている（Kristof-Brown et al., 2005）。このように価値観における組織との適合と性格特性における組織との適合は，異なる意味をもつ可能性があることから，組織との適合評価は価値観や性格特性といった複数の特性を用いて行うべきとの議論もなされている（Bretz & Judge, 1994）。

　面接における組織との適合評価の研究の場合は，何による適合評価かは意識されることなく，応募者が組織に適合していると思う程度を面接者が主観的に評価した結果を用いることがほとんどである。Cable & Judge（1997）では，面接者による応募者の組織との適合評価は，応募者と組織の価値観の一致度に影響されていたことを示した。性格特性における適合については客観的な一致度の影響に関する検討は行われていないものの，組織との適合を評価するリクルーターに，何をもって組織への適合を評価しているかをたずねたところ，価値観よりも性格特性をあげることが多かったとの報告もある（Kristof-Brown, 2000）。

　以上の先行研究から，組織との適合が入社後の成功予測に対してもつ意味や効果は適合の内容によって異なる可能性があり，また採用面接時の適合評価においては，価値観による評価と性格特性による評価の両方が行われている可能性がある。そこで研究4では，研究3で扱った性格特性による適合ではなく，価値観による適合を検討する。

第3節　採用面接における組織との適合評価とは：組織との適合か面接者との適合か

　研究4の主な目的のひとつは，組織との適合評価が，組織にとって望ましい価値観を応募者が有する程度によって決まることを確認することである。面接者によってなされる主観的な組織との適合の評価は，何によって決まるのだろうか。

　例えばGarcia et al.（2008）やChen et al.（2008）は，面接者の適合評価は応募者が自分に類似していると感じる程度，すなわち面接者との適合に影響を受けることを示している。Cable & Judge（1997）は，応募者と組織の価値観の客観的適合度が，面接者の主観的な適合評価に反映されることを示

したが，この場合の組織の価値観は面接者の質問紙への回答結果に基づき決められており，そこには面接者の個人的な価値観が影響する可能性がある（今城，2007）。

一方で，面接者が自組織の文化や，自組織にとって重要な価値をどう捉えるかが，評価に影響を及ぼすのはある意味当然である。たとえ自分独自の価値観であったとしても，自分は正しく組織の価値観を取り込んでいると面接者自身が信じている場合，面接者は自分との適合を評価しているとは認識しないだろう。そこでここでは面接者の主観的評価によって組織との適合が妥当に評価されるためには，面接者による自組織文化の認知が，同じ組織に属する他の面接者とある程度共有され，その共有部分が組織との適合評価に用いられることが必要であるとの立場をとる（図6-1）。先行研究では，組織文化の認知には，同組織に属する面接者間で共通の認識がある一方で，面接者による違いもあり，その違いが面接者の個人的な価値観によってもたらされていることがわかっている（今城，2007）。また Kristof-Brown（2000）では，リクルーターに応募者の組織への適合を評価する際のポイントを書かせたところ，77％はリクルーターの個人的な考えに基づくものであったが，23％は組織に共通の観点であったと報告している。

研究4では，実際の面接における組織との適合評価に，同組織に属する面接者間に共通する評価と，面接者間で異なる評価が含まれることを検証する。そのためにある組織に属する複数の面接者が行った組織との適合評価を用いて，応募者の特定の価値観が，これらの面接者に共通して評価されたかを検証する。また組織との適合評価の面接者間の違いに，面接者間の組織文化の認知の違いが影響を及ぼすかを検討する。例えばこの組織で，複数の面接者に共通して自律の価値観をもつ応募者が組織との適合で高く評価されれ

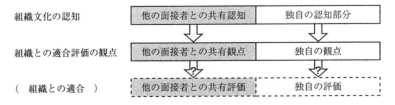

図6-1　面接者の組織との適合評価視点のイメージ

ば，この評価は面接者個人との適合ではなく，組織との適合評価であると考えられる。一方で，例えば自組織がチームワーク重視の文化であるとの認知が高い面接者においてのみ，応募者の対人協調の価値観が評価される場合は，それは組織ではなく面接者との適合評価が行われたと言える。

価値観での適合評価に関しては他に，営業や研究といった仕事に求められる価値観もありうるが，本研究は職種を特定しない新卒採用の場面での評価であることから，この可能性は低い。そこで研究4では，まず以下の2つの仮説を検討する。

仮説4－1：同一組織の面接における組織との適合評価では，面接者の違いにかかわらず，特定の価値観をもった応募者の評価が高くなる

仮説4－2：同一組織の面接における組織との適合評価であっても，面接者間の組織文化認知の違いによって，評価される応募者の価値観やその程度は影響をうける

第4節　面接者と応募者の価値観の類似度の影響

本研究では，面接者と応募者の価値観の類似度の影響についても検討を行う。組織との適合評価に限らず，一般の面接評価では，人種（Prewett-Livingston, Field, Veres, & Lewis, 1996）や性別（Graves & Powell, 1996）などの属性や，態度（Howard & Ferris, 1996）や性格（今城，2005）などの個人特性に関して，応募者と面接者の類似性が評価に影響を及ぼすことが示されており，一般に面接者と応募者が類似しているほうが評価が高まる傾向が指摘されている（Posthuma et al., 2002）。社会心理学の分野では社会的な相互作用場面では自分と似た人に魅力を感じたり，好感をもつことが一般的な対人認知の傾向として指摘されており（Byrne, 1971），面接者にも同様の傾向があるといえる。面接者と応募者の類似度が面接者との適合を高め，結果的に組織との適合が高いと評価される可能性がある。

採用面接における組織適合評価に関する先行研究では，属性の類似度（Garcia et al., 2008）や，面接者による類似度の主観評価（Chen et al., 2008）を扱ったものはあるが，価値観の客観的な類似度を扱った研究は行われていない。ただし Montoya, Horton, & Kirchner（2008）による，一般対人場面で自己と類似した人に魅力を感じる傾向に関するメタ分析では，客観的な類似度も，主観的な類似度も対人魅力に影響を及ぼすことが確認されている。そこで本研究では，面接者と応募者の価値観の類似度が組織との適合評価を高めるかについても検証する。加えて，自分と価値観の類似した応募者を高く評価する傾向は，人の性格特性がどの程度環境によって変化可能であるかに関して面接者がもつ信念（人間観；person theory）により異なると考える。

　Dweck, Chiu, & Hong（1995）によれば，われわれは暗黙のうちに人物特徴の変化する度合いに関して2つの異なる信念のいずれかを強くもつ。ひとつは，人物特徴は固定的なもので状況によって変化しないとの信念（固定的人間観；entity theory）で，もうひとつは人物特徴は状況によってダイナミックに変化するとの信念（変動的人間観；incremental theory）である。どちらの信念をもつかによって対人認知やそれに伴う行動には違いが生じる。固定的人間観をもつ人は，変動的人間観をもつ人に比べると，行動から特性推論を行いやすく，いったん行った推論の結果を別の行動の説明に用いる傾向が強いことが，実証的に示されている。さらに Poon & Koehler（2008）は，固定的人間観をもつ人のほうが，対象者がある特性をもつと判断するとその特性と関連があると思われる他の特性も有すると判断する傾向が，変動的人間観をもつ人に比べて強いことを示している。つまり，面接者が自分と類似した応募者に対して魅力を感じた場合，固定的人間観をもつ人のほうが，その応募者に対して全体的にポジティブな評価をする傾向が強まったり（Poon & Koehler, 2008），魅力的な人物であるとの初期の判断がその後の人物評価に与える影響が強いと考えられる（Dweck et al., 1995）。そこで面接評価における，面接者と応募者の価値観の類似度が組織との適合評価に及ぼす影響と，その影響に対する面接者のもつ固定的人間観の調整効果について以下の2つの仮説を確認する。

仮説4-3：面接者自身の価値観と近い価値観をもった応募者ほど，組織との適合評価において高く評価される傾向がある

仮説4-4：面接者と応募者の価値観の類似度が組織との適合評価に及ぼす影響は，固定的な人間観をもつ面接者ほど強い

第5節　方法：面接者をレベル2とする
　　　　　マルチレベルモデルによる分析

あるサービス会社A社で2007年に行われた新卒の採用面接時の面接評価，応募者を対象に行った価値観に関する質問紙の結果（n＝419，男性67％，女性33％），面接実施の約3カ月後に面接者を対象に実施したアンケートの結果（n＝59，男性90％，女性10％）を用いる。この会社では，内定を出すまでに3回の個人面接が行われるが，ここで用いたデータはすべて一次面接のデータである。面接者はこの会社の中間管理職が中心（52名中46名が管理職）で，社歴の平均は17.04年，年齢の平均は42.08歳であった。最も長く経験した職種は営業29名，研究・開発6名，管理・スタッフ16名であった。面接は，応募者一人，面接者一人で行われた。面接者一人当たりが担当した面接回数は3〜20回であった。従属変数として，面接者が面接時に応募者の組織との適合の程度について評価したもの（組織との適合評価）を用いる。独立変数として，応募者の一般的な価値観，面接者と応募者の価値観の乖離度，面接者の自組織文化の認知，面接者の固定的な人間観を用いた。応募者の価値観については，面接前の待ち時間に採用評価には使用されないことを断った上で，自由意志によるアンケートへの回答を依頼した。面接者は応募者の価値観調査の結果は見ていない。面接者に関する変数は，全て面接の3カ月後に実施したアンケート調査によって収集した。

1. 面接者をレベル2にする理由

分析はマルチレベルモデル（multilevel model）を用いる。マルチレベルモデルとは分析に用いるデータが階層化されている場合に用いられる分析モ

デルである。例えば満足度などの個人の測定値はその人が属する課でまとまりをもち，さらにいくつかの課を統合した部でまとまりをもつ。つまり，ある個人の測定値は，他部署の人よりも同じ部の人の測定値と，さらにはその中でも同じ課の人の測定値とより似通っていると考える。これを「従業員が課にネストする」「課が部にネストする」という。

　これまでは，組織レベルで分析するときは，課や部のまとまりは無視してまとめてデータを扱うことが多かった。つまり同集団に属するデータも，別集団のデータ同様に互いに独立したものとして分析を行うことが多かったが，これは変数間の独立性の仮定に反しており，誤った解釈や分析結果を導く危険性がある。仮にある集団内で正に相関する2変数が，他の集団では負に相関している場合，2つの集団を込みにして分析を行うと全体では無相関になりデータの構造を見誤る可能性がある。また，まとまりのあるデータをいわゆる無作為抽出を前提とした検定方法を用いて検定することで，誤差を過小評価してしまい，誤った結論を得る可能性もある。マルチレベルモデルは，このような問題を解消するため開発されたもので，近年産業組織分野の研究でも活用が勧められている（Hofmann, 1997）。

　マルチレベルモデルを構築するにあたって，面接者の下に応募者がネストするモデルを考える。そのイメージを表わしたものが，図6-2である。応募者の個人特性と面接評価の関係性は面接者ごとに異なる可能性がある。例えばある面接者が積極性を評価する傾向があったとすると，応募者の積極性の得点と面接評価の関係はその面接者のデータにおいては高くなる傾向がある。一方，他の面接者は論理的な人を高く評価する傾向があったとすると，その面接者のデータにおいては応募者の積極性の得点と面接評価の相関は低くなると考えられる。面接と同様に主観的評定手法である職務遂行度評価においても，評価者内の方が評価者間よりも評価がよく一致することが報告されていることから（Viswesvaran, Ones, & Schmidt, 1996），面接者がどのような人物を高く評価するかは比較的まとまりがよいと考える。そこでレベル1を応募者のレベル，レベル2を面接者のレベルとする2水準の分析を行った。解析においては，HLM6（Raudenbush, Bryk, Cheong, & Congdon, 2004）を用いた。

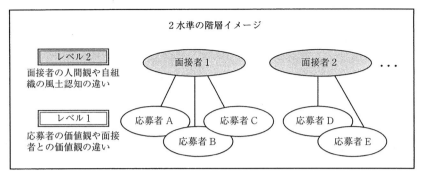

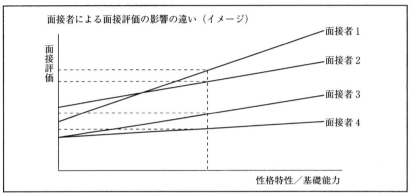

図6-2 マルチレベルモデル（2水準）のイメージ

2. 各レベルで分析に使用した変数

従属変数として，組織風土への適合度に関する評定項目1項目（1まったく合っていない～5とても合っている）を使用した。評定は面接終了直後に面接者により行われたもので，この評定は研究目的のために使用され，採否の判定に影響するものでないことを伝えた上で行われた。

分析は，応募者に関する変数をレベル1，面接者に関する変数をレベル2とするマルチレベルモデルで行った。分析に当たっては，レベル2の面接者に関する情報に欠損のないもののみを用いたため，結果的に応募者202名分，面接者37名分が分析に用いられた。

レベル1；応募者のレベル

応募者自身の一般的な価値観について，Schwartz（1992）の10の価値観をもとに質問紙を作成した。組織文化の測定尺度としてはHofstedeの価値観尺度が有名であるが，今回下記の理由でSchwartzの価値観尺度を用いることとした。Schwartzの価値観尺度は，Hofstedeの価値観尺度同様，国の文化比較研究でよく用いられているが，加えて，個人レベルの研究で用いられていたり（Caprara, Schwartz, Capanna, Vecchione, & Barbaranelli, 2006），個人の価値観と環境との適合に関する研究で用いられている（Sagiv & Schwartz, 2000）。つまり本研究で想定する分析と類似した使われ方がこれまでになされている。本来Schwartzの価値観測定には，40項目からなる質問紙 Portrait Values Questionnaire（Schwartz et al., 2001）が用意されているが，面接前の限られた待合時間での回答が可能なように，10の価値観の定義を日本語訳したものを提示し，大切なものから3つまで順位をつけ，さらに最も大切でないもの1つを選択するように求めた（付録B-1）。その結果を，一番目に大事なものには"3"，二番目に大事なものには"2"，三番目に大事なものには"1"，選択されなかったものを"0"，最も大切でないものには"-1"を割り当てた。

後述する面接者向けのアンケートでも，面接者自身の価値観について同様の方法で回答を求め，数値化した。その後，応募者とその応募者の面接を行った面接者の価値観の差の絶対値を10項目すべてにおいて求め，その平均値を応募者と面接者の価値観の差とした。この値は応募者に固有の値となる。また，他に面接評価に影響しそうなものとして，応募者の性別（女"1"，男"0"）と，出身大学（採用実績校"1"，それ以外"0"）を，統制変数としてモデルに加えた。

独立変数として用いる応募者の価値観は10項目からなるが，全てをモデルに投入するとサンプル数に比して変数が多くなり，推定が収束しにくくなる。また価値観評価では，大事なものから3〜-1の値を当てたものの，値の意味は等間隔とはいえず分布にも偏りが生じた。そこで予備分析として，応募者の10の価値観の評価値を独立変数，各応募者への組織との適合評価を従属変数としてSPSSでカテゴリカル回帰分析を行い，組織との適合評価

表6-1 応募者レベルの使用変数間相関係数

	組織文化への適合評価	価値観；伝統(最適化)	価値観；他者幸福(最適化)	価値観；より良い社会(最適化)	価値観；安心(最適化)	面接者との価値観の乖離	性別(女1、男0)	平均値	標準偏差	N
組織文化への適合評価	1.00							3.21	1.08	340
価値観；伝統(最適化)	−0.15	1.00						0.00	1.00	249
価値観；他者幸福(最適化)	0.06	0.09	1.00					0.00	1.00	249
価値観；より良い社会(最適化)	−0.15	−0.01	−0.04	1.00				0.00	1.00	249
価値観；安心(最適化)	0.20	−0.02	0.16	−0.05	1.00			0.00	1.00	249
面接者との価値観の乖離	−0.06	0.08	−0.03	−0.16	0.00	1.00		0.94	0.33	377
性別(女1、男0)	0.17	−0.05	−0.03	0.05	0.09	−0.02	1.00	0.34	0.47	621
出身校(採用実績 有1、無0)	0.03	−0.09	0.01	0.00	0.12	−0.03	0.02	0.60	0.49	642

注：網掛けのついたセルの相関は5％水準で有意。

に影響を及ぼす可能性が高い価値観に絞り込んだ。具体的には，10％水準で有意な偏回帰係数が得られた5つの価値項目（チャレンジ，伝統，他者幸福，よりよい社会，安心）をマルチレベルモデルの分析に用いることとした。さらに，マルチレベルモデルに応募者の価値観の評価値を投入する際には，元のゆがみのある評定値ではなく，カテゴリカル回帰で用いられた平均0，標準偏差1になるように最適化された値を用いた（カテゴリカル回帰分析の結果は付録C）。上記の5つの価値観の項目を用いて行ったHLM6での分析で，「チャレンジ」に関しては結果的に固定効果がすべて有意とならなかったため，これを除いた4項目で最終のモデルを作り推定を行った。

レベル1で用いた変数の記述統計量と相関は表6-1に示す。

レベル2；面接者のレベル

面接者の組織風土認知については，面接実施3カ月後に面接者を対象にアンケート調査を実施した。アンケート調査では，リクルートマネジメントソリューションズが組織文化測定のために開発した質問紙の測定尺度の尺度構成を参考に，12項目からなる設問を作成した（付録D）。これらの項目は，今城（2007，未発表）でさまざまな企業に勤める新卒の採用面接経験者198

名と，就職に臨む段階にある大学3年生196名を対象としたインターネット調査による収集された394名のデータを用いた因子分析（最尤法，プロマックス回転）の結果から，3つの因子のまとまりと信頼性が確認されている（付録D）。因子分析結果を元に，進取性重視（変革と新たな価値の創造，など4項目），実効性重視（手堅く着実な課題の遂行，など5項目），人間関係重視（強い連帯感とチームワーク，など3項目）の3尺度を構成した。各尺度の信頼性は，それぞれ $\alpha = 0.82, 71, 84$ と十分な値を示した。今回の分析では1社のデータを扱うため，組織文化はひとつであるとの前提にたつ。その上で面接者ごとの組織文化認知の違いの影響を検討するために，組織文化測定の3尺度の得点を標準化した後，個人内で尺度間の得点を比較し，高いものから順に "3" "2" "1" の得点を与えた。従って今回用いた組織文化の測度は，同組織内での面接者の組織文化認知の違いを反映したものになっている。3つの組織文化尺度のうち進取性重視については，分析の結果，有意にならなかったため，最終モデルからは削除した。

面接者の固定的人間観に関してはPoon & Koehler（2008）を参考に，「人は行動は変えられても，その人となりはめったに変わらないと思う」「皆その人なりの特徴があり，それを変えることは難しいと思う」「ある人がどんな人かは，その人にとって基本的で変わりにくいものだと思う」の3項目を作成し，5件法（そう思う～そう思わない）で回答を求めた。α係数は0.83と十分な値を示した。

レベル2で用いた変数の記述統計量と相関は表6-2に示した。

表6-2　面接者レベルの使用変数間相関係数

	固定的人間観	組織文化実効性重視	組織文化人間関係重視	平均値	標準偏差	N
固定的人間観	1.00			5.02	1.11	52
組織文化；実効性重視	0.07	1.00		2.17	0.79	52
組織文化；人間関係重視	-0.12	-0.47	1.00	1.85	0.83	52

注：網掛けのついたセルの相関は5％水準で有意。

3. マルチレベル分析のモデル

分析モデルは，以下に示す通りである。従属変数は面接の最終評価で，レベル1に各応募者の人物特徴評価である「思考力」「自律性」「創造性」と，統制変数として初期印象評価と組織との適合評価，性別，出身大学を入れる。面接評価は全て5段階評価で，性別は女性"1"，男性"0"とし，出身校は採用実績のある大学の場合は"1"，それ以外は"0"としてコーディングして用いた。レベル2には面接者の組織文化認知である「実効性重視」「人間関係重視」と，固定的人間観をもつ程度を用いた。

レベル1（応募者のレベル）
最終評価＝$\beta_0 + \beta_1 \times$（性別）＋$\beta_2 \times$（出身校）＋$\beta_3 \times$（面接者との価値観の乖離度）＋$\beta_4 \times$（伝統）＋$\beta_5 \times$（他者幸福）＋$\beta_6 \times$（より良い社会）＋$\beta_7 \times$（安心）＋r

レベル2（面接者のレベル）

$\beta_0 = \gamma_{00} + U_0$

$\beta_1 = \gamma_{10} + U_1$

$\beta_2 = \gamma_{20} + U_2$

$\beta_3 = \gamma_{30} + \gamma_{31} \times$（固定的人間観）＋$U_3$

$\beta_4 = \gamma_{40} + \gamma_{41} \times$（実効性重視）＋$U_4$

$\beta_5 = \gamma_{50} + \gamma_{51} \times$（人間関係重視）＋$U_5$

$\beta_6 = \gamma_{60} + \gamma_{61} \times$（実効性重視）＋$U_6$

$\beta_7 = \gamma_{70} + U_7$

第6節 結果：マルチレベル分析の結果

HLM6による分析結果は，表6-3の通りである。まず仮説4-1では面接者の違いにかかわらず，応募者の特定の価値観が組織との適合評価に影響を及ぼすかを確認した。最終的にモデルに用いた4つの価値観（伝統，他者幸福，より良い社会，安心）の係数はすべて有意で（$\gamma_{40} = -1.329$，$\gamma_{50} =$

表6-3　HLM分析結果

Fixed Effect	Coefficient	Standard Error	T-ratio	Approx.d.f.	P-value
切片1, β_0					
切片2, γ_{00}	2.654	0.177	15.019	36	0.000
応募者性別, β_1					
切片2, γ_{10}	0.367	0.152	2.420	36	0.021
出身校, β_2					
切片2, γ_{20}	0.122	0.175	0.701	36	0.488
価値観の乖離度, β_3					
切片2, γ_{30}	-0.094	0.244	-0.384	35	0.703
固定的人間観, γ_{31}	-0.418	0.195	-2.147	35	0.039
応募者価値観（伝統）, β_4					
切片2, γ_{40}	-1.329	0.586	-2.266	35	0.030
組織文化（実効性）, γ_{41}	0.623	0.299	2.080	35	0.045
応募者価値観（他者幸福）, β_5					
切片2, γ_{50}	-0.270	0.127	-2.128	35	0.040
組織文化（人間関係）, γ_{51}	0.216	0.066	3.283	35	0.003
応募者価値観（より良い社会）, β_6					
切片2, γ_{60}	-0.278	0.076	-3.636	35	0.001
組織文化（実効性）, γ_{61}	0.038	0.033	1.174	35	0.249
応募者価値観（安心）, β_7					
切片2, γ_{70}	0.271	0.074	3.642	36	0.001

Final estimation of variance components:

Random Effect	Standard Deviation	Variance Component	df	Chi-square	P-value
切片1, U_0	0.191	0.037	9	3.428	>.500
応募者性別, U_1	0.490	0.240	9	5.473	>.500
出身校, U_2	0.595	0.354	9	5.864	>.500
価値観の差, U_3	0.881	0.776	8	3.543	>.500
応価（伝統）, U_4	1.091	1.191	8	4.098	>.500
応価（他者幸福）, U_5	0.155	0.024	8	9.381	0.311
応価（良い社会）, U_6	0.066	0.004	8	5.955	>.500
応価（安心）, U_7	0.194	0.038	9	6.499	>.500
level-1, r	0.820	0.672			

-0.270, $\gamma_{60} = -0.278$, $\gamma_{70} = 0.271$, 以上すべて$p < .05$), これらの価値観は面接者の違いにかかわらず組織との適合評価に影響を与えており, 仮説4-1は支持された。

伝統, 他者幸福, より良い社会の3つの係数はいずれも負の値であり, これらの価値観をもつ応募者は一般に組織との適合評価が低くなる傾向があった。安心の価値観については, この価値観をもつ応募者の組織との適合評価

は一般に高くなる傾向があった。

次に面接者の組織文化の認知が組織適合評価に及ぼす影響について検証を行う。面接者のレベルで投入した面接者の認知する組織文化の影響は，一部有意（$\gamma_{41} = 0.623$，$\gamma_{51} = 0.216$ はともに $p < .05$）となり，一部有意とならなかった（$\gamma_{61} = 0.038$ は $p > .05$）。従って仮説4-2は一部だけ，支持された。伝統重視の価値観をもつ応募者の組織との適合評価は一般に低くなる傾向があるものの，その傾向は，面接者が自組織の文化が実効性重視であると思っている場合には弱まった。また，他者幸福の価値観をもつ応募者の組織との適合評価も一般には低くなる傾向があるが，面接者が自組織の文化を人間関係重視であると思っている場合にその傾向は弱まった。

面接者と応募者の価値観の客観的な乖離度が組織との適合評価におよぼす影響については，価値観の差の傾き β_3 の切片 γ_{30} が有意ではなく（$\gamma_{30} = -0.093$，$p > .05$），仮説4-3は支持されなかった。一方で面接者の固定的人間観の影響 γ_{31} は有意となり（$\gamma_{31} = -0.418$，$p < .05$），仮説4-4は支持された。固定的な人物観をもった面接者ほど，自分と異なる価値観をもつ応募者を低く評価する傾向があった。

第7節　考察：面接者に共通して組織との適合で評価された応募者の価値観

分析の結果，面接者の違いにかかわらず4つの価値観が組織との適合評価に有意に影響をしていた。4つの価値観のうち3つはマイナスに影響していたことから，伝統，他者幸福，よりよい社会の実現に高い価値を置く応募者はこの組織には適合しないと思われたことが分かった。分析後にこの組織の面接者と話をしたところ，他者幸福やより良い社会の実現といった価値観に関しては，事業内容からこのような価値観が強い学生の応募が多いが，現実のビジネス場面の要請と折り合いをつけることが難しくなることが予想されたため，評価が低くなった可能性を指摘された。一方，安心の価値観については，この価値観をもつ応募者ほど組織との適合が高く評価されていたことがわかった。

組織との適合評価の際に，この組織に属する面接者は応募者の価値観につ

いて共通の評価を行っていたことが示された。面接者の組織文化の認知にはある程度のばらつきがあったものの（表6-2），このような違いを越えて，組織との適合評価において同じ価値観が評価されていたことは，面接者自身との適合ではなく，組織との適合が評価されたことを意味する。

　面接者間で共通の評価軸が確認された一方，面接者間の組織文化の認知の違いによって，組織との適合評価に応募者の価値観が影響を及ぼす程度には違いがあった。例えば，他者の幸福に高い価値を置く応募者の評価は一般には低くなるが，自社が良好な人間関係を特徴とする組織であるとの認識が強い面接者では，この傾向は弱まった。また，伝統的な価値観をもつ応募者の評価が一般に低くなる傾向も，実効性重視の風土認知をしている面接者では弱まった。

　組織文化の認知の違いが組織との適合評価に影響を及ぼしたことは，面接者が組織との適合評価を行う際には，組織文化を意識していることを示す結果ともいえる。実務面へのインプリケーションとしては，組織で重視する価値観はどのようなもので，その理由は何かについて，面接者に明示したり，面接者間で意見のすり合わせを行うことで，面接者の組織文化の認知を合わせることができれば，組織との適合評価の際の面接者間の評価の違いを軽減する効果が期待できる。

　面接者と応募者の価値観との一致度が組織との適合評価に影響するとの仮説は，固定的な人間観をもつ面接者については支持されたものの，一般には支持されなかった。自分と似た価値観をもった応募者の評価が一般的に高まらなかったかのはなぜだろうか。今城（2005）では，性格特性における面接者と応募者の乖離度を用いて同様の方法で影響を分析した際に，乖離度が大きいほど評価が低まる結果が得られている。価値観よりも性格特性のほうが，観察しやすいとの議論があることから（Kristof-Brown et al., 2005），面接者が価値観において自分と応募者の乖離度を認識しにくかったことが理由のひとつと考えられる。ただし，今回の分析で応募者の価値観が組織との適合評価に影響を及ぼしていたことを考えると，価値観が認識できなかったとは考えにくい。特に新卒の採用面接では，会社や職業選択の理由，将来の夢といった価値観が投影されやすい意見について質問することが多い。従って

面接者は，応募者の価値観を認知した上で，自分と価値観が乖離している応募者の評価を下げることは行わなかったと考えられる。

　Garcia et al.（2008）の研究で面接者が応募者に対する好意を適合評価に反映させなかったように，面接者は自分の感情的な好き嫌いではなく，より合理的な評価を行うように動機づけられているのかもしれない。Judge & Cable（1997）は，性格特性は他者から観察可能な行動特徴を表わすのに対して，価値観は物事の判断や選択のために個人が用いるものであり，必ずしも観察可能とは限らないとしている。会話の情報を用いることなく，ある程度自動的に評価を行える性格特性（Carney, Colvin, & Hall, 2007）と比べて，価値観の評価は会話の内容から推測する必要があるため（Dawis, 1990），面接者は意識的に評価を行う必要がある。前述した面接者自身のコメントに表われているように，価値観に関しては合理的な判断を行いやすかったとも考えられる。

　一方で，自分と価値観の似た応募者を高く評価する，あるいは自分と価値観の異なる傾向をもつ応募者を低く評価する傾向は，固定的な人間観をもった面接者には見られた。つまり人は変わりにくいものであるとの信念をもつ面接者は，自分の価値観との類似度によって，組織との適合評価が影響を受けた。面接者自身の価値観と組織が求める価値観が等しい場合には，固定的な人間観をもつ面接者でも，結果的に同じ価値観が評価されるため問題がない。しかし両者が異なる場合には，固定的な人間観をもつ面接者では，組織との適合の妥当な評価が難しくなる。この問題の解決に向けて，今後は固定的な人間観が面接評価に影響するプロセスを明らかにする必要がある。例えば固定的な人間観をもった面接者はそうでない面接者に比べると印象判断によって評価を決定する傾向が強いのか，あるいは自分の価値観と組織の価値観を同一視する傾向が強いのか，などを検証することである。これにより，有効な面接者訓練の方法を考えることができる。

　研究4の目的は，組織との適合評価には，本来評価すべき組織との適合の観点と，面接者自身との適合の観点の両方が影響することを示すことであった。分析の結果，仮説はおおむね支持され，組織との適合評価には異なる面接者に共通の評価部分と，面接者固有の評価があり，後者は面接者の組織文

化の認知の違いによって生じていることが示された。

　ただし，本研究は以下の2点で課題を残している。ひとつは，組織との適合評価がいくつかの価値観においてなされたことを示したが，これらの価値観と組織文化の関係を直接検討したわけではない。つまり組織文化とどの価値観が関連するかについては，それぞれの測定内容を参考に分析モデルを構築した。組織との適合の定義を最も厳密に操作化する方法は，同じ測度で応募者と組織を測定した上で一致度を見ることであり，今後はこの方法を用いて採用面接における組織との適合評価について再度検討する必要があると考える。

　もうひとつの課題は，組織との適合評価が面接の最終評価に反映されたかが検討できていないことである。これについては，研究7で概念的枠組みの3つの評価内容がどのように最終評価に影響しているかを検討する際に，合わせて検証を行うこととする。

第8節　研究3・研究4のまとめと今後の課題：価値観の適合と性格特性の適合の違いに着目して

　研究3では，複数組織の面接評価データを用いて，採用面接で評価される性格特性が組織によって異なり，その違いが組織の特徴によって有意に説明できることを示した。研究4では，ある一組織のデータを用いて，この組織で採用面接を担当した複数の面接者は，共通して応募者の特定の価値観を，組織との適合で評価していたことを示した。さらに，同じ組織に属する面接者であっても，組織文化の認知には面接者間で違いがあり，この違いが組織との適合評価に面接者間のばらつきをもたらすことを示した。

　組織との適合と呼べるものが評価に含まれるかを研究3では組織レベルの分析を行うことで，研究4では面接者の組織文化の認知と組織との適合の主観評価を用いて，検討を行った。異なるアプローチをとりながら，両研究ともに面接者との適合ではなく組織との適合が評価されたことを示した。

　しかし研究3と研究4では性格特性と価値観という異なる内容の適合を扱ったため，以下の点で課題を残す結果となった。価値観での適合と性格特性の適合では，適合の結果どのような効果がもたらされるかが異なることが

指摘されている (Ryan & Kristof-Brown, 2003)。またどちらの適合によって，職務遂行度や組織への満足度といった結果変数との関連性が異なることがメタ分析の結果，示されている (Kristof-Brown, Zinmmerman, & Johnson, 2005)。性格特性での適合は，似た行動パターンの人同士のほうがうまく協力して仕事が進めやすいことによる効果が期待できる。例えば心配性の人が多い職場では，同じように物事を心配する傾向の人のほうが溶け込みやすいといったことである。ただし組織全体を見た際に多様性が失われるということにおいて，性格特性が一様になる欠点を指摘する研究者もいる (Ryan & Kristof-Brown, 2003)。一方，価値観での適合は，何を大切にして判断や選択を行うかであり，組織が重視する価値基準での判断をする人のほうが，組織の方針に納得して仕事を進めることができ，組織へのコミットメントや満足度が高まると考えられる。Kristof-Brown et al. (2005) のメタ分析では，仕事への満足度を基準とした時に，価値観における適合のほうが（.51），性格特性における適合よりも（.08），相関が大きかったことを報告している。このような結果となった理由のひとつとして，性格における適合は，組織と個人というよりも，一緒に仕事を進める他者との適合として，価値がある可能性がある。

　適合の内容によって予測される結果が異なるということは，どちらの適合を評価するかを選択する必要が生じるかもしれない。価値観での適合ではなく，性格特性での適合のみを評価することは，あるいはその逆に価値観のみでの適合評価は可能だろうか。また両方の適合が評価された時，両者の関係性はどのようなものだろうか。さらに，どちらの適合を評価するかによって，評価の精度を高めるための取り組みが異なる可能性がある。例えば研究4では，価値観における組織との適合評価と，面接者の組織文化の認知に関連があることを示した。価値観における組織との適合に関しては，なぜ特定の価値観をもつ人が望ましいのか，望ましくないのかについて，面接者が意識している可能性が高く，その認識を変える取り組みの効果がある程度期待できる。しかし研究3では面接の最終的な評価を用いて，結果的に組織の特徴が性格特性の評価に影響を及ぼしたことを示すにとどまっており，性格特性における組織との適合評価を，面接者がどの程度意識して行ったかは確認

できていない。Schneider, Smith, Taylor, & Fleenor（1998）は，管理職の性格特性は所属する組織内で同質であることを示している。普段職場にいる人に典型的に見られる性格特性があって，そのイメージを用いて組織との適合評価が行われるのかもしれない。この場合，面接者間の個人差は生じるのか，またイメージと異なる人を評価することは訓練や何らかの介入によって可能なものかなど，さらに検討が必要である。

付録B　価値観調査項目

以下の項目について，あなたが普段行動する中で特に大切にしているものを3つ選び，大切な順に1から3の番号を振ってください。(※同じ番号を複数の項目に振らないでください)
また逆に，このリストの中であなたにとって大切さの度合いが比較的低いものを1つ選び，99を記入してください。

	あなたが普段の行動で大切にしている順（1～3番まで）	あなたにとって大切さの度合いが比較的低いもの（1つに99）
人に迷惑をかけないよう気を配り，社会的なルールを守って行動すること		
伝統的な慣習や考え方を大切にし，現状の良いところを守ること		
自分の周りの人に対して常に誠実にあろうとし，何よりも彼らの幸福を願うこと		
環境や社会問題について考え，よりよい社会を実現しようとすること		
自分なりの意見や考えをもち，自らの意思で行動を選択すること		
新しい物事に興味をもち，たとえリスクがあってもチャレンジすること		
自分自身が楽しいと思うことや，心地よいと感じることを求めること		
高いレベルの目標を達成し，自分の能力を周囲に示すこと		
集団の中で決定権を持ったり，人を指導する立場にたつこと		
自分をとりまく社会や人間関係に問題がなく，安心できる状態を維持すること		

第6章 研究4:「主観的基準アプローチを用いた(面接者とではなく)組織との適合評価の検討」

付録C　カテゴリカル回帰分析の結果と価値観の数量化　(n = 249)

モデルの要約

多重 R	R^2 乗	調整済み R^2 乗
0.406	0.165	0.092

従属変数　組織風土への適合評価

係数

	標準化係数	標準誤差	自由度	F	有意確率
人に迷惑をかけないよう気を配り,社会的なルールを守って行動すること	0.090	0.067	2	1.797	0.168
伝統的な慣習や考え方を大切にし,現状の良いところを守ること	−0.293	0.061	3	23.070	0.000
自分の周りの人に対して常に誠実にあろうとし,何よりも彼らの幸福を願うこと	0.137	0.068	1	4.136	0.043
環境や社会問題について考え,よりよい社会を実現しようとすること	−0.094	0.064	3	2.146	0.095
自分なりの意見や考えをもち,自らの意思で行動を選択すること	0.061	0.070	3	0.776	0.508
新しい物事に興味をもち,たとえリスクがあってもチャレンジすること	0.151	0.067	2	5.137	0.007
自分自身が楽しいと思うことや,心地よいと感じることを求めること	−0.042	0.066	2	0.411	0.663
高いレベルの目標を達成し,自分の能力を周囲に示すこと	0.087	0.064	1	1.826	0.178
集団の中で決定権を持ったり,人を指導する立場にたつこと	−0.040	0.066	1	0.358	0.550
自分をとりまく社会や人間関係に問題がなく,安心できる状態を維持すること	0.158	0.066	2	5.681	0.004

従属変数:組織風土への適合評価

付録C（つづき）
数量化テーブル（分析での使用変数のみ）

伝統的な慣習や考え方を大切にし，現状の良いところを守ること

カテゴリ	度数	数量化
0	140	− 0.23
1	105	0.14
2	3	1.03
3	1	15.37

注：最適尺度水準：スプライン順序（次数 2, 内側ノット 2 個）。

自分の周りの人に対して常に誠実にあろうとし，何よりも彼らの幸福を願うこと

カテゴリ	度数	数量化
− 1	2	− 1.20
0	69	− 1.20
1	40	− 0.79
2	66	0.42
3	72	1.24

注：最適尺度水準：スプライン順序（次数 2, 内側ノット 2 個）。

環境や社会問題について考え，よりよい社会を実現しようとすること

カテゴリ	度数	数量化
− 1	24	− 3.04
0	166	0.27
1	28	0.33
2	18	0.50
3	13	0.77

注：最適尺度水準：スプライン順序（次数 2, 内側ノット 2 個）。

新しい物事に興味をもち，たとえリスクがあってもチャレンジすること

カテゴリ	度数	数量化
− 1	10	− 2.31
0	142	− 0.64
1	36	0.86
2	34	1.35
3	27	1.35

注：最適尺度水準：スプライン順序（次数 2, 内側ノット 2 個）。

自分をとりまく社会や人間関係に問題がなく，安心できる状態を維持すること

カテゴリ	度数	数量化
− 1	61	− 1.64
0	141	0.39
1	8	0.39
2	20	0.39
3	19	1.78

注：最適尺度水準：スプライン順序（次数 2, 内側ノット 2 個）。

第6章 研究4:「主観的基準アプローチを用いた（面接者とではなく）組織との適合評価の検討」

付録D　組織文化の因子分析結果

	因子パターン		
	人間関係重視	進取性重視	実効性重視
11. 相互の思いやりとあたたかさ	1.000	− 0.043	− 0.086
10. 強い連帯感とチームワーク	0.658	− 0.015	0.255
12. オープンなコミュニケーション	0.648	0.272	− 0.142
2. 変革と新たな価値の創造	− 0.029	0.851	− 0.038
1. 理想に向かう情熱と意欲	0.164	0.686	0.090
3. 変化への機敏で柔軟な対応	0.100	0.663	0.045
4. 自由と個性の尊重	0.269	0.445	− 0.074
8. 手堅く着実な課題の遂行	0.109	− 0.264	0.688
9. 最後までやりぬく責任感と誠実さ	0.273	0.046	0.600
5. 合理的な判断と論理性の重視	− 0.105	0.195	0.545
7. 高い専門性の追求	− 0.120	0.180	0.501
6. 厳しさと競争を通じた成長	− 0.252	0.349	0.356

注：因子抽出法：最尤法
　　回転法：Kaiser の正規化を伴うプロマックス法

因子相関行列

	人間関係重視	進取性重視	実効性重視
人間関係重視	1	0.47	0.396
進取性重視	0.470	1	0.478
実効性重視	0.396	0.478	1

第7章

研究5:「新卒採用でも面接者は職務との適合を評価しようとするか」

　採用面接に関するこれまでの研究は欧米で数多く行われており，組織にとって望ましい，入社後高い成果をあげる人物を見極める手法として採用面接が一定の成果をあげることが，実証的に示されている（Huffcutt & Arthur, 1994；McDaniel, Whetzel, Schmidt, & Maurer, 1994；Schmidt & Hunter, 1998）。米国では精度の高い採用面接を実施するためのステップとして，職務分析によって職務遂行のために評価すべき人物特徴とは何かを明らかにした上で，その評価のために職務に関連した質問を構造化して聞くことが良いとされている（Harris & Eder, 1999）。つまり，職務との適合評価を妥当に行うことで，精度の高い面接が実現されるとしている。一方で日本の新卒採用時の面接では，入社後の職務が確定していないことから職務分析はあまり役に立たず，さらに職務経験のない応募者に対して，仕事場面とは直接関係のない学生時代の活動の様子や友人関係などについてたずねることが多い。従って米国で勧められている方法を実施することはできない。

　そもそも入社後に従事する職務が確定しない中で行われる日本の新卒採用面接において，職務との適合は評価されるのだろうか。面接評価内容の概念的枠組みでは，日本の新卒採用時の面接であっても，職務との適合が評価されていると考える。ただしこの場合，評価されるのは「職務適合潜在力」であるとして，欧米で一般に行われる職務との適合評価との違いについて，第2章で議論を行った。特に日本の新卒採用の場合は，多くの場合図2-2（p.

36) に表される職務横断型の職務適合潜在力の評価に該当する。

日本の新卒採用では，多くの企業が採用広報において，どのような個人特徴をもった人物を求めるかを明らかにしているが，そこでは協調性や積極性，コミュニケーション能力などの，抽象的で一般的な特徴があげられる（経済産業省，2007）。新卒採用では職種別の採用を行うわけではないため，企業内の様々な職務に共通して採用したい人物像や採用時に評価する人物特徴を設定している。この人物特徴の設定は，米国で用いられる職務分析という妥当性が検証された手続きに従ってなされるものではなく，人事が中心となって，時には今後を担う人材に何を求めるかを経営層に尋ねるなどして，望ましいと思われる人物特徴を概念的に明らかにすることが一般的である。このようにして定められる求める人物特徴には，職務との適合に関するものと，組織との適合に関するものが混在すると考えられる。例えば自らの意思で主体的に行動する人物が求められる会社では，その行動特徴は仕事そのものの性質から来るものか，その会社ならではの仕事のやり方であるのかは切り分けて意識されているわけではない。いずれにせよ予測したい役割遂行には職務遂行が含まれており，新卒採用であっても入社後に仕事ができる人かどうかの評価が志向されると考えられる。組織は，組織に合う人物特徴をもっているかだけでなく，高いレベルの職務遂行行動につながる人物特徴をもつ応募者を採用したいと思うだろう。

関連する研究として，岩脇（2009）は，コンピテンシーによる求める人材像の設定を行っている企業 20 社に聞き取り調査を行った結果，新卒時の人材に求める特徴を設定する際には，どの職務においても求められる人物特徴が抽出されており，その結果，求める人物特徴は企業間であまり異ならないことを指摘している。これは職務横断型の「職務適合潜在力」の考え方と符合する結論である。しかし「職務適合潜在力」が面接で評価されることを主張するためには，岩崎の研究は以下の 2 点において問題がある。ひとつは企業が求める人物特徴には職務との適合だけでなく，組織との適合も影響する可能性があるが，両者を分けて検討したわけではないことである。従って求める人物特徴に，「職務適合潜在力」が含まれるかはさらに検討が必要である。もうひとつは，採用時に評価したいものとして組織があげる人物特徴の

記述を検討しているが，これのみでは主観的評価である面接評価の内容を議論するには不十分である。

　岩脇（2009）は求める人物特徴は企業間で異ならないと論じたが，研究1のメタ分析の結果からは，評価される人物特徴は企業間で異なることが示された。外向的で情緒の安定した応募者はどの組織でも高く評価される傾向があるものの，これらの個人特性が評価される程度は企業間で違いがあり，さらにその他の性格特性や知的能力においては，企業によって評価されたりされなかったりする結果となった（表3-4）。研究3では組織との適合評価の影響を検討したが，組織との適合評価によっても，組織間の違いの全てが説明されたわけではない（表5-4）。職務適合潜在力で評価される人物特徴は一般的で抽象度が高いが，それでも組織によって評価したいと思う人物特徴には違いがあるかもしれない。例えばコミュニケーション能力はどの組織でも必要であるが，論理性の高いコミュニケーション力なのか，対人対応力の高いコミュニケーション力かでは異なる。あるいは評価する人物特徴自体は組織によって大きく変わらないとしても，最終評価に統合する際にどの人物特徴をより重視するかに違いが現れる可能性もある。積極性と協調性は多くの日本企業にとって評価したい人物特徴であるが，最終的な採否決定の際に，積極性は十分にあるがやや協調性にかける応募者をどう評価するかには，組織間で違いが生じるかもしれない。

　岩脇（2009）の検討した求める人物特徴は，それが全てあれば理想的だということであって，実際の採用場面で全てが高く評価されることはまれである。積極性も，協調性も，頭のよさも，コミュニケーション力も，どの組織もあると良いと望むものだろうが，全てが高いレベルでそろった応募者はそう多くない。実際の面接評価の際には，ある人物特徴の評価は高いが他の人物特徴の評価は低い応募者が，結果的に高く評価されたり，逆に低く評価されるといったことが起きる。このような現実の制約も考慮した上で，職務との適合評価が最終評価に反映されることを確認することが必要だと考える。

　そこで本研究では以下の2点をポイントに，面接者の評価観点に「職務適合潜在力」評価の観点が含まれることを検討する。1点目は，公に設定される求める人物特徴ではなく，より面接評価に用いられる可能性の高い面接者

の主観的な「人材観」を分析に用いる。ここでの「人材観」とは，一般に望ましいと思われる人物特徴のうち，面接者がどの特徴を，どの程度重視するのかを指す。前述したように，面接で評価される多くの人物特徴はどれも重要なものであって，すべて高いレベルで有する応募者がいれば常に高い評価を得ることができる。しかし，現実の採用場面では応募者はいずれかの人物特徴の評価は高く，他の人物特徴の評価はさほど高くないといったことが起こる。最終評価は面接者がどの人物特徴をより重視するかに影響を受けると考えられるため（Graves & Karren, 1992；今城，2007），人物特徴の優先度の違いを分析することで，制限のある採用評価の実態の理解により有用な知見を得ることを目指す。2 点目のポイントは，面接者の人材観が自身の職務経験に影響を受けるかを検討することである。そうだとすれば，面接者は自分のよく知る職務との適合において応募者を評価しようとすると考えられる。また，複数組織に属する面接者を対象として人材観を調査することで，異なる組織に所属しながら，同じ職種を経験した面接者が類似した人材観を持つ場合，この人材観は組織との適合ではなく，職務との適合に関連すると言える。これにより，面接者の評価視点には職務との適合の観点が含まれること示す。

第 1 節　職務の経験により形成される 対人評価のスキーマ

　面接者の人材観は，面接者自身が経験してきた仕事の特徴に影響を受けると考える。例えば協調性と積極性の両方が評価すべき人物特徴である時に，積極性は優れているが協調性が見劣りすると思われる応募者を評価する場合を考える。社内で事務職として働く面接者のAさんは，自分の仕事の経験から協調性がないと仕事が勤まらないことを日々実感しているため，この応募者の評価は低くなるだろう。面接者の人材観が彼らの職務経験を反映するかを直接検討した研究はこれまで行われていないものの，面接者の人材観に自身の職務経験が反映されると考える根拠は，社会的スキーマの研究にある。

　面接者が評価の際に用いる，どのような人物が望ましい人物であるかといった評価観は，いわゆる社会的スキーマ（Taylor & Crocker, 1981）のひ

とつと考えられる。社会的認知に関する研究では，スキーマは経験によって獲得されるとされている（Markus & Zajonc, 1985；Ahn, Brewer, & Mooney, 1992）。また対人評価や判断の際に用いられるスキーマは，自己概念と関連があって，自己を比較対象にすることが多い（Clement & Krueger, 2000；Dunning & Hayes, 1996）。自己概念といっても様々な側面があり，その時々の目標や状況によって適当な側面が用いられる（Balcetis & Dunning, 2005）。面接者が応募者を評価する際に用いる評価スキーマは，面接者自身がこれまで仕事を経験する中で，自分がどのように職務を遂行してきたかに関する自己概念であり，このスキーマが評価時の比較対象として用いられると考える。

産業組織場面における対人評価の研究では，例えばBorman（1987）は，管理職が部下のパフォーマンス評価を行う際の視点には，優れた職務遂行行動に含まれる行動要素や，それらの要素間の望ましい関係性について，管理職個々人が有する信念である素朴理論（folk theory; Borman, 1983）が影響することを実証的に示している。また，職務従事者の評定を用いて仕事の特徴を分析する職務分析の研究において，同じ職務に従事する評定者でも職務の遂行に必要な能力の程度について異なる評定を行っており，この評定の違いには評定者の仕事の進め方の違いが反映されていることが示されている（Lievens, Sanchez, Bartram, & Brown, 2010）。これらの先行研究からも，職務に関連する何らかの評価や判断を求められた時には，評価者は自らの職務経験を元に形成された評価スキーマを用いると考えられる。採用面接の場合，たとえ応募者が必ずしも自分と同じ職務に従事すると限らなくても，面接者は自分の過去の経験から，仕事をうまく遂行するための行動特徴が何かを認識し，それに基づいた評価を行うと考える。

第2節　営業とその他の職種の経験による対人評価スキーマの違い

採否の意思決定の際に重視する情報が面接者間で異なることについては，ポリシー・キャプチャリング法（policy capturing; Slovic & Lichtenstein, 1971）と呼ばれる手法を用いて実証研究が行われている。この手法は，最終の評価

結果や採否の意思決定結果を従属変数とし、それに関連するであろう様々な情報や評価要素を独立変数として、面接者ごとに回帰分析を行うことで、面接者間の評価の違いを検討する。先行研究では、様々な情報や評価観点を最終意思決定に用いる際のウエイトが、面接者間で異なることが報告されている（レビューは Graves & Karren, 1999）。ただしこれらの研究では、何が面接者間のウエイトの違いをもたらすかは検討されていない。また、面接者間の評価に違いをもたらすものとしては、人種や性別など特定の社会集団に対して面接者がもつバイアスの影響について主に研究が行われてきたが (ex., Van Vianen & Willemsen, 1992 ; Kacmar, Wayne & Ratcliff, 1994)、面接者の職務経験の違いについて検討した研究は行われていない。欧米の場合、面接者が複数職務を経験していることが少ないこと、募集職種が特定された上で採用面接が行われること、面接者は原則その職務経験者あるいはその職務についてよく知っている人物であること、などの採用事情も影響しており、面接者の職務経験の違いについては問題視されることがない。一方日本の新卒採用面接では、短期間に数多くの面接を実施する必要があるため、人事担当者以外の職務従事者が面接者を担当することが一般的である。例えば普段は営業や管理部門、開発部門などの職務に従事している人が、その時だけ面接者として採用活動に参加するため、面接者の職務経験の違いがどのような影響を及ぼすかは、実務上も重要な問題である。

　特に職務間で求める人物像の違いが大きいことが予測されるのが、営業職とその他の職種の間である。経済産業省（2007）が行った求める人物特徴に関する調査では、営業と販売・サービスでは「前に踏み出す力」が最も重要であるのに対して、事務・管理、企画、研究開発、IT などのそのほかの職種では「考え抜く力」が最も重要であると報告されている。従って、営業職とそれ以外の職務では、職務経験を通して獲得される人材観にも違いが生じる可能性が高いと考えられる。

　欧米における先行研究では、職務遂行度を基準とした性格特性のメタ分析の結果、営業職は事務職に比べると外向性との相関が高く、情緒の安定性との相関は低かったことが報告されている（Barrick & Mount, 1991）。また、営業職のみを対象とした性格特性と職務遂行度の相関のメタ分析では、対人

積極性やエネルギッシュな行動力の妥当性が高く，信頼感についてはさほど高くなかった（Vinchur et al., 1998）。欧米での先行研究ではあるが，営業職という仕事では，その他の職種と比べるとよりエネルギッシュな行動力が求められており，この点では上記の日本の調査結果と符合する。そこで本研究では，経験職種を販売やサービスを含む営業と，それ以外の職種に分け，面接者の人材観の違いを検討する。

仮説5：営業を長く経験した面接者と，それ以外の職務経験の長い面接者では，新卒採用であったとしても望ましいと思う人物特徴に違いがあり，前者は後者よりも，積極性やエネルギッシュな行動力といった人物特徴を重視する傾向がある

第3節　分析：面接経験者へのアンケートを用いた分析（傾向スコアの活用）

2007年3月に，企業で面接を経験した人を対象にインターネットで質問紙調査を実施した。サンプルは198名で，うち男性が155名，女性43名であった。年齢は，25～34歳が80名，35～44歳が79名，45～55歳が39名であった。全員が過去10人以上に面接を行った経験があり，うち118名は過去50名以上の応募者に面接を行ったと回答しており，面接経験の豊富な人が過半数を占めている。所属企業の業種は，メーカー，商社，金融サービスなど多様な業種からなり，企業規模は300名未満が50名，301～1000名未満が56名，1000名以上が92名であった。

調査票は，性別，年齢，経験職種や勤務先の企業に関する情報を尋ねる部分と，新卒採用時に応募者に求める人物特徴，自分自身の価値観，所属する組織の組織風土について評定を求める部分で構成された。経験職種については，これまでで最も長く経験した職種を，営業，販売，人事，事務，管理，研究・技術，その他，の中からひとつ選んでもらった。勤務先の企業については，従業員数と業種を回答してもらった。新卒採用時に応募者に求める人物特徴については，日本経済団体連合会（2003）が行ってきた調査で一般に

重要性が高いとされている7項目(コミュニケーション力,チャレンジ精神,主体性,協調性,誠実性,責任感,創造性)を提示し,新卒応募者の特徴として重要であると思う順番を振るよう求めた。自分自身の価値観については,Schwartz, S. H. (1999, 2001) により開発された Portrait Value Questionnaire の日本語版を用いた。この質問紙では,協調 (conformity),伝統 (tradition),博愛 (benevolence),普遍主義 (universalism),自律 (self-direction),刺激 (stimulation),快楽 (hedonism),達成 (achievement),勢力 (power),安心 (security) の10の価値観に対して,個人内で相対化された重要度の得点が算出される。所属する組織の組織風土については,研究4で使用したものと同じ12項目について,現在勤めている組織の特徴に当てはまる程度を7件法(1:全くあてはまらない〜7:とてもあてはまる)で評定してもらった結果を用いて,進取性重視(変革と新たな価値の創造,など4項目),実効性重視(手堅く着実な課題の遂行など5項目),人間関係重視(強い連帯感とチームワークなど3項目)の3尺度(α = 0.80, 73, 80)の得点を算出した(付録D)。

第4節 結果:営業を長く経験したか否かにより重要性が異なった人物特徴

経験職種の中で営業あるいは販売の経験が最も長かった55名と,それ以外の職種経験のほうが長かった143名の間で,7つの人物特徴に重要であると思う順番を振ってもらった結果に違いがあるかについて,ノンパラメトリック検定を行った。その結果,「チャレンジ精神」で有意傾向が,また「誠実性」で有意差が得られた(表7-1)。

ただし,営業はキャリアの初期に経験することが多かったり,女性よりも男性に経験者が多いと予想されること,またどのような人物を評価するかには,面接者の個人的な価値観の違いや,所属する組織文化の違いも反映される可能性がある。そこでこれらの共変量の統制を行うために,傾向スコア (propensity score) を用いて,2群間で重要度に違いがあるかを再度検討した。傾向スコアとは,無作為割付が不可能な場合に因果を論じるための共変量調整法である (Rosenbaum & Rubin, 1983)。もともとは,準実験の分析

表7-1　ノンパラメトリック検定

	経験職務	N	平均ランク	順位和	Mann-WhitneyのU	WilcoxonのW	Z	漸近有意確率（両側）
チャレンジ精神	営業	55	87.64	4820	3280	4820	-1.829	0.067
	営業以外	143	104.06	14881				
	合計	198						
誠実性	営業	55	114.38	6291	3114	13410	-2.293	0.022
	営業以外	143	93.78	13410				
	合計	198						

のために開発されたものであるが，近年この方法を社会調査の共変量の調整方法として用いることが試みられている（星野・前田，2006）。星野・繁桝（2004）によれば，この方法では複数の共変量を傾向スコアとして一次元化して扱うため，マッチングに代表される研究デザインによる調整法と比べると多くの共変量を扱えること，また共分散分析のようにモデルを想定する必要がなく，着目したい独立変数の因果効果を直接推定できることが特徴とされている。

この方法を用いる際に重要なのが，共変量として用いる変数の決定である。ここでは星野・前田（2006）に従い，最初に今回の研究で扱う2群（営業経験が最も長い群とそうでない群）のいずれに属するかを結果変数とし，共変量になる可能性のある年齢，性別，業種の属性情報に加えて，面接者自身の価値観10尺度と組織文化3尺度を独立変数としてロジスティック回帰分析を行った。この際，面接者の価値観と組織文化については回答者の分布を元に，4群（〜下位25％を1，下位25〜50％を2，下位50〜75％を3，下位75％〜を4；各カテゴリーの終点の上限を含める）とする変数を作成し，それを用いた。面接者の価値観と組織文化については，p値が0.5以上と比較的大きな値を示したものを除外した結果，面接の価値観としては「自律」と「安心」，組織文化では「進取性重視」を共変量に用いることとした。結果的に，年齢（25〜34歳，35〜44歳，45〜55歳），性別（男，女），業種（メーカー，商社，金融・証券・保険，サービス，他）と，面接者の価値観2尺度，組織文化1尺度を用いて再度ロジスティック回帰分析を行い，予測確率を算出した（正判別率は0.80）。ロジスティック回帰に使用

表 7-2　ロジスティック回帰使用変数の度数と相関関係

	カテゴリ	度数
年齢	25～34歳	80
	35～44歳	79
	45～55歳	39
	合計	198
性別	男	155
	女	43
	合計	198
業種	メーカー	41
	商社	35
	金融・証券・保険	55
	サービス	34
	上記以外	33
	合計	198
価値観；自律	～下位25%	29
	下位25～50%	74
	下位50～75%	66
	下位75%～	29
	合計	198
価値観；安心	～下位25%	32
	下位25～50%	55
	下位50～75%	78
	下位75%～	33
	合計	198
組織文化；進取性重視	～下位25%	31
	下位25～50%	43
	下位50～75%	84
	下位75%～	40
	合計	198

注：価値観と組織文化については，各カテゴリーの終点の上限を含める

相関係数

	価値観；自律	価値観；安心	組織文化；進取性重視
価値観；自律	1	-0.18*	0.13
価値観；安心	-0.18*	1	-0.08
組織文化；進取性重視	0.13	-0.08	1

注：＊相関係数は5%水準で有意（両側）。

した変数の度数分布と，価値観と組織文化の間の相関係数は表7-2に，ロジスティック回帰の結果は表7-3に示す。ロジスティック回帰の結果算出された予測確率を用いて，傾向スコアの推定を行い，傾向スコアを用いた重

表7-3 営業・営業以外のロジスティック回帰

説明変数	自由度	Waldχ2	係数	オッズ比
年齢	2	3.826		
25～34歳			3.527†	3.309
35～44歳			0.146	2.139
性別	1	1.437	1.437	1.828
業種	4	17.445**		
メーカー			1.317	1.760
商社			5.784*	7.021
金融・証券・保険			11.664**	9.048
サービス			1.132	1.751
組織文化（進取性）	3	5.783		
～下位25%			0.683	0.538
下位25～50%			3.037†	1.357
下位50～75%			2.779†	0.463
価値観（自律）	3	3.437		
～下位25%			0.372	1.250
下位25～50%			1.140	2.373
下位50～75%			2.056	2.669
価値観（安心）	3	14.568**		
～下位25%			13.820**	11.846
下位25～50%			3.997*	1.180
下位50～75%			0.000	2.415

注：**$p < .01$, *$p < .05$, $^{\dagger}p < 0.1$
組織文化と価値観については各カテゴリーの終点の上限を含める

表7-4 ノンパラメトリック検定（傾向スコア）

	経験職務	N	平均ランク	順位和	Mann-WhitneyのU	WilcoxonのW	Z	漸近有意確率（両側）
チャレンジ精神	営業	54	91.11	4920	3435	4920	-1.861	0.063
	営業以外	153	108.55	16608				
	合計	207						
誠実性	営業	54	120.61	6513	3234	15015	-2.399	0.016
	営業以外	153	98.14	15015				
	合計	207						

みづけデータで，再度人材に求めるものの重要性のノンパラメトリック検定を行った結果が，表7-4である。

結果は，表7-1と同じで，「チャレンジ精神」で有意傾向が，また「誠実性」で有意差が得られ，営業経験の長い面接者ほど，その他の職種経験の長い面接者と比べるとよりチャレンジ精神を重視し，誠実性の重視度は低くな

ることが分かった。

第5節　考察：営業経験の長い面接者は
チャレンジ精神を重視

　分析の結果，予測通り新卒採用場面での人物評価であっても，営業経験の長い面接者ほど，営業職でより求められると考えられるチャレンジ意欲を重視する傾向が示された。またこのような傾向は，面接者の年齢や性別，所属する組織の業種や組織風土，面接者自身の価値観などの変数を統制した上でも確認された。つまり面接者の職務経験によって，新卒採用時にどのような人物特徴を重視するかが異なることが示された。面接者が重視する人物特徴が面接評価に影響することも，実証的に示されていることから（今城，2007），面接者は自身の職務経験に基づいて職務遂行に重要だと考える人物特徴を重視した評価を行うと考えられる。

　本研究では，仮説の対象となった「チャレンジ精神」のほかに，「誠実性」でも2群間には差が見られた。これは前でも紹介した，営業職では情緒の安定性（Barrick & Mount, 1991）や信頼感（Vinchur et al., 1998）との関係性が，比較的低いことと符合する結果であった。これらの先行研究は米国で行われたものであり，しかも「職務適合潜在力」ではなく通常の職務との適合を評価した研究であったが，このような違いにかかわらず，似た結果が得られたことは以下の点で興味深い。

　営業という対人での働きかけを伴う職種では，文化的な違いを越えて同じ人物特徴をもつ人の適性が高くなると考えられる。今回営業職経験者に重視されたチャレンジ精神と，欧米で営業職採用に用いる採用基準とは全く同じものではないだろうが，そこには類似性があると考えられる。仮に欧米での営業職採用に用いられる職務との適合評価の採用基準を抽象化することで，日本の新卒採用において職務適合潜在力で評価すべき人物特徴を特定できるならば，また他の職種においても同様のことが成り立つならば，実務上の意義は大きい。欧米での先行研究の知見が役立つことに加えて，職務分析が職務適合潜在力の対象となる人物特徴を決める際にも，有用な情報を提供できることを示唆するものである。職務適合潜在力として評価すべき人物特徴を

どう設定するかについては、これまでほとんど知見がないため、今後の検討が望まれる。

第6節　本研究の限界と研究6・研究7への課題

　今回は面接者の経験職種を、営業かそれ以外かという大括りの分類でしか検討を行わなかった。営業職と一口に言っても、様々な営業のスタイルがありうる。7つある人物特性のうち2つでしか有意な違いが確認されていないが、その理由のひとつは様々なタイプの営業職をまとめて扱ったことにあるかもしれない。また経験による評価スキーマの獲得を想定して、面接者にとって最も経験期間の長かった職種を元に分析を行ったが、人材観に影響を及ぼす経験は期間の長さだけで決まるものではない。今後は面接者がどのように人材観を獲得するかをより詳細に検討する必要があるだろう。

　特に面接者の人材観の獲得に関する研究は、実務上以下の点で有効な知見を提供する。今回の分析結果によれば、面接者は自分の職務経験をもとにした人材観をもつため、採用する職務が決定している場合はその職務経験のある人物が面接者となることが望ましいといえる。例えばGraves（1993）は、面接者間の人材観の違いに着目して、採用する職務に関連した人材観をもつ面接者ほど、評価の妥当性が高くなることを予想している。さらに一歩進めて考えると、その職務において高い業績を上げている人ほど、より妥当性の高い人材観をもつ可能性もある。ただし高い業績を上げている人の職務遂行スタイルは、その人にとっては適切であっても万人にとってそうとは限らない場合もあり、その場合は人材観が適切でない可能性もある。経験に基づく人材観が適切であるのは、どういった条件のもとでかや、それを用いた評価が、面接評価の妥当性向上にどの程度影響を及ぼすか、といったことについて今後の検討が必要である。

　実務へのインプリケーションとしてもうひとつ重要なのが、面接者トレーニングである。先行研究では、評価スキーマの獲得を促す面接者トレーニングが評価の精度を向上させたことが示されている（Gorman & Rentsch, 2009）。今回確認された職務経験の違いによる面接者間の人材観の違いは、

日本の新卒採用のように共通の人物特徴を評価したいと考える組織にとって，評価エラーの原因となる可能性を含んでいる。自らの経験を通じて獲得したスキーマではなく，新たな評価スキーマの獲得を目的とする面接者トレーニングがより有効に機能するための条件を考える際にも，スキーマ獲得に関する知見は有効だろう。

本研究では，新卒採用であっても面接者がどのような応募者を採用すべきと考えるかには，職務との適合の観点が反映されていることを示した。しかし，面接で職務との適合が評価されており，それが面接評価の妥当性に貢献することを示すためには多くの検討課題が残されている。

まず今回検討対象となった面接者のもつ人材観が，結果的に面接評価に影響を与えることを示す必要がある。最終評価を行う際の情報の統合の仕方について面接者間で違いがあることを示した研究はあるものの（Graves & Karren, 1992；Stumpf & London, 1981；Valenzi & Andrews, 1973），それが面接者の人材観の違いに起因することを示した研究はほとんど行われていない（例外として今城，2007）。そこで面接者のもつ人材観が面接評価に及ぼす影響については，研究7で改めて検討を行う。

また，職務を特定しない新卒採用の場合，同じ組織に所属する面接者は職務経験の違いにかかわらず，共通の職務適合潜在力評価の観点をもつ必要がある。面接者自身は営業の経験が長くても，新卒採用時にはスタッフ部門で活躍できる可能性のある人も採用しなくてはならない。これはどのように実現されるのだろうか。多くの企業は，新卒採用時にどのような特徴をもった人物を評価するかを明文化している。評価すべき人物特徴のうちどれを重視するかは，それまでの職務経験によって面接者間で違いはあったとしても，採用基準として挙げられた人物特徴を評価するという点においては共通しており，この共通部分によって職務を特定しない「職務適合潜在力」の評価がなされると考えられる。この点に関する検証を，研究6では外的基準アプローチを用いて，研究7では主観的基準アプローチを用いて行う。

「職務適合潜在力」の評価を検討するにあたってもうひとつ重要なことは，応募者に職務経験がなく，職務に関連した質問が行えない場合でも，「職務適合潜在力」の評価は可能かを検討することである。面接者側には職

務との適合の評価観点があったとしても，そもそも職務経験のない応募者を対象とした場合に，入社後の職務遂行度を妥当に予測できる評価は可能だろうか。また「職務適合潜在力」で評価される一般的で抽象度の高い個人特性は，適性検査でも評価可能であるが，職務適合潜在力の面接評価は，職務遂行度の予測に際して，適性検査以上の貢献をすることができるのだろうか。これらの疑問についての検討も，次の研究6で行う。

第8章

研究6:「日本の新卒採用面接の妥当性の検証」

　研究5では,職種別の採用を行わない日本の採用面接においても,面接者の人材観には職務との適合の観点が含まれることを示した。しかし,職務経験の異なる複数の面接者が参加することが一般的である日本の新卒採用面接で,同一組織に属する面接者が共通した人物特徴を職務適合潜在力として評価できているかは,未検討である。また職務適合潜在力を評価する視点を他の面接者と共有していたとしても,職務経験について直接尋ねることのない面接でどこまで適合の評価が可能かは疑問である。そこで研究6では,複数の面接者が参加するある組織の新卒採用面接のデータを用いて,「職務適合潜在力」が妥当に評価されていたかを検証する。検証にあたっては,採用された応募者の入社後の職務遂行度評価を基準として,職務適合潜在力の評価の妥当性を検討する。

　欧米の採用面接においては,特定職務を念頭に置き,その職務の遂行に求められる人物特徴を評価し,採用後にその職務における職務遂行度の評価を基準として妥当性を検証する。このような採用面接の妥当性研究はこれまでに数多く存在し,メタ分析も行われている(Wiesner & Cronshaw, 1988;McDaniel et al., 1994)。その結果,面接評価の妥当性は性格検査などと比べると高く,採用選考において有効な評価手法であるとされている(Schmidt & Hunter, 1998)。しかし,日本の新卒採用では大きく事情が異なるため,先行研究の知見が適用できるかは不明である。

日本では，職務遂行度評価を基準変数とする採用面接の妥当性検証はこれまでのところ行われていない。新卒採用面接で行われた職務適合潜在力の評価が有意に職務遂行度を予測することが示されれば，日本企業の採用面接に関する最初の妥当性検証となるだけでなく，面接者間の職務経験の違いを越えて，また職務経験のない応募者を対象として，意味のある職務適合潜在力の評価が可能であることが示される。

　研究6は，採用面接の妥当性に関する先行研究と異なる点がいくつかある。まず質問の内容が職務に関連したものではないことである。事前に評価内容，評価基準，主要な質問項目の設計を行う構造化面接（structured interview）という手法を用いるが，新卒採用時の面接であるため質問は学生時代の経験や活動について尋ねるものになっている。また職務適合潜在力の評価であるため，通常の職務との適合評価に比べると，評価の対象となる人物特徴は一般的で，抽象度が高い。一方，本研究は，特定の職務に限定して面接を行った点で，一般的な日本の新卒採用とも異なる（図2-2の職務特化型の職務適合潜在力）。また，特定の職務との適合潜在力が評価されたにもかかわらず，入社後想定した職務に従事している人と，そうでない職務に従事している人がいる。つまり一部の人は，採用時に適合潜在力を評価された職務とは異なる職務での職務遂行度を評価されている。以下，上記の特徴が及ぼす影響を考慮して，本研究の仮説をたてる。

第1節　日本と欧米の採用面接における質問の違い

　日本の新卒採用では，応募者である学生のほとんどは語れるような十分な職務経験をもたないため，面接時の話題は学生生活を中心としたもの，例えば学生時代の勉強やクラブ活動のこと，友人関係などである。一方欧米では通常特定職務への採用が行われ，面接でも職務経験に関する質問が行われる。職業知識や職業経験に関する質問の方が，意見や態度を尋ねる質問や心理学的質問よりも妥当性が高くなることがメタ分析の結果から示されている（McDaniel et al., 1994）。欧米の採用面接では，評価したい職務上の行動特徴に関して直接の情報収集ができるのに対して，日本の採用面接では評価し

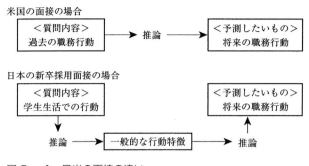

図8-1 日米の面接の違い

たい職務上の行動特徴につながる一般の行動特徴が何かを推論した後，その一般的な行動特徴が学生時代のどのような行動として現れるかの推論を行い，その行動に関する情報収集を行う必要がある（図8-1）。このように職務適合潜在力の評価においては，推論を重ねる必要があるため，結果的に予測精度が低下する可能性が高くなる（Binning & Barrett, 1989）。

一方で，日米での面接評価にはある種の共通性もある。日本企業の人事担当者に行った調査によると，新卒採用時に評価するポイントは「エネルギッシュで行動力のある人」「協調性・バランス感覚がある人」などの性格特性を中心としたものである（労働政策研究・研修機構，2006）。米国でも，採用面接において最も評価されることが多いのは性格特性であるとの報告がある（Huffcutt et al., 2001）。ただし性格特性と言っても，一般的な外向性と，初対面の顧客に商品を売り込める対人積極性では，かなり抽象度が異なる。特に米国では面接の質問は職務に関連したものにすることが，採用面接研究の妥当性向上の観点からも（Harris & Eder, 1999），あるいは採用場面でのアセスメント全般に関して守るべき原則を示した *Principles for the Validation and Use of Personnel Selection Procedure*（SIOP, 2003）でも勧められており，より抽象度の高い個人特性を評価する面接，つまり初対面の人に自分から声をかけるかといった一般的な対人積極性に関する質問の効果についてはあまり研究が進んでいない。今回の研究では，予測したい行動特徴と比べると，抽象度や一般性の高い人物特徴を評価することが，妥当性に及ぼす影響を検討することがねらいである。

第2節　面接を構造化することで妥当性が向上する理由

　本研究では，構造化面接での評価データを用いる。面接での評価項目や質問内容を事前に設計する構造化面接が通常の面接よりも高い妥当性を示すことは，多くの研究者が認めるところなっているが（Huffcutt & Culbertson, 2011），なぜ構造化面接のほうが構造化していない面接よりも妥当性が高いのかについては原因が特定されていない（Harris, 1999；Dipboye, 1997）。考えられる主な理由としては，(1)質問の内容が職務に関連しており適切であること，(2)質問が統制されており面接者間や被面接者間でばらつかないこと，(3)評価の観点や評価レベルがそろうことがあげられている（Campion & Palmer, 1997）。

　(2)と(3)の効果を支持する研究としては，面接者間の評価の一致度を検討したメタ分析で，構造化面接のほうが，非構造化面接と比べて評価の一致度が高いことが報告されている（Conway, Jako, & Goodman, 1995）。一方，(2)と(3)の効果によって，構造化面接の妥当性向上が全て説明できるかを検討した Schmidt & Zimmerman（2004）では，研究1では信頼性の効果のみが妥当性の向上を説明するとの結果が得られたものの，研究2では信頼性の向上によって説明される以上に高い妥当性が得られており，明確な結論が得られていない。

　本研究では日本の新卒採用で行われた構造化面接を扱うが，上記の構造化面接の妥当性向上の理由のうち，(2)と(3)の面接の質問や評価の安定性や信頼性を高めることに関しては，欧米の構造化面接と同様の効果が見込める。しかし(1)に関しては，日本の新卒採用では応募者に職務経験がなく過去の職務経験を尋ねることができないため，質問内容の職務との関連性は欧米に比べて低くなると考えられる。

第3節　面接評価と上司評価の主観性

　先行研究では職務遂行度評価を基準として面接評価の妥当性が検証されて

いるが，職務遂行度評価は上司による主観的評価が用いられることが多い。しかし，上司による職務遂行度評価には，職務遂行度以外の要素が評価されている可能性がある。例えば上司による職務遂行度評価は，職務自体の遂行レベルのほかにも，同僚を助ける，自分の仕事でなくとも気が付いたことを自主的に実行する，組織に対して高いロイヤリティを示す，といった組織市民行動（organizational citizenship behavior；Bateman & Organ, 1983），あるいは文脈的遂行行動（contextual performance；Borman & Motowidlo, 1993）といわれるものに影響を受けることが知られている（Rotundo & Sackett, 2002；Allen & Rush, 1998）。このような行動は，職務との適合だけでなく，組織との適合と同程度かそれ以上の関連性があることがメタ分析の結果から示されている（Kristof-Brown, Zimmerman, & Johnzon, 2005）。したがって，職務との適合ではなく組織との適合が面接で評価されていても，面接評価と職務遂行度評価との間には相関が得られる可能性がある。加えて，上司評価が主観的な評価であることから，例えば「明るい，感じが良い」などの一般に対人評価を高める要素が影響する可能性も否定できない。従って，妥当性検討の基準となる上司評価には，図8-2に示す3つの要素が含まれる可能性がある。

　面接評価に関しては，概念的枠組みで提案したように，職務との適合，組織との適合，面接場面での一般的な対人評価，の3つの評価要素が含まれる。たとえ職務との適合評価のために構造化面接が設計され，実施されたとしても，面接者の評価には職務との適合以外の2つの要素が影響する可能性は残されている（図8-2）。採用面接評価も，上司評価もそれぞれ3つの要素に影響を受けると考えられる。先行研究の結果や各要素の評価内容を考慮すると，両者の相関には，図8-2のA～Cに示す要素間の関係性が含まれると考えられる。つまり，面接での職務適合潜在力評価は，入社後に職務自体の遂行のレベルとして評価されるし（A），面接での組織との適合評価は入社後の良い組織成員としての振る舞いである組織市民行動として評価されると考える（B）。また，対人積極性など，対人場面のひとつとしての面接で一般的に行われる評価は，入社後に行われる対人的なやり取りの中でも評価されると考えられる（C）。ただし実際は，面接評価も上司評価も要素に分け

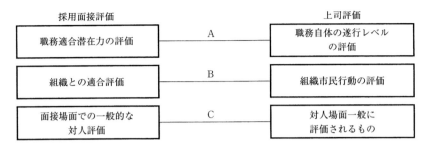

図8−2 採用面接評価と上司評価の関係（日本の新卒採用の場合）

て評価が行われるわけではなく，両者の相関の中に3つの関係性が含まれる可能性を示すものである。

本研究で用いるデータでは，営業職を念頭に設計された構造化面接を新卒採用時に実施しているが，入社後，およそ3割の人はスタッフなど営業とは異なる仕事に従事している。同じ採用基準で評価された後に入社した人のうち，営業に従事する人と，同じ組織内の営業とは異なる職務に従事する人の相関を比較することによって，図8−2に示す3つの関係性のうち，職務との適合にかかわる部分（A）とそれ以外の評価に関わる部分（B，C）の影響を切り分けて検討することが可能となる。営業職の場合，面接評価と上司評価の相関には職務との適合，組織との適合，面接場面での一般的な人物評価，全ての影響が考えられるが（A，B，C），営業職以外では，職務との適合評価は影響せず，組織との適合と一般的な評価の影響のみが反映されるはずである（B，C）。つまり面接で職務適合潜在力が評価された場合は，営業職の相関がそれ以外の職務従事者の相関よりも高くなることが予想される。

研究6では以下の3つの仮説を検討する。

まず本研究の主な目的であった，妥当な「職務適合潜在力評価」が可能かを，入社後の人事評価を基準として検討する。この際，構造化面接設計の対象となる職務の従事者のほうが，それ以外の職務の従事者と比べると，高い妥当性が得られると予想する。

> 仮説6－1：特定職務を念頭に設計された構造化面接を用いて，職務経験のない応募者を対象に行った面接評価は，人事評価を基準として有意な妥当性が得られる
>
> 仮説6－2：構造化面接の設計対象となった職務の従事者のほうが，それ以外の職務の従事者よりも，面接評価の妥当性は高くなる

次に先行研究との比較を考えると，面接質問の職務関連性の低さや，予測したい行動特徴と比べて抽象度の高い人物特徴を評価することから，米国での先行研究と比べると妥当性の水準は低くなると考える。

> 仮説6－3：構造化面接の設計対象職務の従事者を対象とした場合でも，面接評価の妥当性の水準は，先行研究で得られた職務経験者を対象とする構造化面接の妥当性水準よりも低い

第4節 分析：構造化面接の設計とその妥当性の検証

　ある日本のメーカA社で2000年から2003年に行われた採用面接時に実施した面接の評価のうち，入社者588名（営業職417名でうち男性359名，女性58名；営業職以外171名でうち男性139名，女性32名）のデータと，入社後2004年10月から2005年10月に2回にわたって行われた人事評価のデータを用いる。このうち，面接評価のなかったものを除いて最終的に用いたデータは378名（営業職267名でうち男性227名，女性40名；営業職以外111名でうち男性92名，女性19名）であった。
　内定までに面接は何度か行われるが，ここではそのうち最初の1対1の個人面接のデータを用いる。一回当たりの面接時間は30分程度であった。面接担当者は人事部に所属する社員6名が担当した。うち1名のみ女性である。また1名はシニアクラスの管理職で，残り5名は入社10年目前後の中

堅社員である。面接者6名のうち，2名は営業を経験していない。面接者一人当たり，20〜137名を評価している。

職務遂行度の評価として，入社後2回にわたって行われた上司評価の結果と，目標達成度の指標を用いた。上司評価は，「行動」「専門能力」「態度」のそれぞれに対する5段階評価とこれら3つの評価の平均を取った「総合評価」があり，これらの評価の2回分の平均を求めた結果を用いる。上司評価以外には，事前に設定された目標に照らし合わせての達成度をパーセントで表わした「業績評価」があり，こちらも2回分の評価の平均値を用いた。

1. 構造化面接の設計と実施の手続き

質問の設計にあたっては，Behavioral Description Interview（Janz, 1982）と呼ばれる構造化面接手法を用いた。Behavioral Description Interviewでは，評価したい行動特徴が現れる場面と同様の過去の場面における行動を尋ねて，将来の職務行動を予測することをねらいとしている。ただし職務経験のない応募者には，類似した場面の質問ができないため，以下のような変更を加えている。まず予測したい職務行動をより一般的な行動特徴で定義し，評価スケールを用意した。続いてその行動特徴が現れるような学生生活の行動を面接で尋ねることをねらいとして質問が定められた。具体的な設計は以下のような手続きを踏んで行われた。まず予測したい行動特徴を明らかにするために，その職務の従事者を対象に簡単なアンケート調査とインタビューを実施し，仮説を構築した。その後人事担当者や人事部門の責任者を交えてディスカッションを行い，予測したい職務上の行動特徴をより一般的な人物特徴として定義した。定義に沿って，人物特徴を評価するための評価スケール5項目と，総合評価用のスケールの計6項目を用意した（表8-1）。続いてその行動特徴が現れるような学生生活の行動が何かを考慮した上で，その行動を面接で尋ねるための質問が定められた。例えば「学生時代に人と協力して共通の目的に向かって何かを行った経験」のように，抽象度の高い質問となっている。質問や評価方法に関する設計内容をマニュアル化した上で面接担当者を対象に，面接の進め方を説明・練習するための訓練を半日程度実施した。この訓練は，毎年採用面接が始まる数週間前に実施された。

表8-1 面接評定結果の記述統計量とs/S

	一次面接全体			入社者			
	N	平均	標準偏差	N	平均	標準偏差	s/S
総合評価	3,755	1.875	0.770	310	2.692	0.656	0.852
論理的思考力	3,747	2.781	0.793	309	3.338	0.677	0.854
行動力	4,084	3.011	0.785	377	3.416	0.709	0.903
協調性	3,790	3.062	0.756	352	3.499	0.660	0.872
コミュニケーション力	4,144	2.945	0.842	378	3.400	0.770	0.915
誠実性	4,075	3.223	0.677	361	3.476	0.623	0.919

注：6項目に5段階〈「総合評価」のみ4段階〉で評定を行う評価スケール。

2. 範囲制限と選抜効果の補正

　面接の評価結果と入社後の職務遂行度の評価の間の相関係数の算出を行うが，先行研究のメタ分析結果との比較を行うため，メタ分析で行われる選抜効果による範囲制限の補正と信頼性の補正（Hunter & Schmidt, 1990）をあわせて行った。選抜効果とは，面接評価の低かった人が入社しなかったことで分析に用いられるデータの分散が制限されてしまい（範囲制限），仮に彼らのデータがあった時に得られる妥当性係数よりも低い値しか得られないことを指す。また，予測変数（面接評価），基準変数（上司評価）ともに評価の誤差を含んでおり，信頼性が完璧ではないために，両者の間の相関係数は真の値に比べると小さな値になる。これを信頼性が完璧である場合を想定して相関係数の値の補正を行うことを，信頼性の補正と言う。ただし先行研究における面接評価のメタ分析では，面接評価の実質的な妥当性を検討することに意味があるとして面接評価の信頼性については補正を行っていない（Wiesner & Cronshaw, 1988；McDaniel et al., 1994）。本研究でもこれに従って，基準変数の信頼性の補正のみ行うこととする。補正の具体的な計算方法は，研究1と同じである。

　範囲制限の補正を行うためには，今回の分析で扱ったデータの範囲がどの程度制限されているかを知る必要がある。本研究では，採用されなかった応募者の面接評価を含む一次面接時の面接評価の標準偏差を制限前の範囲として，分析に用いた入社者の面接評価の標準偏差を制限後の範囲とした。両データの評価の平均と標準偏差は表8-1に示す。また範囲制限の程度を表わすs/S（範囲制限後の分散／範囲制限前の分散）の値も表8-1の通りで

ある。この値が1より小さい値をとるほど、範囲制限の程度が大きいことを示すが、今回は0.852～0.919であり、McDaniel et al.(1994)の用いた.68と比べるとさほど大きな範囲制限はなかったことがわかる。ただしMcDaniel et al. においては、範囲制限に関する情報が得られた14の研究はごく一部の研究に過ぎなかったため値の代表性に問題があるとして、範囲制限の補正を行わず、上司評価の信頼性の補正のみで補正を行った結果を合わせて報告している。比較のため、本研究でも上司評価の信頼性のみの補正を行った結果も合わせて報告する。

　基準変数である上司の信頼性については、本データでは2回分の評価の間の相関、あるいは上司評価の項目間の相関がそれにあたると考えられる。しかしこの方法で推定された信頼性は、不適当であるとの指摘がなされている(Viswesvaran, Ones, & Schmidt, 1996)。Viswesvaranらは上司評価や同僚評価の信頼性に関するメタ分析を行った結果、評価者間の一致度は0.52、評価者内の評価の安定性は0.86となったことを示した上で、後者は面接者の個人的な評価の誤りを含んでおり、信頼性の指標として不適当であるとの主張を行っている。Schmidt & Hunter (1977)も妥当性研究の基準となる変数の信頼性は、異なる評価者による、適切なインターバルをおいた再検査法によって求められるべきであり、その値は0.60を超えないとしている。今回結果の比較を行うMcDaniel et al.(1994)の研究では、評価者間の一致度としてSchmidt & Hunter (1977)の提示した0.60を用いた補正を行っているため、本研究でもこれに従って上司評価の信頼性を0.60とした補正を行う。

第5節　結果：新卒採用時の面接評価は入社後の上司評価を有意に予測

　分析に用いた変数の記述統計量をデータ全体と職種別に算出した結果を、面接評価は表8-2に、上司評価は表8-3に示す。また全データを用いた場合の面接評価と職務遂行度評価の相関分析結果を表8-4に、営業職と営業職以外でデータを分けた際の相関分析の結果を表8-5と表8-6に示す。

　McDaniel et al.(1994)のメタ分析結果のうち、本研究のデザインと近

表8-2 記述統計量（面接評価）

	全データ			営業			営業以外			職種間の差の検定
	N	平均	標準偏差	N	平均	標準偏差	N	平均	標準偏差	
総合評価	310	2.695	0.676	235	2.692	0.686	75	2.705	0.653	
論理的思考力	309	3.416	0.709	228	3.382	0.712	81	3.510	0.696	*
行動力	377	3.499	0.660	275	3.457	0.653	102	3.605	0.667	
協調性	352	3.400	0.770	252	3.365	0.756	100	3.484	0.799	†
コミュニケーション力	378	3.476	0.623	267	3.411	0.601	111	3.641	0.647	
誠実性	361	2.692	0.656	258	2.672	0.653	103	2.753	0.665	**

注：6項目に5段階〈「総合評価」のみ4段階〉で評定を行う評価スケール。
　†$p < .10$　*$p < .05$　**$p < .001$

表8-3 記述統計量（上司評価）

	全データ			営業			営業以外			職種間の差の検定
	N	平均	標準偏差	N	平均	標準偏差	N	平均	標準偏差	
業績考課	587	102.917	4.554	416	102.737	4.864	170	103.355	3.667	
上司評価（行動評価）	588	3.161	0.364	417	3.116	0.352	171	3.270	0.370	**
上司評価（専門能力評価）	588	3.146	0.378	417	3.115	0.370	171	3.222	0.388	**
上司評価（態度評価）	588	3.156	0.423	417	3.146	0.436	171	3.179	0.391	
上司評価（総合）	588	3.171	0.381	417	3.113	0.364	171	3.313	0.385	**

注：6項目に5段階〈「総合評価」のみ4段階〉で評定を行う評価スケール。
　**$p < .001$

い，"職務に関連する構造化面接"で，研究目的ではなく"人事管理目的"での職務遂行度評価を基準とした場合，補正前の妥当性の平均値が0.20，上司評価の信頼性のみの補正を行った場合は0.26，範囲制限の補正も合わせて行った場合は0.37が報告されている。表8-4の全データを用いた場合，「上司評価総合」と面接での「総合評価」の間の相関は補正前で0.163（$p < .05$），上司評価の信頼性のみの補正後は0.210，上司評価の信頼性と範囲制限両方の補正後は0.245であった。従って仮説6-1は支持された。

表8-5の営業職のみを用いた場合は，「上司評価総合」と面接での「総合評価」の間の相関は補正前で0.184（$p < .05$），上司評価の信頼性のみの補正後は0.238，上司評価の信頼性と範囲制限両方の補正後は補正後で0.288となった。McDanielらのメタ分析では範囲制限の補正の程度が大きいた

表8-4 面接評価と人事評価の相関（全データ）

面接評価	補正なし				
	業績考課	上司評価			
		行動評価	専門能力評価	態度評価	上司評価総合
総合評価	0.157*	0.133*	0.093	0.127*	0.163*
論理的思考力	0.164*	0.093	0.046	0.059	0.133*
行動力	0.132	0.140*	0.108*	0.114*	0.160*
協調性	-0.060	-0.002	-0.002	-0.001	-0.001
コミュニケーション力	0.003	0.007	-0.011	-0.001	0.025
誠実性	0.067	0.078	0.061	0.091†	0.088†

注：*p＜.05で有意，†p＜.10で有意傾向（有意検定は補正なしの場合のみ）。
業績考課は，補正なしの値のみ。

表8-5 面接評価と人事評価の相関（営業職）

面接評価	補正なし				
	業績考課	上司評価			
		行動評価	専門能力評価	態度評価	上司評価総合
総合評価	0.225*	0.163*	0.131*	0.146*	0.184*
論理的思考力	0.149*	0.119†	0.080	0.082	0.149*
行動力	0.143*	0.172*	0.140*	0.142*	0.189*
協調性	-0.072	-0.016	-0.006	-0.018	-0.024
コミュニケーション力	0.009	-0.001	-0.017	-0.010	0.015
誠実性	0.089	0.044	0.060	0.106†	0.024

注：*p＜.05で有意，†p＜.10で有意傾向（有意検定は補正なしの場合のみ）。
業績考課は，補正なしの値のみ。

表8-6 面接評価と人事評価の相関（営業職以外）

面接評価	補正なし				
	業績考課	上司評価			
		行動評価	専門能力評価	態度評価	上司評価総合
総合評価	-0.138	0.003	-0.055	0.043	0.059
論理的思考力	0.211†	-0.030	-0.076	-0.025	0.018
行動力	0.080	0.014	-0.003	0.020	0.030
協調性	-0.046	-0.034	-0.030	0.031	-0.036
コミュニケーション力	-0.034	-0.017	-0.024	0.007	-0.007
誠実性	-0.038	0.054	-0.000	0.023	0.103

注：*p＜.05で有意，†p＜.10で有意傾向（有意検定は補正なしの場合のみ）。
業績考課は，補正なしの値のみ。

第 8 章　研究 6：「日本の新卒採用面接の妥当性の検証」　　157

(n = 295–379)

上司評価の信頼性のみ補正				上司評価の信頼性・範囲制限両方の補正			
上司評価				上司評価			
行動評価	専門能力評価	態度評価	上司評価総合	行動評価	専門能力評価	態度評価	上司評価総合
0.172	0.120	0.164	0.210	0.200	0.140	0.192	0.245
0.121	0.060	0.077	0.172	0.141	0.070	0.090	0.200
0.181	0.140	0.147	0.207	0.200	0.154	0.163	0.228
− 0.002	− 0.003	− 0.001	− 0.002	− 0.003	− 0.004	− 0.001	− 0.002
0.010	− 0.014	− 0.001	0.033	0.010	− 0.015	− 0.001	0.036
0.100	0.078	0.118	0.114	0.117	0.092	0.138	0.134

(n = 211–267)

上司評価の信頼性のみ補正				上司評価の信頼性・範囲制限両方の補正			
上司評価				上司評価			
行動評価	専門能力評価	態度評価	上司評価総合	行動評価	専門能力評価	態度評価	上司評価総合
0.211	0.169	0.189	0.238	0.255	0.206	0.229	0.288
0.153	0.104	0.106	0.193	0.186	0.126	0.129	0.234
0.222	0.180	0.183	0.244	0.244	0.198	0.202	0.268
− 0.021	− 0.008	− 0.023	− 0.031	− 0.024	− 0.009	− 0.027	− 0.036
− 0.002	− 0.022	− 0.012	0.019	− 0.002	− 0.024	− 0.014	0.021
0.057	0.078	0.137	0.031	0.067	0.092	0.161	0.037

(n = 75–111)

上司評価の信頼性のみ補正				上司評価の信頼性・範囲制限両方の補正			
上司評価				上司評価			
行動評価	専門能力評価	態度評価	上司評価総合	行動評価	専門能力評価	態度評価	上司評価総合
0.004	− 0.071	0.056	0.077	0.004	− 0.077	0.060	0.083
− 0.038	− 0.098	− 0.033	0.024	− 0.041	− 0.106	− 0.040	0.026
0.018	− 0.004	0.025	0.039	0.021	− 0.004	0.029	0.044
− 0.044	− 0.038	0.040	− 0.047	− 0.050	− 0.043	0.045	− 0.053
− 0.022	− 0.031	0.009	− 0.009	− 0.023	− 0.032	0.009	− 0.010
0.069	− 0.001	0.030	0.134	0.080	− 0.001	0.035	0.155

め，上司評価の信頼性のみを補正した値を比較してみると，McDanielらでは0.28，今回の分析の結果は0.238と，今回の結果はやや低い値にとどまっている。従って仮説6-3は支持された。

また表8-6に示すように，営業職以外では論理的思考力の評価が業績考課とかろうじて有意傾向の相関を示したものの（0.211; $p < .1$），それ以外は有意な相関が得られなかった。従って仮説6-2については，営業以外の職務従事者では，営業職よりも妥当性が低いという点では支持されたものの，有意な相関が得られなかった点で支持されなかった。

第6節　考察：新卒採用面接における職務適合潜在力の妥当性

　日本の新卒採用時の面接も，米国のそれと比較するとやや低い水準ではあるものの，職務遂行度の評価を基準として有意な妥当性があり，職務適合潜在力の評価は有効に機能していたことが示された。実際の採用面接データを用いており，基準に人事評価を用いたことでより現実的な妥当性を推定している。さらに，面接後一定期間を経て人事評価を得た予測的妥当性であること，基準変数が研究目的に集められたものではなく人事管理の一環として行われた上司評価であったことなどは，いずれも妥当性を低める要因と考えられており（Schmitt & Chan, 1998；McDaniel et al., 1994），本研究で得られた妥当性係数は控えめな推定値であると言える。

　特に興味深いのは入社後に従事した職種によって，面接評価の妥当性の有無が明確に分かれたことである。営業職では面接の総合評価と職務遂行度評価の間には有意な相関が得られたのに対して，営業職以外の職務従事者では，業績評価と「論理的思考力」の相関は有意傾向であったが，上司評価との間には有意な相関が得られなかった。実施された構造化面接は営業職への職務適合潜在力の評価を目的として開発されたが，上記の結果からは，営業職における面接評価と上司評価の相関は，図8-2に示された職務適合潜在力と上司による職務自体の遂行レベル評価の関係性（A）によって得られたことになる。つまり，職務適合潜在力が妥当に評価されたことを支持する結果となった。

今回は構造化面接を用いたが，職務に直接関連しない質問を用いた場合も，適切な質問の設計が可能であることが示された。構造化面接の効果のひとつは，「質問の職務関連性の高さ」というよりも，「評価に必要な情報を引き出すための質問の適切さ」と言い換えることができるかもしれない。

また営業職以外では面接評価と上司評価の間に有意な相関が得られなかったことから，図8-2の（B）と（C）の関連は存在しなかったことになる。その理由としては，面接評価が組織との適合評価や，面接場面での一般的な対人評価を含まなかったといった面接評価の側の原因と，基準変数として用いた人事評価に，組織市民行動などの組織との適合が高いと発揮されやすい行動や，対人場面で一般に評価される社交性などの行動が反映されなかった人事評価側の原因の2つの可能性が考えられる。

人事評価に原因があった可能性について考えてみると，この会社は新卒採用であっても営業職に特化した採用面接を行っていることから，人事評価においても組織市民行動よりも，職務遂行度の方が重視されたのかもしれない。しかし組織市民行動の評価は，職務遂行中心の米国でも人事評価に影響を及ぼすことが示されており，全くその要素が含まれなかったとは考えづらい。また一般対人場面で評価されやすいとされる外向性についても，日本のホワイトカラーでは一般に人事評価と外向性の相関が確認されていることから（都澤・二村・今城・内藤，2005），この会社でも評価される可能性がある。この会社の人事評価が特に他の企業と異なる要素は見受けられず，そこに理由があるとは考えにくい。

面接評価の側に原因があった可能性については，職務との適合潜在力評価のために面接の構造化を行ったために，組織との適合評価や面接場面での一般的な対人評価の最終的な面接評価への影響が弱まった可能性が考えられる。人が処理できる情報には限界があることが社会的認知に関する研究で示されているが，面接評価も面接者の情報処理能力に依存して行われる評価である（Dipboye, 1992）。面接の構造化によって，職務適合潜在力評価のためにどのような情報に着目すべきかが明確になったことで，結果的に組織との適合評価に必要な情報は注目されなかったのかもしれない。例えば構造化面接を行うことで一般的な性格特性の評価がされにくくなることが示されてい

るが，その理由として性格特性評価のための情報の収集が制限される可能性が指摘されている（Roth et al., 2005）。同様に，面接場面での一般的な対人評価は初期印象でいったんは評価されたものの，職務適合潜在力評価に面接者の注意が集中することで，結果的に最終的な面接評価には影響を与えなかった可能性がある。特定目的で面接を構造化することで，最終的な面接評価にどのような影響が生じるかは，実務上面接を設計する上で考慮すべき点である。

　本研究では，職務遂行に関連する人物特徴が採用面接において妥当に評価されたことが示されたものの，妥当性の水準は予測通り先行研究よりはやや低い値にとどまった。先行研究と本研究の違いである，職務適合潜在力の評価において抽象度の高い人物特徴を対象とすることや，職務との関連性の比較的低い質問を用いたことが，その理由と考えられる。ただし比較対象とした McDaniel et al.（1994）のメタ分析と，本研究では一点条件の異なる部分がある。基準変量として人事管理の一環で収集された職務遂行度評価，すなわち人事評価を用いた点は同じであるものの，McDaniel et al.（1994）のメタ分析は"予測的"な妥当性研究には限定していない。面接評価後，一定の期間をおいた後の職務遂行度評価を用いるのが"予測的"妥当性であるが，McDaniel et al.（1994）のメタ分析には，面接評価とほぼ同時期に職務遂行度評価を行う"併存的"妥当性の研究も含まれることで，本研究よりも妥当性が高くなった可能性がある。ただし，予測的妥当性と併存的妥当性の違いに関しては，それを指摘する研究もあれば（Sussmann & Robertson, 1986；Van Iddekinge & Ployhart, 2008），影響が無いことを示す研究もあり（Barrett, Phillips, & Alexander, 1981），決着を見ていない。従って本研究で妥当性が低くなった理由として，予測変数と基準変量の測定時期の開きがどの程度影響を及ぼしたかについては，今後の検討が必要となる。

　本研究での分析結果の検討は「総合評価」を中心に行ったが，その下位項目について見ると，職務遂行度の評価と有意な相関が得られたのは「行動力」と「論理的思考力」の2つで，他の「協調性」「コミュニケーション力」「誠実性」では有意な相関は得られなかった。表8-1を見ると，これら3つの項目に関しても，入社者の面接評定平均値は一次面接を受けた全体の応募

者に対する評定平均値よりも高かったことから，これらの項目が評価されなかったわけではないことがわかる。しかし結果的にこれら3項目の面接評価と入社後の職務遂行度評価の間には関係がなかった。その理由として，想定した人物特徴が面接で妥当に評価されなかった可能性がある。またこれら3項目は，そもそも職務遂行度を予測する人物特徴ではなかった可能性も考えられる。さらにこれらの特性が低いレベルでは困るものの，ある程度以上あれば十分である場合も考えられる。つまり職務遂行度に影響を及ぼす人物特徴で，面接では必要なレベルを満たしているかを妥当に評価できたとしても，入社した人の中での職務遂行度の違いは有意に予測しないのかもしれない。このような非線形の関係性については，これまでも何度か考察の中で述べてきた。実際の採用面接では，低すぎると困るものの，一定レベルあれば高いほうが良いというものではないといった人物特徴を評価対象に設けることがある。今回の分析対象となった会社が評価対象とした「誠実性」などは，実務場面では上記のような評価になることが多い。これまでの妥当性研究は，求める人物特徴と職務遂行度の間に直線的な関係性を前提としてきたが，面接評価の真の精度を検討するためには，線形の関係性ではない妥当性検証も今後は考えていく必要があるだろう。

第7節　結果の別解釈の可能性の検討

　今回，営業職のみで有意な予測的妥当性が得られたことについては，面接で営業職の職務適合潜在力が評価されたという説明のほかに，2つの代替説明が可能である。ひとつは，採用面接では営業としての職務適合潜在力が評価されるため，面接評価の低かった人が営業以外の仕事に配属されたかもしれない。面接評価が相対的に低かった人のみが営業職以外の職務に従事していることになれば，営業以外の職務従事者の間では面接評価には範囲制限が生じ，その結果職務遂行度評価との間に相関が得られなくなったと考えるものである。2つ目は，営業職における有意な妥当性は，実は面接で一般に外向的な人が高く評価されることによるものである可能性である。研究1の結果から，面接では一般的に外向的な人の評価が高いことが示されている。ま

た米国の先行研究では，外向性は営業職と管理職でのみ職務遂行度を有意に予測することが示されている（Barrick & Mount, 1991）。今回の妥当性は，面接で一般に評価されやすい外向性が結果的に営業職の職務遂行度を予測した結果であって，職務適合潜在力が評価された結果とは言えないかもしれない。

ひとつ目の可能性については，営業職と営業以外の職務で面接評価に違いがあったかを検証した。表8-2の面接評定結果の両群の平均値と2群間の有意差の検定結果を見ると，5%水準で有意差が確認されたのは「論理的思考力」と「誠実性」であり，10%水準で有意差が確認されたのは「協調性」

表8-7　重回帰分析結果（営業職のみ）

記述統計量（a）

	平均値	標準偏差	N
上司評価（総合）	102.32	5.03	235
性格特性（外向性）	0.17	0.80	235
面接評価（総合評価）	2.67	0.65	235

相関係数（a）

	上司評価（総合）	性格特性（外向性）	面接評価（総合評価）
上司評価（総合）	1.000	-0.030	0.225
性格特性（外向性）	-0.030	1.000	0.106
面接評価（総合評価）	0.225	0.106	1.000

モデル集計（b）

R	R^2 乗	調整済みR^2乗	推定値の標準誤差	F	有意確率
0.232	0.054	0.046	4.9103	6.582	0.002

係数（a,b）

	非標準化係数		標準化係数	t	有意確率	共線性の統計量	
	B	標準誤差	β			B	標準誤差
（定数）	97.627	1.354		72.104	0.000		
性格特性（外向性）	-0.346	0.405	-0.055	-0.855	0.394	0.989	1.011
面接評価（総合評価）	1.778	0.494	0.231	3.597	0.000	0.989	1.011

であった．論理的で誠実性や協調性が高いと採用時の面接で評価された人のほうが，営業職以外の仕事についていることになる．面接評価の高かった人が営業職に従事しているわけではない．さらに妥当性に影響を及ぼす範囲制限に関しても，両群の面接評価の標準偏差にも違いはなく，営業職以外で特に範囲制限が強く生じたということもなかった．従ってひとつ目の可能性は否定された．

2つ目については，面接評価と外向性の得点の両方を独立変数，職務遂行度評価を従属変数として重回帰分析を行い，外向性の影響を統制した上で，面接評価の予測が有意になるかを検討した．結果は表8-7の通りであり，面接評価は有意な予測力を有していたが，外向性は有意とならなかった．従って，営業職のみで面接評価と職務遂行度の評価の間に相関が生じた理由は，外向性が評価されたことによるものではなかった．

第8節　研究5・研究6のまとめと今後の課題：日本の新卒採用における職務適合潜在力の評価に関する考察と今後の課題

研究5，6を通して，新卒採用であっても職務との適合は評価内容の要素のひとつであることが示された．さらに研究6では，学生時代の質問を通してであっても，職務遂行度を妥当に予測する評価が可能であることが明らかになった．また研究6では，職務経験の異なる複数の面接者が参加した場合でも，妥当な職務適合潜在力の評価がなされたことが示された．新卒採用面接を行う面接者からは，よく新卒採用では応募者の「ポテンシャル」を評価しているとの発言が聞かれる．日本経済団体連合会（2003）が人事担当者に行ったアンケートでも，「ポテンシャル」は30％を超える選択率（複数回答）であった．職務適合潜在力の評価は「ポテンシャル」と呼ばれるものの一部にあたると考えられるが，本研究ではこれまで実証的な研究は行われてこなかった「ポテンシャル」の評価について，その性質を定義し，評価の妥当性を示した．

しかし，職務適合潜在力に関する先行研究は他になく，今後に多くの課題を残している．研究5では面接者の職務経験が人材観に影響を及ぼすことを示し，面接者の評価観点には職務との適合の観点があることを論じたが，こ

の人材観が職務適合潜在力の評価に用いられるかは検討していない。また，研究6では職務との適合に特化した構造化面接を扱ったが，職務特化型でなくとも，職務適合潜在力の評価が最終的な面接評価に影響をおよぼすかは検討されていない。そこで次の研究7では，面接者は自らがもつ人材観を職務適合潜在力評価の際に用いること，人材観には面接者固有の部分もあるが，同一組織に属する複数の面接者はある程度共通の視点をもって評価を行うこと，職務適合潜在力の評価が面接の最終評価に影響を及ぼすことを主観的基準アプローチを用いて検証する。

　研究6で得られた妥当性は，予測通り米国でのメタ分析結果よりもやや低い値であったが，有意な値を示した。しかしあくまで1社の結果に過ぎず，今後の日本における妥当性研究の蓄積が必要だろう。加えて研究6では，職務特化型の構造化面接評価が用いられたことから，一般に行われる新卒採用面接とはかなり状況が異なる。構造化の有無に関して言えば，欧米で行われた先行研究では，非構造化面接の妥当性の水準は構造化面接に劣るものの，それでも有意な妥当性があることが示されていることから，日本の新卒採用において，非構造化面接でも有意な妥当性が得られる可能性がある。一方で職務特化型と職務横断型の違いがどのように影響を及ぼすかを予測することは難しい。なぜならば，いわゆるジェネラリストとしての活躍を期待するならば，職務横断型のほうが適しているであろうし，特定の職務における活躍であればその職務に特化したほうが妥当性は高まるだろう。構造化，被構造化の違い，あるいは職務特化型，職務横断型の違いについて明らかにするためには，今後数多くの妥当性検証の研究が必要となる。

　また研究6からは，特定職務への適合潜在力を念頭に設計された構造化面接が，その職務での遂行度評価に対して有意な妥当性が得られることを示した。このことから，先行研究で扱われてきたよりも一般性や抽象度の高い人物特徴の評価を目指した面接であっても，意図したものが妥当に評価される構造化面接を設計することが可能なことが示された。ただし人事評価との関連性を検討したにとどまっていて，評価内容を検証したわけではない。今後は同様の概念を面接以外の方法で測定したものを基準として，測定内容に関する収束的妥当性を検証していくことが求められる。類似の試みとして，近

年性格特性を評価するための構造化面接の設計が試みられており，一定の成果をあげていることから（Van Iddekinge, Raymark, & Roth, 2005），構造化面接が抽象度の高い人物特徴評価においても，効果をあげる可能性は高いと考える。

第9章

研究7:「概念的枠組みの3つの評価要素と最終評価の関係」

　ここまでは,面接評価内容の概念的枠組みで提示した3つの評価要素である,面接場面での一般的な対人評価,組織との適合評価,職務との適合評価について,それぞれ個別に検討してきた。研究2では,面接場面での一般的な対人評価が最終的な面接評価に反映されることを示したが,組織や職務との適合評価も行われた場合,どのようなプロセスでどの程度最終評価への影響があるかは未検討である。研究4では,組織との適合評価の際に応募者の価値観が評価されており,さらに面接者の自組織文化の認知がその評価に影響していることを示した。しかし,組織との適合評価の最終評価への影響は未検討である。研究5では,新卒採用であっても面接者の人材観には職務との適合の要素が反映されていることを示した。しかし,このような面接者の人材観が評価に影響を与えるかについては,ほとんど研究が行われていない。また研究6のような職務特化型の構造化された面接でなくとも,面接者の人材観の違いを越えて,同一組織内で共有される職務適合潜在力評価の観点があり,その評価が最終評価に反映されているかについては,未検討である。

　そこで研究7では,日本で一般的な採用慣行である職務を特化しない新卒採用を行ったある組織のデータを用いて,面接場面での一般的な対人評価,組織との適合評価,職務適合潜在力の評価の3つの要素が最終評価にどのような影響を及ぼすかを,主観的基準アプローチを用いて検証する。3つの要

素が最終面接評価に及ぼす影響の程度は，面接の状況によって様々であると考えられる。例えば，採用後に従事する職務が決まっておらず，しかも長期雇用を前提とする日本の新卒採用では，組織との適合評価のウエイトは，欧米で行われる採用面接よりは大きくなることが予想される。また欧米の面接でも，会社の採用方針によって，組織との適合をどの程度重視するかは異なるだろう。あるいは面接時間が10分程度の場合，1時間面接を行う時と比べると，初期印象によって評価されるものの影響は比較的大きくなるかもしれない。したがって研究7の目的は，3つの評価要素が最終評価に及ぼす影響の一般的な程度の大小を検討することではなく，3つの評価要素が最終評価に影響を与えることを3つの評価要素を同時に用いて検討することであり，これによって最終評価がどの程度説明可能かを検討することにある。

　この会社の採用は職務を特定したものではなく，採用基準としてあげられた人物特徴には，組織への適合を意識したものと，職務への適合を意識したものが含まれるが，それらは区別されていない。例えば積極性が高いことは，職務遂行上必要なのか，そういった特徴をもつ人のほうが組織になじみやすいから評価されるのかは切り分けられていない。このような場合でも，概念的枠組みで提案した3つの要素に分けて評価内容を考えることには，次のような利点があると考える。日本の新卒採用では，2つの適合評価は区別して扱われることは少ないが，それぞれの適合評価は予測するものが異なる。職務との適合は職務そのものの遂行レベルを予測し，組織との適合は集団への社会化やコミットメントの程度を予測する。評価したい人物特徴がどちらの適合に関連するかを知ることで，例えば採用方針に合わせて，限られた面接時間の中で優先的に評価する人物特徴を選択できる。また，面接者間で評価に違いが生じる理由が，どちらの適合評価なのかによって異なるならば，対処の仕方も異なる。さらに妥当性を検証する際に，何を基準変数にすべきかについても，どちらの適合評価であるかによって異なる。

　面接場面での一般的な対人評価に関しても，評価される人物特徴とその人物特徴が入社後の活躍を予測できる程度，またその程度に影響を及ぼす条件などが明らかになれば，面接の精度向上のための対処方法を考えることができる。研究1で一般に評価されることが確認された「外向性」や「情緒の安

定性」は，先行研究から幅広い職種で職務遂行行動を予測することが示されている（都澤・二村・今城・内藤，2005）。しかし相関の程度が職種によって異なることも示されていることから（飯塚・持主・内藤・二村，2005），これらの人物特徴がどの程度面接の妥当性向上に貢献できるかは職種によって異なると考えられる。例えば面接場面での一般的な対人評価の影響を抑えたいと思う場合があるかもしれない。面接場面での一般的な対人評価は，その場の状況に応じて自動的に活性化される心理概念との連合によって評価がなされると考えられるため，面接者自身が意図的にコントロールすることは難しい。しかし研究1では，これらの人物特徴は一般に評価されるが，その程度は組織間で異なることも示されていることから，どのような場合に評価される程度が低くなるかを検討することができるだろう。また面接の時間や方法などを工夫したり，面接以外の評価手法の併用も含めて，採用選考プロセス全体を視野に入れた対処方法を検討することが可能になる。

　研究7でデータを用いる会社の採用面接は，日本の新卒採用面接の一般的な特徴を兼ね備えている。採用後の新入社員の配属先や従事する職務を特定しておらず，評価すべき人物特徴は定められているものの，職務への適合を予測するものか組織への適合を予測するものかは明確になっていない。面接は一対一で，30分程度で行われ，構造化されていない。普段様々な職務に従事する社員が，面接者として参加している。

　この会社のデータを用いて，概念的枠組みの3つの要素がどのように最終評価に影響を与えるか，また3つの要素を合わせると，最終評価がどの程度説明できるかを検討する。3つの要素が最終評価に影響を及ぼす強さについては，この会社の採用ポリシーや採用実務の状況により変化すると考えられ一般化できるものではない。しかし，以下に述べる仮説については，日本の組織の新卒採用面接への一般化を意識したものである。

第1節　3つの評価要素間の関係性と最終評価との関係性

　第2章で述べたように，3つの評価要素を同時に検討した先行研究は行われていない。面接場面での一般的な対人評価に関連する先行研究としては，

面接前に与えられた情報によってもった先入観（Macan & Dipboye, 1990）や，面接開始後の早いタイミングで形成された評価が（Barrick, Swider, & Stewart, 2010），最終評価に有意に影響を及ぼしたことが報告されている。また連続体モデル（Fiske & Neuberg, 1990）を参考に考えると，面接場面での一般的な対人評価は，面接初期に印象形成された後，意図的に行われる各適合評価との関連性の程度によって，最終的な面接評価への影響は弱まったり強まったりすることが予想される。従って，面接場面での一般的な対人評価は2つの適合評価にも影響を与えるし，最終評価にも影響を与えると考えられる。研究2でも，初期印象の評価は2つの求める人物特徴と，最終評価の両方に影響を与えていた。

次に2つの適合評価についてはどうだろうか。採用に際して組織が求めるのは，入社後に期待される役割を遂行できる可能性の高い人物である。役割遂行行動に含まれる要素は，「職務の遂行」と「文脈的遂行行動」に分類できるとする考え方や（Borman & Motowidlo, 1993），組織へのプラスの影響を及ぼす行動として「職務の遂行」と「組織市民行動」，組織へのマイナスの影響を及ぼす行動として「反社会的行動」の3つに分類する考え方がある（Rotundo & Sackett, 2002）。「職務の遂行」とは，職務定義書に記述された職務を成功裡に遂行することである。また「文脈的遂行行動」や「組織市民行動」は，"組織の社会的，心理的な環境に貢献することで組織目標の達成を目指す行動（Rotundo & Sackett, 2002)" と定義されている。つまり自分の職務遂行以外に，他の組織成員を助けたり，組織へのロイヤリティを示すことなどによって組織に貢献する行動を指す。以上のような役割遂行行動のうち，職務の遂行は職務との適合評価によって，組織市民行動のような職務外の組織行動は組織との適合評価によって，よりよく予測されることがわかっている（Kristof-Brwon, Zimmerman, & Johnson, 2005）。従って入社後の役割遂行に向けて組織が求める人物特徴には，職務との適合に関連の強いものと，組織との適合に関連の強いものが含まれており，どちらの適合がより重視されるかは状況により異なるものの，ともに最終評価に影響を与えると考えられる。

以上のことから，3つの評価要素と最終評価の関係性は，図9-1に示す

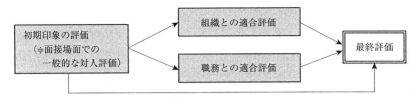

図9-1 3つの評価要素間の関係性

状態にあると考える。

その上で，ここでは以下にあげる4つの仮説を検証する。仮説の検証にあたっては，この組織が採用基準として設定した"求める人物特徴"を面接者が評価した結果を用いる。その上で，初期印象評価と組織との適合評価，職務適合潜在力の評価が，最終評価に与える影響について，仮説を検証する。図9-2は仮説の概念図を表したものである。

仮説7-1：新卒採用面接では，面接場面での一般的な対人評価，組織との適合評価，職務との適合評価は，全て独自の影響を最終評価に及ぼす（図9-2　①⑤′⑥）

仮説7-2：求める人物特徴評価の一部は，組織との適合評価に影響を与えた上で，最終評価に影響を及ぼす（図9-2　④→⑥）

仮説7-3：求める人物特徴の評価の一部は，職務適合潜在力の評価に影響を与えた上で，最終評価に影響を及ぼす（図9-2　⑤→⑤′）

仮説7-4：初期印象評価は，職務適合潜在力の評価，組織との適合評価に影響を与える（図9-2　②′③）

研究7で用いるデータには職務適合潜在力を直接評価したデータが存在しないものの，求める人物特徴は入社後に期待される役割遂行行動を予測するために設定されることから，求める人物特徴のうち組織との適合評価に関連しないものは，職務適合潜在力として評価が行われていると考えられる。したがって，仮説7-3，仮説7-4は以下のように書き換えられる。

第9章 研究7:「概念的枠組みの3つの評価要素と最終評価の関係」 171

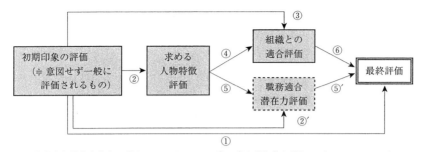

図9-2 仮説7-1～仮説7-4の概念図

注:職務適合潜在力評価は行われていないため,②+⑤と②′,⑤と⑤′は,実際はひとつの矢印

仮説7-3′:組織の求める人物特徴の一部は,組織との適合評価を媒介せず,最終評価に直接影響を与える(図9-2 ⑤(⑤′))

仮説7-4′:初期印象評価は,組織の求める人物特徴の評価,組織との適合評価に影響を与える(図9-2 ②③)

第2節 面接者の人材観が評価に与える影響

　研究7のもうひとつの目的として,職務適合潜在力の評価に面接者の人材観が影響を及ぼしていること,また同じ組織の面接者の間では人材観はある程度共有されており,面接者間で共通した人物特徴が職務適合潜在力で評価されていることを検証する。

　研究5では,面接者の人材観に面接者自身の職務経験が反映されていたことから,面接評価には職務との適合評価の観点が含まれる可能性を示した。しかし入社後に従事する職務を特定せず職務適合潜在力の評価を行う新卒採用の場合,面接者の異なる職務経験から来る人材観の違いは,複数の面接者が参加する面接評価の信頼性の低下を招く可能性がある。従って同一組織に属する面接者では,職務経験が異なっていたとしてもある程度共通した職務との適合の評価観点をもつ必要がある。

　以下のような理由で,面接者間で職務適合潜在力の評価に関する人材観に

は共通部分があると考えられる。まず，人材観は面接者個人の直接的な職務経験にのみ影響を受けるわけではない。例えば営業職として働く人でも，社内のスタッフや技術開発職と仕事を行う機会や，彼らの仕事ぶりを観察する機会をもった結果，そういった仕事においてどのような人物特徴が求められるかに関して，意見をもつ可能性は高い。また，組織からは採用基準として評価すべき人物特徴について指示が与えられるため，この影響も受けると思われる。さらに，職務適合潜在力の評価で対象となる人物特徴は抽象度が高く，職務間で共通の要素であることが多い。岩脇（2009）が日本企業を対象に行った調査でも，求める人物特徴を設定する場合，その組織に属する様々な職種に共通に求められるものが用いられていることが報告されている。つまり，営業経験の長い面接者が期待する対人積極性と，スタッフの経験の長い面接者が期待する対人積極性には若干の違いがあるものの，共通した部分も多いと考えられる。職務適合潜在力評価には，面接者間で共通する部分と，個々人の人材観の違いの両方が含まれると考え，以下の2つ仮説を検証する。

仮説7－5：職務適合潜在力として評価される求める人物特徴は，面接者の違いにかかわらず，最終評価に有意な影響を及ぼす

仮説7－6：職務適合潜在力として評価される求める人物特徴が，最終評価に及ぼす影響の程度は，面接者の人材観の違いによって異なる

分析7aでは，共分散構造分析を用いて各評価内容が最終評価に与える影響をモデル化し，その当てはまりを検討することで，仮説7－1～仮説7－4の検証を行う。仮説7－5と仮説7－6については，面接者による評価の違いを前提とするため，面接者を2番目のレベルにおく2水準のマルチレベルモデルを用いて，分析7bで検討を行う。

第3節　分析7a：3つの評価要素と
　　　　　最終評価の関係性に関する分析

分析7aでは，仮説7-1～仮説7-4を検討する。

1. 分析7a：分析に使用した変数の説明と収集方法

研究2と研究4で用いたあるサービス会社A社で2007年に行われた採用面接時に実施した面接の評価結果（n=325，男性216，女性109名）を用いる。この会社では，内定までに3回の面接が行われるが，選抜効果の影響が少なくサンプル数の多い最初の個人面接での評定を用いる。面接は，応募者一人，面接者一人で行われた。一人当たりの面接時間は，およそ30分であった。面接評定には，この会社が最終の意思決定として用いている最終評価（以降，最終評価）を4段階で行ったもの（1：次面接はない，2：次の面接に進めるかどうか検討，3：次の面接に進める，4：ぜひ採用したい）と，最終評価の根拠として，求められる人物特徴である自律性，思考力，創造性，誠実さ，協調性，の5項目についての評価をそれぞれ5段階（1：弱いあるいはない～5：とても強い）で行ったものを用いた。上記は，いずれも実際の採用活動の一環として人事からの依頼を受けて面接者が例年評定を行っているものである。加えて研究への協力依頼ということで，第一印象のよさ（以降，第一印象評価）を5段階（1：よくない～5：とてもよい）で行ったものと，組織への適合の評価（以降，組織への適合評価）を5段階（1：全くあっていない～5：とてもあっている）で行ったものを用いる。第一印象評価はなるべく面接の早いタイミング（入室後の自己紹介の後）で行うことを教示した。その他の評価は全て面接終了直後に行われた。

2. 分析7a：3つの要素が最終評価に及ぼす影響のプロセスモデル構築

共分散構造分析を用いて，各評価要素間の関係性についてのモデルを構築する。3つの評価要素をまとめて分析した研究はこれまで行われていないため，仮説7-1～仮説7-4を図示した図9-2に従って，後述する手順で探索的にモデルの構築を行う。

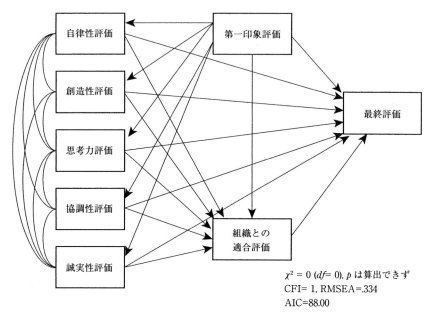

図9-3 初期モデル (7a)

　まず研究2で，第一印象評価は求める人物特徴の評価を部分的に媒介して最終評価に影響を及ぼしていたことから，第一印象評価から求める人物特徴の評価，組織との適合評価，最終評価に全てパスを引く。また求める人物特徴は，一部組織との適合の視点を，一部職務との適合の視点を反映していると考えられる。ただし，職務との適合については直接評価を行ったデータが存在しないため，5つの求める人物特徴の評価から，組織との適合評価と，最終評価に全てパスを引く。組織との適合評価は，最終評価に反映されると考えるので，組織との適合評価から最終評価にパスをひく。この時点での初期モデルが図9-3である。使用した変数間の相関係数と記述統計量は表9-1に示す。評定項目間の相関は，おおむね中程度の値を示した。

第9章 研究7:「概念的枠組みの3つの評価要素と最終評価の関係」

表9-1 使用変数間の相関分析(7a)

	最終	第一印象	組織への適合	自律性	創造性	思考力	協調性	誠実性	平均値	標準偏差
最終評価(4段階)	1.00								1.96	0.98
第一印象評価	0.50	1.00							3.37	0.83
組織への適合評価	0.66	0.50	1.00						3.22	1.07
自律性評価	0.63	0.40	0.46	1.00					3.17	0.92
創造性評価	0.59	0.40	0.48	0.63	1.00				2.73	0.87
思考力評価	0.66	0.40	0.56	0.62	0.60	1.00			2.91	0.97
協調性評価	0.56	0.44	0.61	0.56	0.55	0.54	1.00		2.90	0.94
誠実性評価	0.54	0.42	0.51	0.53	0.46	0.54	0.56	1.00	3.36	0.83

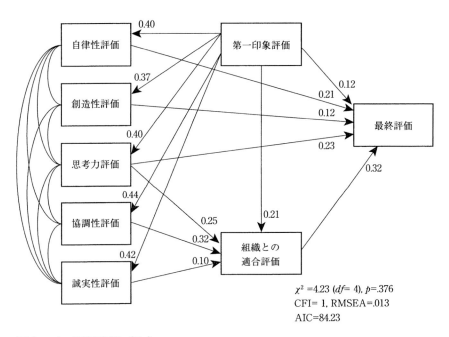

χ^2 =4.23 (df= 4), p=.376
CFI= 1, RMSEA=.013
AIC=84.23

図9-4 最終モデル(7a)

表9-2 最終評価に対する標準化統合効果と標準化直接効果(7a)

	第一印象評価	組織との適合評価	自律性評価	創造性評価	思考力評価	協調性評価	誠実性評価
標準化統合効果	0.50	0.32	0.21	0.13	0.31	0.03	0.10
標準化直接効果	0.12	0.32	0.21	0.13	0.23	-	-

176　第Ⅱ部　実証研究

3. 分析7a：3つの要素が最終評価に及ぼす影響についての最終モデル

　図9-3の初期モデルでは当てはまりがよくなく，またいくつかのパスは有意とならなかったので，5%水準で有意とならなかったパスを除いた最終モデルを構築した（図9-4）。また最終モデルでの標準化効果を表9-2に示す。

　第一印象評価，組織との適合評価は，それぞれ最終評価に有意に直接的な影響があった（それぞれ0.12, 0.49）。職務適合潜在力の評価については，それ自体を評価した評定項目がなかったが，求める人物特徴評価のうち，自律性，創造性，思考力では，最終評価に有意に直接的な影響があった（それぞれ0.21, 0.12, 0.23）。従って仮説7-3'は支持された。第一印象評価でも，組織との適合評価でもない，これらの3つの人物特徴から最終評価への直接の影響が，職務との適合潜在力の評価であると考えられる。従って，この会社の面接評価では3つの要素はそれぞれ最終評価に独自の影響を及ぼしていたことになり，仮説7-1は支持された。第一印象評価は，全ての求める人物特徴の評価と（それぞれ0.40, 0.37, 0.40, 0.44, 0.42），組織への適合評価に影響があり（0.21），加えて最終評価にも直接影響を及ぼしていた（0.12）。従って仮説7-4'も支持された。最終評価への決定係数は0.62で，最終評価の6割程度が3つの要素によって説明されたことになる。残りの38%は，求める人物特徴がここにあげた5つ以外にある可能性や，面接者間の個人的な評価の違いの影響が考えられる。

　最終モデルにおける標準化統合効果と標準化直接効果を示したのが，表9-2である。最終評価に対する組織との適合評価の直接効果は0.32であった。職務適合可能性の評価の直接効果として，求める人物特徴のうち，自律性評価，創造性評価，思考力評価からの標準化直接効果をすべて足すと 0.21 + 0.13 + 0.23 = 0.57 であった。職務との適合可能性評価の直接の影響は，組織との適合評価より大きな値であった。第一印象評価の影響は，最終評価への直接効果は0.12とさほど大きなものではなかったが，その他の多くの評価項目に0.21～0.44の影響を及ぼしており，影響は広範にわたっていた。統合効果で見ると，第一印象評価は0.50と最終評価に対してかなり大きな影響力をもつことがわかった。

求める人物特徴のうち，協調性や誠実性といったいわゆる「温かさ」に該当する人物特徴評価は，組織との適合評価には影響を与えたものの（それぞれ 0.32, 0.10），最終評価には直接影響せず，仮説7-2も支持された。この会社においては，温かさに該当する人物特徴は，組織の一員として一緒に仕事がやっていけそうかという判断には影響を及ぼすものの，職務の遂行レベルをあげるとは思われないことが示された。ただし，組織との適合評価に影響のあったもうひとつの人物特徴である思考力については，「温かさ」というより「有能さ」の評価であって，直接最終評価にも直接的に有意な影響があったことから，職務適合可能性としても評価されたと考えられる。思考力の強さは，一緒に仕事を行う条件としても，仕事を遂行する上でも，求められるということだろう。この会社は，無形のサービスを顧客企業に対して提供しており，主な仕事が企画営業や，コンサルティングであることから，仕事上で思考力が必要とされる。加えて，結果的に一定レベルの「思考力」をもった人が組織メンバーとして所属する状態となったため，組織内でのコミュニケーションにも一定レベルの「思考力」が求められることになり，一般に組織になじむための「温かさ」とともに，「思考力」が組織になじむための条件になったと考えられる。

　求める人物特徴のうち，思考力以外の自律性や創造性といった「有能さ」にあたるものは，組織との適合評価には影響せず，最終評価に直接影響を及ぼしていた。つまりこれらの人物特徴は，職務の遂行を予測するもの，すなわち職務適合潜在力として評価されたと考えられる。この会社では，温かさは組織との適合で，有能さは職務との適合で，主として評価された。しかし「思考力」のように両方の適合で評価された特徴もあることから，温かさ，有能さといった大きな対人認知の軸と，組織との適合評価，職務との適合評価の間の関係性に一般的な傾向があるかは，今後の検討が必要である。

　次の分析7bでは，職務適合潜在力として評価されていた自律性，創造性，思考性の3つの人物特徴評価が最終評価に及ぼす影響に，面接者の人材観がどのように関与するかについてマルチレベルモデルを用いて検討する。具体的には，複数の面接者は共通してこれらの人物特徴評価を最終評価に反映させていたか，また反映させる程度は面接者間の人材観の違いに影響を受

第4節　分析7b：面接者の人材観が評価に与える影響に関する分析

分析7bでは，仮説7-5と仮説7-6を検討する。

1. 分析7b：分析に使用した変数の説明と収集方法

分析7aで用いた採用面接実施の約3カ月後に，面接者を対象にアンケートを実施した（n=59 男性90％，女性10％）。面接者はこの会社の中間管理職が中心（52名中46名が管理職）で，社歴の平均は17.04年，年齢の平均は42.08歳であった。もっとも長く経験した職種は営業29名，研究・開発6名，管理・スタッフ16名であった。

アンケートで，研究5で用いた一般に新卒採用で重視される人物特徴である7項目（コミュニケーション力，チャレンジ精神，主体性，協調性，誠実性，責任感，創造性）について，新卒採用の際に応募者の特徴として重要であると思う順番を振るよう求めた結果を用いる。上記7項目のうち，分析7aで最終面接評価への直接の影響が確認された「思考力」「自律性」「創造性」にそれぞれ関連性が高いと思われる「コミュニケーション力」「主体性」「創造性」について，1から7番まで振られた順序の数値を重視する度合いとして用いた。従って，数字が小さいほど，その特徴を重視していることになる。上記以外のデータは，すべて分析7aで用いたものである。

2. 分析7b：面接者の評価観の影響を検討するためのマルチレベルモデルの構築

面接者の人材観の影響を検討するため，研究4で用いたマルチレベルモデル（multilevel model）を用いる。マルチレベルモデルとは分析に用いるデータが階層化されている場合に用いられる分析モデルである。例えば満足度などの個人の測定値はその人が属する課でまとまりをもち，さらにいくつかの課を統合した部でまとまりをもつ。つまり，ある個人の測定値は，他部署の人よりも同じ部の人の測定値と，さらにはその中でも同じ課の人の測定

値とより似通っていると考える。これを「従業員が課にネストする」「課が部にネストする」という。

マルチレベルモデルを構築するにあたって，面接者の下に応募者がネストするモデルを考える。応募者の個人特性と面接評価の関係性は，面接者の人材観によって異なると考えるためである。そこでレベル1を応募者のレベル，レベル2を面接者のレベルとする2水準の分析を行った。解析においては，HLM6 (Raudenbush, Bryk, Cheong, & Congdon, 2004) を用いた。なお，マルチレベルモデルの手法としての特徴は，研究4の方法に詳細な記述を行った。

分析モデルは，以下に示す。従属変数は面接の最終評価で，レベル1の独立変数として求める人物特徴のうち職務適合潜在力に関する「思考力」「自律性」「創造性」の評価，統制変数として第一印象評価と組織との適合評価，性別，出身大学を入れる。性別は女性"1"，男性"0"とし，出身校は採用実績のある大学の場合は"1"，それ以外は"0"としてコーディングして用いた。レベル2の独立変数としては，面接者の人材観の評価結果を用いた。

レベル1のモデル（応募者のレベル）
最終評価 = $\beta_0 + \beta_1^*$(性別)$+ \beta_2^*$(出身校)$+ \beta_3^*$(思考力評価)$+ \beta_4^*$(自律性評価)$+ \beta_5^*$(創造性評価)$+ \beta_6^*$(第一印象評価)$+ \beta_7^*$(組織との適合評価)$+r$

レベル2のモデル（面接者のレベル）

$\beta_0 = \gamma_{00} + U_0$

$\beta_1 = \gamma_{10} + U_1$

$\beta_2 = \gamma_{20} + U_2$

$\beta_3 = \gamma_{30} + \gamma_{31}^*$(コミュニケーション力重視) $+ U_3$

$\beta_4 = \gamma_{40} + \gamma_{41}^*$(主体性重視) $+ U_4$

$\beta_5 = \gamma_{50} + \gamma_{51}^*$(創造性重視) $+ U_5$

$\beta_6 = \gamma_{60} + U_6$

$\beta_7 = \gamma_{70} + U_7$

3. 分析7b：面接者に共通する職務適合潜在力評価と面接者観の評価観の違いの影響

使用した変数の記述統計を，表9-3に示す。「自律性」の評価は，「思考力」や「創造性」の評価と比べると，若干平均値が高い傾向がある。また，面接者の人物特徴の重視度では，創造性の重視度がコミュニケーション力や主体性に比べると低くなっていることがわかる。

HLM分析の結果は，表9-4の通りである。固定効果の最終推定結果を見ると，統制変数のうち，性別と出身校はいずれも有意とならなかった（それぞれ $\gamma_{10} = .039, p= .564 ; \gamma_{20} = .015, p= .793$）。第一印象評価と，組織との適合評価は有意な正の影響があり，これらの評価が高いほど最終評価が高くなった（それぞれ $\gamma_{60} = .153, p< .05 ; \gamma_{70} = .325, p< .01$）。以上の変数を統制した上で，「思考力」「自律性」「創造性」のいずれにおいても，面接者の違いにかかわらず，一般にこれらの人物評価が高いほど最終評価が高くなる結果が確認され（それぞれ $\gamma_{30} = .244, p< .01 ; \gamma_{40} = .221, p< .01 ; \gamma_{50} = .159, p< .01$），仮説7-5は支持された。面接者の人材観の影響としては，主体性を重視する面接者ほど「自律性」の評価の高い人の最終評価が高まる傾向を示した（$\gamma_{41} = -0.072, p< .01$）。また，コミュニケーション力を重視する面接者は，「思考力」の評価の高い人物の最終評価が高くなる有意傾向が見られ

表9-3 使用変数の記述統計量（7b）

レベル1

	N	平均	標準偏差
性別（女1，男0）	428	1.32	0.47
出身校（実績あり1，実績なし0）	428	0.64	0.48
最終評価（4段階）	345	1.98	1.01
思考力評価（5段階）	332	2.86	1.02
自律性評価（5段階）	333	3.10	0.93
創造性評価（5段階）	299	2.75	0.89
第一印象評価（5段階）	268	3.36	0.79
組織との適合評価（5段階）	265	3.23	1.07

レベル2

	N	平均	標準偏差
コミュニケーション重視（1～7番の順位）	38	2.37	1.51
主体性重視（1～7番の順位）	38	2.18	1.23
創造性重視（1～7番の順位）	38	5.79	1.44

表9-4　HLM分析の結果（7b）

固定効果の最終推定値　（with robust standard errors）

Fixed Effect	Coefficient	Standard Error	T-ratio	Approx. d.f.	P-value
切片1, β_0					
切片2, γ_{00}	1.875	0.104	17.948	37	0.000
性別, β_1					
切片2, γ_{10}	0.039	0.068	0.582	37	0.564
出身校, β_2					
切片2, γ_{20}	0.015	0.057	0.264	37	0.793
思考力評価, β_3					
切片2, γ_{30}	0.244	0.047	5.211	36	0.000
コミュニケーション重視, γ_{31}	-0.036	0.020	-1.822	36	0.076
自律性評価, β_4					
切片2, γ_{40}	0.221	0.061	3.624	36	0.001
主体性重視, γ_{41}	-0.072	0.021	-3.428	36	0.002
創造性評価, β_5					
切片2, γ_{50}	0.159	0.044	3.595	36	0.001
創造性重視, γ_{51}	-0.018	0.024	-0.776	36	0.443
第一印象, β_6					
切片2, γ_{60}	0.153	0.065	2.351	37	0.024
組織との適合, β_7					
切片2, γ_{70}	0.325	0.060	5.402	37	0.000

変動要素の最終推定値

Random Effect	Standard Deviation	Variance Component	df	Chi-square	P-value
切片1, u_0	0.281	0.079	13	22.043	0.054
性別, u_1	0.118	0.014	13	14.056	0.370
出身校, u_2	0.106	0.011	13	13.760	0.391
思考力評価, u_3	0.101	0.010	12	20.531	0.057
自律性評価, u_4	0.189	0.036	12	17.635	0.127
創造性評価, u_5	0.077	0.006	12	10.450	>.500
第一印象, u_6	0.213	0.045	13	20.233	0.089
組織との適合, u_7	0.220	0.048	13	28.855	0.007
level-1, r	0.451	0.204			

た（$\gamma_{31}=-0.036, p=.07$）。しかし「創造性」の評価については，創造性を重視する面接者のほうが，最終評価が高くなる傾向はなかった（$\gamma_{51}=-0.018, p=.44$）。従って，仮説7-6は，部分的に支持された。

「思考力」の評価において，面接者の人材観の影響が有意傾向にとどまった理由としては，人材観の評価に用いたコミュニケーション力という人物特

徴には思考力と密接に関連するコミュニケーションの達者さだけでなく，社交性に関連するものも含まれるため，コミュニケーション力と思考力の関連性はさほど強くなかったことがあげられる。これと比べると「主体性」という人物特徴と自律性はより密接な関係があったため，人材観の影響が有意になったと考えられる。一方「創造性」に関しては，面接者の人材観も同じ創造性で尋ねたにもかかわらず，人材観の影響は有意にならなかった。創造性は他の人物特徴と比べると面接者の重視度が低く，分布に偏りがあったことが有意にならなかった原因のひとつと考えられる（表9-3）。

　第一印象評価や組織との適合評価を統制した上で，複数の面接者に共通して最終評価に反映される人物特徴評価があること，またこれらの人物特徴評価が最終評価に及ぼす影響の程度は面接者の人材観によって影響を受けることが，本分析の結果確認された。研究5では面接者のもつ人材観が面接者自身の経験職務によって影響を受けたこと示したが，本研究ではこのような人材観が，職務との適合潜在力評価に影響することを改めて示した。また異なる職務経験をもつ面接者であっても，職務との適合可能性評価に際してどのような人物特徴を評価するかはある程度共通していたことも示された。

　ただし評価視点がどのように共有されたかは，今後の検討が必要である。この会社は就業員数が500名程度と大きな会社ではないことから，比較的自分と異なる職種の人と交流をもつ機会が大きいのかもしれない。このような状況が，人材観の共通部分を大きくすることに貢献したのか，あるいは求める人物特徴を評価すべきとの会社の指示に面接者が従ったためなのか，そもそも職務の特徴として職務間の共通要素が大きかったのか，などが今後の検討の対象となる。これらを明らかにすることで，どのように面接者間の共通の評価視点を増やすことができるかといった実務上の課題解決のヒントを得ることができる。

第5節　総合考察：3つの評価要素が最終評価に与える影響とその程度の影響を及ぼす要因

　研究7では主観的基準アプローチを用いて，3つの評価内容は全て最終評価に有意な影響を及ぼしたことを示した。また，面接者の人材観が，評価に

及ぼす影響についても検討を行った結果，面接者間の評価の違いは，彼らの人材観の違いによってもたらされたことが明らかになった。しかしあくまで面接者の主観を用いた検討であり，外的基準において，「思考力」や「創造性」で評価される応募者の個人特徴に，面接者間で違いがあったかは検討できていない。今後は，外的基準アプローチによる検討を行い，今回得られた結果について再度検証を行う必要がある。

　3つの評価要素が最終評価にどの程度影響を与えたかを見ると，初期印象評価の影響がかなりあることが分かった。これは米国の先行研究（Barrick, Swider, & Stewart, 2010）と同程度であるが，どのような採用面接でも初期印象の評価は最終評価に同程度の影響があるのかは今後の検討が必要である。また，第一印象の評価は意味合いの異なる人物特徴評価にほぼ同程度の影響を及ぼしていたことから，第一印象は組織や職務との適合で評価される人物特徴との関連の強さによって，最終評価に及ぼす影響の程度が異なるとは考えにくい結果となった。それよりも，今回の分析結果からは第一印象評価は，ハロー効果（Nisbett, & Wilson, 1977）のような影響があったことが示された。

　また，今回データを用いた会社では，職務適合潜在力のほうが，組織への適合評価よりも最終評価への影響が若干強い結果となった。ただし組織への適合評価は，最終の採用決定まで数回行われる面接の中で，比較的後の面接で行われることが指摘されており（Chuang & Sackett, 2005），今回用いた面接のデータはこの会社の最初の個人面接であったため，組織との適合評価の重視度が低くなった可能性がある。

　概念的枠組みを用いることで，この会社の面接評価内容に関して，どのようなことが明らかになっただろうか。面接で第一印象が好ましいと思われた人は，最終評価も高くなる傾向が強かった。さらに，思考力の高さはこの会社にとっては仕事を遂行する上でも，組織に適応するためにも必要であると思われており，5つある求める人物特徴の中でも，特に最終評価への影響が大きかった。思考力以外では，協調性や誠実性といった「温かさ」に関連する人物特徴が高く評価された応募者は，組織への適応が高いだろうと判断された。仕事で成果を出すことを期待されたのは，自律性と創造性が高く「有

能だ」と思われた応募者であった。この会社で求められる人物特徴の中には，組織への適合に関連するものと，職務適合可能性に関連するもの，両方に関連するものがあった。特に「有能さ」に含まれる「思考性」が組織への適合評価に影響を及ぼしたことは興味深い点である。面接者自身がどのような考えで，思考力の評価が高い人物を組織への適合が高いと評価したかについては検討を行うことが必要だろう。

　実務上今後必要になるのは，3つの評価内容が応募者の入社後の成功をどの程度妥予測できるかを明らかにすることである。組織との適合は組織市民行動や文脈的遂行行動を，職務との適合可能性評価は職務遂行度の評価をそれぞれ基準変数として，妥当性を検証する必要がある。面接場面での一般的な対人評価に関しては，面接で一般的に評価される「外向性」や「情緒の安定性」は，日本では一般に職務遂行度との関係が確認されている。ただし，これらの人物特徴の妥当性の水準は会社によって異なると考えられる。3つの評価内容のバランスのとり方は，それぞれの評価がどのような行動をどの程度予測できるかによって決まるものであるため，各評価要素の妥当性の検討が重要である。

第Ⅲ部　実証研究結果を用いた評価内容の概念的枠組みの再検討

第10章

実証研究の結果のまとめ

　以上，研究1～研究7において，評価内容の概念的枠組みについて検討を行ってきた。各研究の結果の主なポイントをまとめると表10-1の通りである。

表10-1　実証研究1～7の結果のまとめ

「面接場面での一般的な対人評価の検討」
研究1：一般的に面接で評価される人物特徴があるか，それは何かを外的基準アプローチを用いて検討した結果，性格特性の「外向性」「情緒の安定性」が一般的に評価されることが示された。
研究2：研究1で一般的に評価されることが示された性格特性（外向性，情緒の安定性）が，初期印象を高めることによって最終的な面接評価を上げたのか，採用基準として評価された結果，最終面接評価を高めたのかを，ある組織の採用面接評価データを用いて，外的基準アプローチと主観的基準アプローチの両方で検討をした。その結果，両方のルートを介して面接評価を高めていたことが示された。
「組織との適合評価の検討」
研究3：面接者との適合ではなく，組織レベルでの適合評価がなされているかを，外的基準アプローチを用いて検討した結果，業種，組織規模，資本金，創業の新しさといった組織の特徴によって，面接で評価される性格特性に違いがあることが示された。
研究4：研究3に続き，組織との適合評価が行われているかを，外的基準アプローチと主観的基準アプローチを併用して検討し，同じ組織に属する複数の面接者は，組織との適合評価において，応募者の特定の価値観を共通して評価していることを示した。一方で面接者間の組織文化の認知の違いによって，応募者の価値観が評価される程度が異なることも示された。
「職務との適合評価の検討」
研究5：職種別の採用が行われていない日本の新卒採用面接でも，面接者は職務との適合の評価観点を持っているかを検討した結果，面接者自身の職種経験の違いによって，新卒採用時にどのような人物を望ましいと思うかが異なることがわかった。

研究6：職務経験を尋ねることのない新卒採用面接でも，職務適合潜在力の評価は可能かを，外的基準アプローチを用いて検討した結果，営業職の採用を念頭に設計された構造化面接を用いた面接評価と入社後の営業職としての職務遂行度評価の間に有意な相関が示され，職務適合潜在力評価の予測妥当性が確認された。

「3つの評価要素と最終評価の関係」

研究7：提案した概念的枠組みの3つの評価要素である「面接場面での一般的な対人評価」「組織との適合評価」「職務との適合評価」が，面接の最終評価に影響を及ぼしたかを，ある組織のデータを用いて，主観的基準アプローチにより検討した。3つの要素が全て最終評価に独自の影響を及ぼしており，まとめると62％の説明率であることを示した。さらに，面接者による人材観の違いが，職務適合潜在力評価に影響を及ぼしたことを示した。

　以上の結果をもとに，この章では第Ⅰ部で論じた3つの研究の目的（p.48～49のものを以下に再掲）に照らして，評価要素ごとに何が明らかになったかについて論じる。また次の章では，冒頭で提示した概念的枠組みへ修正の提案を行う。最後に，概念的枠組みの活用に関してどの程度の一般化が見込めるかと，実務への知見適用の可能性についても論じる。

<u>目的1</u>：提案した概念的枠組みに含まれる3つの評価要素（職務との適合，組織との適合，面接場面での一般的な対人評価）が，採用面接の最終評価に影響することを示す

<u>目的2</u>：提案した概念的枠組みについて，以下の4つ主張の妥当性を検証する
① 「面接場面での一般的な対人評価」では，様々な組織の採用面接で共通の人物特徴が評価される
② 「組織との適合」では，面接者との適合ではなく，組織との適合が確かに評価されている
③ 職種別採用を行わない日本の新卒採用面接においても，「職務との適合」が評価されている
④ 各評価要素の評価結果は，応募者の入社後の活躍予測に貢献する可能性がある

<u>目的3</u>：概念的枠組みを用いることで，第Ⅰ部で論じた面接研究の問題点（以下2点）が解決できる可能性を示す

① 面接者間の評価の違いを検討する際に，評価要素を考慮することが有効である
② 対人認知研究の知見の適用は有効である

第1節　評価要素「面接場面での一般的な対人評価」について

バイアスとしての初期印象評価ではなく，面接という場面に特化して評価される人物特徴があるのではないかとの仮説に関して，検証を行った。その結果，面接場面で一般に評価される人物特徴があることが確認されたものの，欧米での先行研究とは一部異なる人物特徴が評価されていることが明らかになった。

最初に「**目的2-①：面接場面での一般的な対人評価では，様々な組織の採用面接で共通の人物特徴が評価される**」かについて考察する。概念的枠組み提案の際には，どのような採用面接であっても，採用面接場面に特徴的に評価される人物特徴があると想定し，これを「面接場面での一般的な対人評価」と呼んだ。研究1では異なる組織に共通して，面接の最終評価に「外向性」と「情緒の安定性」が一般に影響することを示した。しかしデータが比較的大手の企業に偏っていること，また大卒，大学院卒を対象としており，高卒や専門学校卒の採用の場合に一般化が可能であるかは，今後検討する必要がある。特に今回の分析で一般に評価されるものとして支持されなかった「一般知的能力」については，学歴の影響が大きいと考えられることから，今後も引き続き検討する必要がある。さらに，本研究では欧米での先行研究とは符合しない結果も得られており，面接場面での一般的な人物評価は，どのくらい異なる状況下，例えば採用慣習の異なる国の間でも共通かの検討も今後の課題となる。また「**目的2-④：各評価要素の評価結果は，応募者の入社後の活躍予測に貢献する可能性がある**」に関しては，「外向性」「情緒の安定性」ともに，日本のデータでは職務遂行度の評価と一般に正の相関があることが示されているものの，本研究では面接評価における予測的妥当性を直接検証できておらず，十分な結論が得られていない。

研究1で組織の違いにかかわらず面接評価と有意な相関があった「外向性」と「情緒の安定性」は，研究2で初期印象評価に影響を及ぼしたことが確認された。従ってこれら2つの性格特性は，面接場面での会話の内容よりも面接場面に現れやすい振る舞いや表情などの行動特徴によって評価されたと考えられる。ただし，性格から初期印象への影響は1社のデータで確認されているに過ぎず，今後は複数の組織でこれらの性格特性が初期印象で評価されていることを改めて検証する必要がある。

　研究2と研究7では，「外向性」と「情緒の安定性」に影響を受けた面接の初期印象評価が，最終面接評価に影響を及ぼすことが示されたことから，「**目的1：提案した概念的枠組みに含まれる3つの要素（ここでは，面接場面での一般的な対人評価）が最終評価に影響を及ぼす**」ことが確認された。

　「**目的3－②：対人認知研究の知見の適用は有効である**」に関しては，第一印象評価の研究や（Rule & Ambady, 2010），対人認知プロセスの研究（Fiske & Neuberg, 1990），対人認知の主要な2軸に関する研究（Cuddy, Fiske, & Glick, 2008）などとの関連性を仮説の構築や結果の考察の際にとりあげて論じた。結論としては，対人認知研究の知見をそのまま適応できるわけではなく，採用面接場面の特徴を押さえた上で，研究知見を応用することが必要であることがわかった。例えば，通常の対人場面で評価されやすい外向性は面接場面でも評価されたが，通常の対人場面では評価されにくい情緒の安定性も，採用面接では一般に評価された。この違いは，面接場面は緊張感が高いため，情緒の安定性が現れやすかったためと考えられる。

　面接場面での一般的な対人評価は，面接の初期場面で直観的に行われると考えられる。これは対人評価の自動性（Uleman, Saribay, & Gonzalez, 2007）や初期印象の妥当性に関する研究（Rule & Ambady, 2010）といった対人認知の研究からも示唆される。このような面接での初期印象は，最終評価に比較的大きな影響を与えていることがわかった。特定の人物特徴がある程度状況が似通った面接場面で共通して評価され，かつ，この評価が応募者の入社後の成功予測に貢献するのならば，面接という評価手法の活用意義は高いといえる。

　「**目的3－①：面接者間の評価の違いを検討する際に，評価要素を考慮す**

ることが有効である」は検討を行っていない。例えば，研究4で用いたような，人は変わりにくいものと考える固定的な人間観をもつ人は，初期印象での評価を変えない可能性があるため，初期印象が最終評価に強く影響を及ぼすかもしれない。また評価欲求の高い人ほど，その場その場での評価を行う傾向が高いことから（Tormala & Petty, 2001），そのような人は評価を更新することが多く，結果的に初期印象の影響を受ける程度は弱いと予想される。初期印象が最終評価に与える影響の程度にはどの程度個人差があるかや，個人差を説明する変数が何かは今後の検討課題である。

第2節 評価要素「組織との適合評価」について

採用における組織との適合評価は面接場面が最も適当であるといわれつつ（Chatman, 1989），これまでその効果を，面接者自身との適合とは切り分けて検討した研究が無かった。

面接者との適合ではなく，組織との適合評価がなされていることを様々な角度から示したことが，本研究の貢献としてあげられる。

「目的2-②：組織との適合では，面接者との適合ではなく，組織との適合評価がなされていたか」について，研究3, 4で異なるアプローチを用いて検証を行い，支持する結果が得られている。研究3では，複数組織のデータを用いて，業種や組織規模といった組織の特徴によって，面接で評価される性格特性が異なることを示した。研究4では，応募者の価値観が組織との適合で評価されており，その評価は同じ組織に所属する複数の面接者で共有されていることを示した。先行研究で課題として指摘されていた面接者との適合ではなく，組織との適合評価がなされていることが示された。

「目的1：提案した概念的枠組みに含まれる3つの要素（ここでは，組織との適合評価）が最終評価に影響を及ぼす」ことは，研究7で示された。また研究7では，組織との適合評価にこの会社の求める人物特徴評価の一部が影響を及ぼしたことから，組織との適合評価は「採用基準として評価するもの」に含まれることが示された。「**目的3-①：面接者間の評価の違いを検**

討する際に，評価要素を考慮することが有効である」に関しては，研究4で同じ組織に属する面接者でも組織文化の認知には違いがあり，それが組織との適合評価に影響することを示した。「**目的3－②：対人認知研究の知見の適用は有効である**」に関しては，研究4で面接者が固定的な人間観をもっている場合には，応募者の価値観が自分の価値観と類似する程度，つまり面接者自身との適合が，組織との適合評価に影響を及ぼすことを示した。ただし，上記の影響は固定的な人間観をもたない面接者には見られず，類似した人を好ましいと思う対人認知の一般的な傾向は限定的にしか見られなかった。また，「**目的2－④：各評価要素の評価結果は，応募者の入社後の活躍予測に貢献する可能性がある**」についてはここでは検討を行っていない。組織との適合が様々なポジティブな効果をもたらすことについては，先行研究のメタ分析結果によって示されているものの，採用時の適合評価に関してはその限りではない（Kristof-Brown, Zimmerman, & Johnson, 2005）。従って採用時の，しかも面接評価による組織との適合が，入社後の成功予測に寄与するかどうかは，今後改めて検討する必要がある。

　組織との適合の観点での採用は，今後少子化や高齢化の影響を受け，優秀な人材が逼迫すると予想される中で，リテンションを考える際にも重要である（Kristof-Brown et al., 2005）。採用面接における組織との適合評価については，さらに多くの研究が望まれる。

第3節　評価要素「職務との適合評価」について

　採用面接の先行研究は，職務経験者の採用場面における職務との適合評価を主に扱ってきた。本研究では，職務経験のない応募者を対象とする日本の新卒採用面接における職務との適合評価として，「職務適合潜在力」という概念を導入した。これにより，職務との適合評価には，職務遂行に必要な能力やスキルの現時点での保有レベルを評価対象とする従来の考え方に加えて，将来の職務遂行度を予測するためのより一般的な人物特徴を評価対象とする場合があることを示し，職務との適合評価の概念を広げた。

「目的2-③：職種別採用を行わない日本の新卒採用面接においても職務との適合が評価されている」について，研究5では面接者は自分の職務経験を反映させた人材観をもつことを示した。研究7では，面接者のもつ人材観は，職務適合潜在力評価に影響を及ぼすことが示された。これらの結果から，職務が特定されない新卒採用であっても，面接者は応募者を職務との適合の観点で評価しようとすることが確認された。さらに研究7では，同じ組織内では，異なる職務経験をもつ面接者であっても，職務適合潜在力として共通の人物特徴が評価されていたことから，職務を特定しない"職務横断型"の職務適合潜在力の評価の存在が示された。

「目的3-①：面接者間の評価の違いを検討する際に，評価要素を考慮することが有効である」に関しては，研究7では同じ組織内でも面接者がもつ職務適合潜在力に関する人材観には違いがあり，評価に影響を及ぼすことが示された。「目的3-②：対人認知研究の知見の適用は有効である」に関して，研究5で面接者の人材観が自身の職務経験をもとに形成され，評価スキーマとして用いられる可能性について論じた。ただし研究7では同じ組織に属する複数の面接者は，職務経験の違いにかかわらず共通の職務適合潜在力の評価視点をもつことが示されており，面接者がどのように共通の評価観点を得ているかについては，今後の検討が必要である。

「目的2-④：各評価要素の評価結果は，応募者の入社後の活躍予測に貢献する可能性がある」については，職務適合潜在力の予測的妥当性について検証を行った。研究6では，営業職への採用を念頭に開発された構造化面接を用いて行った新卒採用時の面接評価が，入社数年後の職務遂行評価を妥当に予測することを示した。ただし職務経験のない応募者を対象としたことで，欧米の先行研究と比べると妥当性の水準は若干低くとどまった。

最後に「目的1：提案した概念的枠組みに含まれる3つの評価要素（ここでは，職務との適合評価）が最終評価に影響することを示す」については，研究7で採用基準として設定された求める人物特徴評価のうち，組織との適合評価を媒介せず，直接最終評価に影響するものがあり，これが職務適合潜在力の評価であると考えた。ただしこの結論は，求める人物特徴は組織との適合か職務との適合に関するものであるとの前提に立つものであり，今後，

職務の適合潜在力を直接評定した結果を用いて検証を行うことが必要である。

　3つの評価要素を合わせて本研究の結果を振り返ると，各評価要素の評価内容についてはおおむね仮説を支持する結果が得られたものの，特に「入社後の活躍予測への貢献可能性」については，さらに検証が必要な観点が多く残された。

第 11 章

評価内容の概念的
枠組みの再検討

　前章の振り返りを受けて，本章では提案を行った概念的枠組みの再検討を行う。またその結果を受けて，概念的枠組みの改訂を行う。図 11-1 は改訂後の概念的枠組みで，点線で囲われた部分が主な変更点である。以降，3 つの評価要素ごとに前章の議論をさらに深めて，改訂の内容について論じる。

第 1 節　評価要素「面接場面での一般的な対人評価」
　　　　　に関する検討と改訂内容

1.　"面接場面での一般的な対人評価" の適用範囲
　第 2 章で面接評価内容の概念的枠組みを提案した際には，主に欧米の先行研究を参照して「面接場面での一般的な対人評価」に含める人物特徴を定めたが，これは「面接場面での一般的な対人評価」は汎文化的であると考えたからであった。採否の決定のために評価を行う場であり，多くの場合初対面の応募者と面接者が直接対話を行う場であるとの，一般的な特徴を備えた全ての採用面接において共通に評価される人物特徴があると考えた。例えば初対面の相手であっても，敵意を感じることなく，コミュニケーションをとることが可能だと感じられれば，相手と良好な対人関係が成り立つことが期待できるだろう。
　面接評価との一般的な相関が確認された「外向性」と「情緒の安定性」のうち，「外向性」は先行研究でも比較的面接場面で評価されやすいことが報

196　第Ⅲ部　実証研究結果を用いた評価内容の概念的枠組みの再検討

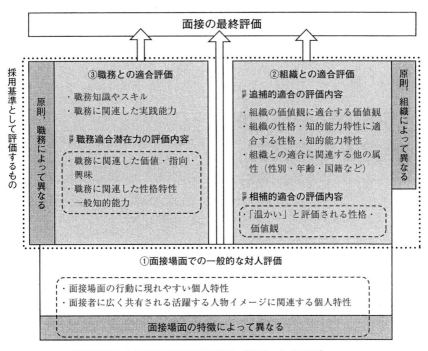

図11-1　面接評価内容に関する概念的枠組み（図2-1の改訂）

告されている（Barrick et al., 2000；Huffcutt et al., 2001）。例えば，面接者が最も重要であると考える性格特性は勤勉性であるにもかかわらず，実際の採用場面においては外向性の影響が最も大きかったことを報告した研究がある（Moy, 2006）。また面接に限らず，一般対人場面でも評価されやすい個人特性であることも示されている（Funder & Sneed, 1993；Kenny et al., 1994；Levesque & Kenny, 1993；Park & Judd, 1989）。外向性は特に様々な対人場面で特徴が表れやすいと考えられることから，例えば日本以外の国での採用面接や，中途採用面接などにおいても，評価される可能性が高い。

一方「情緒の安定性」は，一般対人場面の初期印象における研究では「外向性」ほど結果が安定しておらず，比較的評価しづらい個人特性であるとの結果も示されている（Kenny, Horner, Kashy, & Chu, 1992）。面接場面でも，Barrick et al.（2000）が実験研究によって，外向性は評価されるが，情緒の安定性は正しく評価されなかったことを報告している。他方で

McCarthy & Goffin (2004) は，面接に関する不安感が，実際の面接時の評価に影響を及ぼすことを示している。米国やヨーロッパでも面接評価と情緒の安定性の有意な関係を示した研究もある (Cook, Vance, & Spector, 2000；Robertson & Smith, 2001)。「情緒の安定性」は状況に応じて評価されたり，されなかったりするようである。採用面接が応募者にとって緊張感の高い場面である場合に「情緒の安定性」が評価されるかとの仮説については，改めて実証研究が必要である。

　また，研究1，2で日本のデータを用いて検討を行った結果，予測に反して「一般知的能力」と「勤勉性」については，面接評価との一般的な関係性は得られなかった。限られた情報に基づくものであっても，初期印象で何が評価されるかにはある種の柔軟性がある (Schaller, 2008) との議論から考えると，応募者集団の特徴や，面接時に期待される行動規範などによって，初期印象で評価される人物特徴は異なると考えられる。応募者集団は，私たちが日常出会う人々と比べて，人物特徴に偏りがある。また，面接場面で応募者がどのようにふるまうべきかについては，比較的強い規範がある。初期印象はこれらの影響を受けるかもしれない。

　Funder (1995) の realistic accuracy model では，評価のための情報の量と質の重要性が指摘されている。例えば応募者集団がもつ特徴によって，結果的に顕現性の増す人物特徴があり，それが一般に評価されると考えられる。日本の新卒採用のように，同じような年齢で，同じような学歴で，それまでの経験にもさほど大きな違いが無い応募者を対象に面接を行う場合と，それと比べると年齢やそれまでの経験に大きな違いがある欧米の面接では，面接場面で個人差として現れやすい人物特徴は異なるかもしれない。仮に日本の新卒採用において，応募者がまじめで誠実な人間であることが当然のように期待される場合，そして応募者も十分それを自覚している場合，「勤勉性」における個人差は現れにくいだろう。

　欧米における面接評価との関連が一般的に得られている「一般知的能力」に関しても，今回の研究では面接評価との一般的な関連は得られなかった。「一般知的能力」は初期印象で評価可能なことが示されていることから (Murphy, Hall, & Colvin, 2003；Reynolds & Gifford, 2001)，今回一般に評

価されるものにならなかった理由のひとつとして応募者の知的能力の偏りがあげられる。仮に一定レベル以上の知的能力の差別化が面接では難しくなる，あるいは面接者が知的能力評価は一定レベルを確保すればよしと考える，などの現象が生じていれば，特に今回分析対象とした大手企業を中心とした大卒，大学院卒の採用場面では知的能力は評価されない。「面接場面での一般的な人物評価」の適用範囲を考える際には，応募者集団の特徴にも着目する必要がある。

「面接場面での一般的な対人評価」で何が評価されるかは，初期印象に影響する面接場面の特徴が何で，それが様々な採用面接にどの程度共通するかによって決まると考えられる。被面接者の緊張感の高さが情緒の安定性の評価を可能にするのならば，採用されるチャンスが応募者にとって限られた雇用環境や社会情勢のもとでは，情緒の安定性が評価される。一方で，採用面接を面接者と応募者が互いを評価しあう場であり，両者は対等な立場にあると思うことが一般的な社会では，面接場面での応募者の緊張感はさほど高まらず，情緒の安定性は評価されないだろう。初期印象の規定因の解明は一般的な初期印象形成の問題でもあり，その領域の研究知見も参考にしつつ，採用面接場面の特徴を初期印象への影響という観点から整理していくことが必要だろう。

2. "面接場面での一般的な対人評価" の予測的妥当性

「面接場面での一般的な対人評価」は面接評価の妥当性に貢献できるか，すなわち入社後の役割遂行の成功を予測できるのだろうか。もし面接場面での一般的な対人評価が，採用基準として評価するものと関連性が高いほど最終評価に影響を及ぼすとすれば，その予測的妥当性は高まるはずである。なぜならば採用基準として評価するものは，入社後の成功を予測するために設定されるからである。

面接での初期印象評価と最終面接評価の関係性については，先行研究がほとんど行われていない。そこで Fiske & Neuberg (1990) のモデルを参考に，面接者は正しい評価を行うことに動機づけられているだろうと考え，採用基準として評価するものが第一印象に関連しない場合はより詳細にボトム

アップ型の情報処理を行うようになり，第一印象評価の最終評価への影響は弱まると考えた。例えば第一印象は明るくて元気のよい応募者であると思ったが，意図して評価するものとして，仕事をするにあたって必要な冷静な判断ができるかを評価する必要がある場合，初期印象の評価は最終評価にはあまり反映されないと考えた。しかし研究7では，初期印象で「明るく元気な人だ」と評価されたことで「協調性」があると思われるだけでなく，明るさとは関係のない人物特徴である「思考力」も高く評価されていた。つまり第一印象評価は，採用基準に含まれる異なる人物特徴にほぼ同程度の影響を及ぼしていた。そもそも面接者自身が，なぜ初期の印象が良いと評価したかを十分認識していないために，後の評価には弁別的な影響が及ばなかったと考えられる。Uleman et al.（2008）は自動的な特性推論のレビューの中で，自動的な特性推論と意識的な特性推論がどのように相互作用するかを検討することが重要であると指摘しており，対人認知の研究知見も参考にしつつ，今後検討を進めることが有効である。

　採用基準として評価するものと初期印象評価の関連性についてはさらに検討が必要だが，結果的に面接場面での一般的な対人評価に含まれた「外向性」「情緒の安定性」はともに，日本では職務遂行度を一般に予測する性格特性であることから（都澤・二村・今城・内藤，2005），面接評価の妥当性を高めたと言える。また今回の研究では，一般知的能力と面接評価との一般的な相関は得られなかったが，日本では一般知的能力と職務遂行度の相関も，米国のように一般に有意にはならない（飯塚・持主・内藤・二村，2005）。ちなみに米国の先行研究では，一般知的能力は，職務遂行度とも（Schmidt & Hunter, 1998），採用面接評価とも（Huffcutt et al., 1996），一般的な関連性が報告されている。

　以上のことから，職務遂行度と関連した人物特徴が「面接場面での一般的な対人評価」で評価されているように見える。まず初期印象の評価があって，その中で採用基準として評価するものに関連した評価のみが保持されるのではなく，一般に職務遂行と関連する人物特徴が，仕事に関連して人を見る時には，意識されることなく，自然に評価されるのかもしれない。

　Rule & Ambady（2010）のレビューによると，いくつかの異なる職業に

おいて，初期印象評価でも職務遂行度の妥当な予測ができることが報告されている。これらの研究ではどのような人物特徴が評価されたかは明らかにされておらず，自信の強さのように職業によって異ならない人物特徴が評価された可能性は否定できないものの，評価者がもつ望ましい職務遂行者のイメージがあって，これに応じた人物特徴の評価が初期印象でなされた可能性がある。言語化された評価すべき人物特徴ではなく，面接者が一般に仕事で成功する人のイメージとして対人面で積極的な人物を思い描くならば，初期印象では「外向性」が評価されるし，まじめで自己統制のできる人をイメージするのであれば，初期印象では「勤勉性」が評価される。この場合，初期印象評価はある程度の妥当をもつことが期待できる。

妥当な面接評価を行うことを目的として「採用基準として評価するもの」は設定されるが，組織での活躍に必要な人物特徴を全てカバーできるわけではない。例えばある会社で研究職を採用する際に，応募者がこれまでどのような研究を行ってきたかを尋ねることで，その人物の研究に対する姿勢や論理能力，専門分野の知識量の豊富さなどが採用基準として評価されるとする。この点で申し分のない応募者であったとしても，面接で極端に引っ込み思案であったり，心配性だったりして，研究の話以外でコミュニケーションをとるのが難しい場合，「採用場面での一般的な対人評価」が低くなることで，この応募者の面接の最終評価は低くなる可能性がある。社会性がさほど必要とされないと思われる職種であっても，採用の際には必ずと言っていいほど面接を実施する意味がここにあるかもしれない。面接場面で一般的に評価される人物特徴を明らかにすることは，採用面接がもつ特徴と意味を明らかする点で重要だと考える。

また「面接場面での一般的な対人評価」は「採用基準として評価するもの」のように組織や仕事によって必ずしも異なるわけではない。初期印象は容易に認識できる表情や様子，話し方などの情報を用いて，面接場面で自然と使用される評価の枠組みとの連合で行われる評価である。従って，採用基準として意識的に評価を行う「主体性」や「協調性」といったより特定化された行動特徴の評価とは異なる。

上記の議論からは，様々な組織や企業に属する面接者が良い応募者のイ

メージを共有する範囲において，印象評価が一般性をもつと考えられる。また，このイメージがある程度正しい場合には，結果的に初期印象評価は面接評価への妥当性に貢献することになる。この点についても今後検討が必要である。

3. "面接場面での一般的な対人評価"の概念的枠組みの変更

概念的枠組の「面接場面での一般的な対人評価」の部分について，以下の修正を行う。当初「面接場面での一般的な対人評価」は"採用面接で共通して評価される"と想定したが，現時点で適用範囲が明確に定められないため，"面接場面の特徴によって異なる"とする。ここでの面接場面の特徴とは，採用面接の実施方法，応募者集団の特徴，採用面接に関する社会的規範，面接者に共通する応募者行動の期待，などを含むものとする。

評価内容については，日本の新卒採用に限定した場合は「外向性」「情緒の安定性」となるが，より広範囲の適用を考えた時に，現時点では特定の個人特性を挙げることが難しい。そこで評価内容は，「面接場面の行動に現れやすい個人特性」であるか，「多くの面接者に共有される活躍する人物イメージに関連する個人特性」と考える。

第2節　評価要素「組織との適合評価」に関する検討と改訂内容

1. 研究3，4の外的基準アプローチと研究7の主観的基準アプローチの結果の違い

組織との適合評価について第Ⅱ部で検討した際には，環境との適合に関する議論や先行研究を参考に，組織との適合は，「組織全体」を適合の対象とし，「追補的」な適合の仕方で，応募者と組織の「価値観や性格特性」における適合を扱うとした。従って，組織が異なれば，その組織に適合する個人も異なると考えた。

研究3と研究4では，それぞれ応募者の回答による性格特性と価値観の測定結果を用いた外的基準アプローチによって，組織との適合評価は組織が変われば異なるものが評価されることを示した。一方，面接者の評定結果を用

いた主観的基準アプローチによる研究7では，誠実さや協調性といったいわゆる「温かさ」に関連する人物特性評価によって，組織との適合評価が影響を受けていた。仕事を共に行う人物の特徴として「温かい」人であることが重要との結果は，相手に何かを依存する場合には，「有能さ」よりも「温かさ」が重視されるとの対人認知の研究知見と符合する（Wojciszke & Abele, 2008）。温かいと評価される応募者は，例えば勤勉性や調和性などの性格特性を有していると考えられるため（Saucier & Goldberg, 2003），どの組織であっても評価される可能性がある。しかしこれは組織との適合で評価される性格特性は組織によって異なるとの概念的枠組み構築の前提と相容れない。

　このような状況について，どのような説明が可能だろうか。ひとつは，客観的基準や主観的基準といったアプローチの違いによって異なる結果が示された適合は，独立して評価される異なる適合評価であって，それが最終評価の際に統合されるとする考え方である。もうひとつは，同じ適合評価でありながら，アプローチの仕方によって異なって見えているにすぎないとの解釈である。研究7と研究4で用いたデータは同じ組織のものであるが，前者の考え方によれば研究4で示された奉仕的な価値観をもった応募者は組織との適合が低いとの評価と，研究7で示された温かい人物は組織との適合がよいとの評価は，それぞれ独立に行われた上で最終的に統合される。従って，奉仕的な価値観が低く，かつ温かい人物であると評価された応募者の適合評価は最も高くなる。

　一方，適合はひとつであるとの考え方では，組織に合う性格特性や価値観をもつ人物が，結果的に「温かい」と評価される現象が生じることになる。この場合，「温かい」との評価を受ける人物は，価値観においても，性格特性においても組織によって異なる人物特徴をもつことになる。温かさを代表すると考えられる性格五大因子のひとつである調和性（agreeableness）は，評価者が重視するポイントであるにもかかわらず，被評価者自身の回答による性格特性の尺度得点との相関が低いという調和性の非対称性（agreeableness asymmetry）と呼ばれる現象があることが実証的に示されている（Ames & Bianchi, 2008）。つまり面接者にとって応募者が温かな人物であるかは重要な評価観点であるが，実際のところ調和性の尺度得点が高

い応募者が高く評価されるわけではない。また「温かさ」や「有能さ」という評価軸は対集団認知の場合は特に、客観的評価というよりも相手との関係性によって決まってくるとされている（Cuddy, Fiske, & Glick, 2008）。したがって、性格や価値観が組織に合っていてポジティブな評価をした応募者を、一様に「温かい」と評価する可能性もなくはない。

2. 両アプローチから得られた知見の違いを説明するための追加分析

そこで追加分析として、研究4で組織との適合評価に影響することが示された応募者の価値観（伝統、他者幸福、よりよい社会、安心）と性格特性（外向性、情緒の安定性、勤勉性、一般知的能力）を独立変数とし、研究7-aで組織との適合評価に影響していた人物特徴評価をそれぞれ従属変数（思考力、協調性、誠実性）として重回帰分析を行った。統制変数として第一印象評価を加えて分析を行った。結果は表11-1に示す。

協調性と誠実性の人物評価には応募者の価値観と性格特性が有意に影響を及ぼしていることが確認された（それぞれ $R^2 = .21$, $F = 7.84$, $p < .01$; $R^2 = .22$, $F = 8.00$, $p < .01$）。応募者が他者幸福の価値観をもつほど（$\beta = .14$, $t = 2.28$, $p < .05$）、また外向性、情緒の安定性が高いほど（それぞれ $\beta = .18$, $t = 2.61$, $p < .05$, $\beta = .13$, $t = 2.02$, $p < .05$）、協調性の評価は高くなった。また応募者が安心の価値観をもつほど（$\beta = .17$, $t = 2.77$, $p < .01$）、また勤勉性が高いほど（$\beta = .16$, $t = 2.45$, $p < .05$）、誠実性の評価は高くなっていた。しかし、研究4で組織との適合評価に影響を及ぼすことが示された「伝統」や、「よりよい社会」の価値観については、これらの高低によって「協調性」や「誠実性」の評価は影響を受けなかった。つまり価値観において組織に適合すると評価された人物が、常に温かいと思われるわけではなく、温かいという評価には、意味的に妥当な関連性がある価値観や性格特性が影響を及ぼしていた。例えば他者幸福の価値観は、協調性の人物評価を高めたが、この価値観自体は、研究4では組織との適合評価を低める結果となっている。

以上の結果から価値観は、組織との適合において直接評価される場合とは異なる影響を、「温かさ」に関連する人物特徴の評価に及ぼしたことが明ら

表11-1 重回帰分析の結果

従属変数：協調性の評価

R	R^2乗	調整済みR^2乗	推定値の標準誤差	F	有意確率
0.46	0.21	0.19	0.84	7.84	0.00

	非標準化係数 B	標準誤差	標準化係数 β	t	有意確率
(定数)	−1.42	1.06		−1.33	0.18
第一印象のよさ	0.43	0.06	0.40	6.73	0.00
価値観；伝統	−0.09	0.10	−0.06	−0.93	0.35
価値観；他者の幸福	0.11	0.05	0.14	2.28	0.02
価値観；よりよい社会	−0.01	0.06	−0.01	−0.09	0.93
価値観；安全	0.02	0.05	0.02	0.40	0.69
性格；積極性	0.02	0.01	0.18	2.61	0.01
性格；情緒の安定性	0.02	0.01	0.13	2.02	0.04
性格；勤勉性	0.01	0.01	0.06	0.90	0.37

注：$p < .05$ で有意なものにアミカケ

従属変数：誠実性の評価

R	R^2乗	調整済みR^2乗	推定値の標準誤差	F	有意確率
0.47	0.22	0.19	0.75	8.00	0.00

	非標準化係数 B	標準誤差	標準化係数 β	t	有意確率
(定数)	0.25	0.95		0.26	0.80
第一印象のよさ	0.38	0.06	0.39	6.61	0.00
価値観；伝統	0.03	0.09	0.02	0.28	0.78
価値観；他者の幸福	0.07	0.04	0.09	1.55	0.12
価値観；よりよい社会	0.06	0.05	0.07	1.20	0.23
価値観；安全	0.13	0.05	0.17	2.77	0.01
性格；積極性	0.01	0.01	0.08	1.10	0.27
性格；情緒の安定性	0.01	0.01	0.05	0.75	0.45
性格；勤勉性	0.02	0.01	0.16	2.45	0.01

注：$p < .05$ で有意なものにアミカケ

かになった。図11-2は以上の議論を概念図にまとめたものである。組織との適合評価には，組織のもつ特徴との合致度が高い性格特徴，価値観をもつ人物であると評価される場合（A）と，価値観や性格特性によって「温かい」人物であると評価される場合（B）があると考えられる。

　これまでの採用における組織との適合に関する研究では，図11-2のAに該当する，組織側の特徴に個人の特徴がどの程度近いかによって，適合が

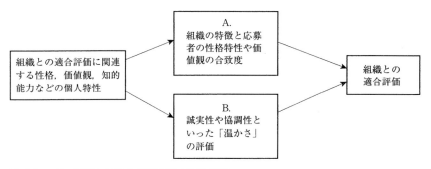

図11－2　組織との適合評価に関する概念図

決まるものとされてきた。研究3で組織によって評価される人物特徴が異なることを示したが，これはまさにこの考え方によるものである。しかし研究7と追加分析の結果からは，図11－2のBのように，一般に協力行動をとりやすいと考えられる性格特性や価値観をもつ人物も，組織への適合度が高いと評価されていた。適合の仕方には，個人と対象の類似度によって適合が決まるとする追補的な適合（supplementary fit）と，個人が組織によって必要とされるものを補う相補的な適合（complementary fit）の2つがあることを第2章で述べたが，概念的枠組みの提案では，組織との適合とは組織と個人のそれぞれの特徴が似通っている追補的な適合であって，何が評価されるかは組織によって異なるとした。しかし図11－2のBも組織との適合のひとつと考えるのであれば，組織が求める協力行動を取りやすい人物特徴を応募者側が有する程度を評価するという，相補的な適合も考慮することが必要になる。これまでこの観点から，採用選考における組織との適合評価を扱った研究は存在しない。

　図11－2のBに該当する組織との適合評価が，どの程度一般的かは興味深い点である。周囲の人と協力できることを強く求めるのは，日本の組織の特徴と考えられる。一方で対人評価では，協調性やそのベースになる信頼感が一般に重視されることや（Cottrell, Neuberg, & Li, 2007），面接評価においても，性格特性の中では協調性に関わる評価項目が最終評価に最も影響する（Huffcutt, Conway, Roth, & Stone, 2001）ことなどから，日本の組織に限らず面接者が「温かい」人物を評価する可能性はある。

また，組織の中で周囲の人を助けたり，自分の職務ではないことでも主体的に取り組むなどの組織市民行動は，個人の成果を高めるだけでなく組織レベルでの成果を高めることが，メタ分析の結果示されている（Podsakoff, Whiting, Podsakoff, & Blume, 2009）。Ilies, Fulmer, Spitzmuller, & Johnson（2009）は，同僚を助けるなど対人場面の組織市民行動には協調性（agreeableness）が有意に関連しており，組織へのロイヤリティを示すなど組織に対する組織市民行動には誠実性（conscientiousness）が有意に関連することを示している。組織市民行動は，組織が構成員に求める役割のひとつであることからも（Borman & Motowidlo, 1993），「温かさ」に関連する人物特徴が面接で評価したいものであることは，日本に限らないだろう。そこで組織と個人が何らかの特徴で合致していると考えるこれまでの追補的な適合だけではなく，組織が求める協力行動に適した個人特徴を個人がもつ相補的な組織との適合評価も概念的枠組みに含めることとする。

　「温かさ」に関する人物特徴の評価は，研究7で採用基準として評価されたことが示された。一方で，研究6で示された価値観による適合評価が採用基準として評価するものであったかは，未検討である。少なくともこの会社の求める人物特徴には価値観に関する評価項目は含まれなかったが，一方で面接者からのコメントでは価値観における適合評価を面接者が意識的に行っていた可能性がうかがえる。組織から指示される採用基準とは別に，面接者が用いる採用基準があるかもしれず，この観点を含めて，今後価値観による適合評価が採用基準として評価されていたかを検討する必要がある。

3. "組織との適合"の概念的枠組みの変更

　以上の議論を受けて，提案した概念的枠組みの「組織との適合」に以下の変更を加える。組織との適合の仕方は，これまで研究されてきた組織と合致する特徴をもつ人を評価する追補的なものだけでなく，誠実さや協調性といった「温かさ」につながる人物特徴も組織に必要なものとして評価する相補的な適合を加える。組織との適合評価は，組織によって異なるとの前提を置いていたが，「温かさ」の評価につながる人物特徴に関しては，組織によって異ならない可能性もあるため，相補的な適合に関しては，組織ごとに異な

るとの条件を設けない。

　評価内容に関しては，性格特性や価値観だけでなく，一般知的能力がある程度のレベルにあることも組織との適合で評価される可能性が研究7で示されたため，これを追加する。一方で，今回新たに加えた相補的な適合に関しては，どのような個人特性が「温かさ」の評価につながるかについて，外的基準アプローチを用いた先行研究がさほどなく，特定が難しい。例えば，上記のIleis et al. (2009) の研究では，性格特性の協調性と，誠実性が取り上げられていたが，本研究のデータでは，外向性と情緒の安定性が高い人が協調的であると評価されていた。ただしIleis et al. (2009) の研究は面接評価を扱ったものではないため，面接評価における「温かさ」の評価にどのような個人特性が影響を与えるかは，今後の検討課題である。そこで概念的枠組みでは，いったん「温かいと評価される性格特性・価値観」と置くこととする。

第3節　評価要素「職務との適合評価」について

　職務との適合評価が入社後の職務における活躍予測に対して妥当性をもつことや，面接を構造化することによって職務との適合評価の妥当性は向上することなど，欧米での先行研究では，職務との適合評価に関しては多くの知見が蓄えられてきた。しかし本研究で検討した一般的な性格特性や価値観，一般知的能力等を評価対象とする職務適合潜在力の評価については先行研究がほとんどない。例えば職務適合潜在力評価の対象となる人物特徴を，どのように適切に抽出し，記述し，採用基準にするかは，重要な問題である。また職務関連知識やスキルに比べると抽象度の高い人物特徴では明確な評価基準を設けることが難しく，適切な評価方法に関する研究も求められる。

1.　職務適合潜在力で評価する人物特徴の設定

　職務適合潜在力で評価すべき人物特徴はどのように選択し，設定すべきだろうか。構造化面接を設計する際の最初のステップは，評価したい人物特徴を明確にすることである（Campion, Palmer, & Campion, 1997）。評価した

い人物特徴の特定をするための手法として職務分析は研究されてきたが，複数の職務にまたがって必要な人物特徴の抽出を行う方法は確立されていない。それどころか職務分析を厳密に行えば行うほど，職務の遂行に必要な人物特徴はその職務に特化したものになる。Lievens, Sanchez, & De Corte (2004) は，職務分析で通常設定される職務に必要なスキルや知識よりも抽象度の高いコンピテンシーモデルによる職務分析を行った結果，従来の分析と比較して精度が低下することを示している。職務横断型の職務適合潜在力を評価する場合も，人物特徴を抽象化したり，一般化する必要が出てくるが，適切な方法やどの程度の抽象化や一般化であれば許容できるかといったことを明確にする必要がある。

　加えて，職務適合潜在力は現在保有している特徴ではなく，将来の予測を含むため，推測を多く含む判断が求められる。例えば企業を顧客とした営業職の採用では，応募者が職務経験者の場合，提供するサービスやものに関する知識をもつことに加えて，ビジネスセンスや戦略的思考力，顧客とに対する説得力などが重視される。一方日本の新卒採用では，商品知識の獲得のための一般知的能力とまじめに勉強を続ける姿勢や，顧客を説得するための対人積極性，相手の立場を理解しつつ，自然にコミュニケーションをとる力などが評価対象となる。また潜在力評価の場合，採用場面で評価すべき人物特徴か否かは，入社後の開発可能性とも密接な関連がある。日本企業は比較的長期的な雇用を前提として新入社員の教育を行うため，入社後に開発可能な人物特徴を採用時に評価する優先度は相対的に低くなる。性格特性や一般知的能力といった個人特性は，比較的変わりにくいと考えられるが，成人後の職業経験によるパーソナリティの変化に関する研究報告もなされており (Roberts, 1997)，検討が必要だろう。

2. 抽象度の高い人物特徴評価への構造化面接の適用

　面接場面で抽象度の高い人物特徴を精度高く評価する具体的な方法についても，あらためて研究が必要である。これまで面接評価の精度向上に効果が高いとして検討されてきた構造化面接の適用について考える。構造化面接では，一般的な性格特性の評価精度が低いことを報告した研究がある

(Blackman, 2002)。構造化をすることで面接場面に現れる応募者の行動が制限され，性格特性に関連する情報が得られなくなったことを理由にあげている。また，Roth, Van Iddekinge, Huffcutt, Eidson, & Schmit（2005）も，構造化面接では一般性格特性の評価精度が悪くなることを報告している。

一方研究6では，一般的で抽象度の高い個人特徴を評価することを目指して構造化面接を設計し，使用した結果有意な予測的妥当性が得られた。一般的な性格特性の評価を目的とした構造化面接利用についても，研究が行われ始めており，一定の効果が報告されている（Van Iddekinge, Raymark, & Roth, 2005）。抽象的で一般性の高い人物特徴であっても，構造化面接の手法には効果があると言えそうである。構造化面接が効果的である理由として，面接評価の信頼性向上（Conway, Jako, & Goodman, 1995）に加えて，研究6では面接設計の際の対象となった営業職でのみ相関が得られたことから，意図した評価内容が妥当に評価されたことが示された。つまり面接を構造化することで，評価の安定性が高まるだけでなく，評価に適した情報を得ることができる。従って一般的な人物特徴評価においても，構造化は有効であると考えられる。

3. 面接以外の評価手法との比較

性格特性などの一般的な人物特徴を面接で評価する際には，他の評価手法との関係も検討すべきポイントとなる。性格特性については採用時の使用を想定した検査が数多く開発されているが（Occupational Personality Questionnaire, SHL；Hogan Personality Inventory, Hogan；Synthetic Personality Inventory, リクルートキャリア），改めて面接で評価する意味があるだろうか。先行研究では，本人が回答する性格特性検査のスコアではなく，同じ項目について他者が回答した結果のほうが，職務遂行度の予測力が高いことが報告されている（Mount, Barrick, & Strauss, 1994；Oh & Berry, 2009）。ここでの他者評価は面接者の評価ではなく，その人の行動をよく知っている同僚や上司であることには注意が必要だが，性格特性の他者評価には，自己申告式の検査では測定できない妥当性のある情報が含まれる可能性がある。面接者，本人，本人をよく知る友人の性格特性評価の関係性を見た研究では，評価され

る特性によって違いはあるものの，概して面接者の評価と友人の評価の間には有意な相関が報告されている（Barrick, Patton, & Haugland, 2000）。ただし，これは友人と本人の評価の相関よりも低いレベルにとどまっており，面接者による応募者の性格特性評価が，どの程度本人回答による性格検査の測定結果を越えて，職務遂行度予測に役立つかは，検討が必要である。

また，自己申告式の性格検査の採用時使用においては，フェイキングと呼ばれる自分を良く見せようとしたり，偽りの回答が行われることが，問題視さている（Morgeson et al., 2007；Mueller-Hanson, Hegestad, & Thornton, 2003；Schmitt & Oswald, 2006；Rothstein & Goffin, 2006）。面接のほうがフェイキングに影響されにくいことが分かっており（Van Iddekinge, Raymark, & Roth, 2005），この点でも面接評価の利点がある。

一般知的能力の評価に関しては，欧米の先行研究では，職務遂行度を基準とした時の一般知的能力検査の妥当性は性格特性検査に比べると高い（Schmidt & Hunter, 1998）。また一般知的能力検査は，性格検査と異なり，本人の認知の偏りや回答時に自分をよく見せようとする構えなどの影響がないなどの利点がある。ただし採用場面では，検査で測定される一般知的能力だけではなく，知的好奇心などの指向・興味や，開放性などの性格特性を複合した人物特徴として評価しようとすることがある。研究2では，一般知的能力検査の結果は面接における思考力の評価にはあまり大きな影響がなかったが，その一方で研究7の結果から，この会社では思考力の評価は，採用の中で最も重視される人物特徴であることが示されている。先行研究でも，感情知性や実務知性などの知的能力は，一般知的能力とは別に，面接評価に独自の影響を及ぼすことが示されている（Fox & Spector, 2000）。一般知的能力の測定そのものは，検査の精度のほうが高いのでそちらを使用することが望ましいが，より複合的な人物特徴として知的能力を評価したい場合には，面接評価を用いる意味があるといえる。

4. "職務との適合評価"の概念的枠組みの変更

通常の職務との適合評価に関しては，概念的枠組みに示したように職務に関連する知識やスキル，実践能力がより重要な評価の対象となる。これらの

評価は概して性格特性のような一般的な人物特徴よりも，職務遂行度の予測力が高くなることが指摘されている（Binning & Barrett, 1989）。また面接では仕事に関連した質問のほうが，一般的な質問よりも，予測力が高いことも実証的に示されている（McDaniel et al., 1994）。

しかし，本研究では一般的な性格特性や知的能力などを評価対象とする職務適合潜在力の評価であっても，入社後の職務遂行の成功予測が妥当に行えることがわかった。職務適合潜在力の評価は，主として日本の新卒採用場面を想定して提案したものだが，この概念が将来的には欧米でも利用される可能性がある。今後，職務内容が頻繁に変化したり，これまで存在しなかった職務が新たに設けられる可能性が指摘されており，そのための対策などが講じられつつある（Landis, Fogli, & Goldberg, 1998；Sanchez, 2000）。このような場面では，現時点で「何ができる人物か」を問う職務との適合評価ではなく，将来「何ができそうか」を問う職務適合潜在力の評価が求められる機会が増えることも予想される。

枠組みの改訂にあたっては，通常の職務との適合評価は，当初設定した通り，職務知識やスキル，実践能力が含まれるが，職務との適合潜在力で評価されるものとして，一般的な性格特性，知的能力，一般的な価値観などを置く。

第4節　3つの評価要素の関係性と
実務へのインプリケーション

ここまでの検討結果から，日本の新卒採用における面接評価には，面接場面での一般的な対人評価，組織との適合評価，職務適合潜在力の評価が含まれることが支持された。最後にこれら3つの評価要素間の関係性と，そこから見えてきた実務場面での課題について考察する。

組織との適合評価と職務との適合評価は，入社後の役割行動の予測に必要な2つの要素であり，組織が採用基準を設定する際に考慮する事項である。また面接場面での一般的な対人評価は，採用面接という手法の特徴として押さえておくべきであると考えた。

採用基準として評価する2つの適合評価のうち，先行研究は職務との適合

評価に関するものに大きく偏っている。これは欧米の実務場面で，職務との適合評価が面接評価の中心であることによるものと考えられる。しかし，米国でも職務経験が十分とは言えない応募者を評価する際に，面接者は組織との適合を少なくとも評価の観点としてもっており，その評価が採否の意思決定に影響することが示されている (Kristof-Brown, 2000)。逆に本研究では，採用後の職務が特定されていない日本の新卒採用であっても，「職務適合潜在力」の評価が行われていることが示された。結局2つの適合評価の観点は，かなり雇用慣行の異なる日本と米国で，ともに存在するといえる。

組織との適合も職務との適合も評価したいとなると，両者のバランスをどうとるかが問題となる。日本の新卒採用面接は30分程度で行われることが多いが，限られた時間に評価できる人物特徴の数には限界がある。また，Guion (1976) が採用面接の機能を4つあげているが，本研究で議論を行ってきた人物特徴の正しい評価以外にも，採用面接には応募者の動機付けや採用広報といった重要な目的がある。

3つの評価要素のうち，組織との適合と職務との適合はいずれも採用基準として評価するものであるため，採用基準設定の際に両者のバランスは意図的に調整することが可能である。例えば研究7の会社では，誠実性と協調性は組織との適合に，自律性と創造性は職務との適合に，思考力は両方の適合に関連していた。採用基準からみると，2つの適合評価は同等のバランスになっている。職務との適合評価のウエイトを高めたい場合は，組織との適合に関連する誠実性や協調性のうちどちらかを評価項目から除いたり，職務との適合可能性にする人物特徴を新たに評価項目に加えることができるだろう。

2つの適合評価のバランスを考える際は，それぞれの人物特徴評価を最終評価に反映させる程度についても見ておく必要がある。研究7の会社は採用基準の設定では，2つの適合評価は同等のバランスであったが，最終評価への影響を見ると（表9-2 (7a))，職務との適合評価の影響のほうが強かったことがわかる。採用基準として設定された複数の人物特徴の評価を最終評価に反映させる程度について，なにも指示されない場合には，面接者自身がそれぞれの適合を重視する程度に応じて評価の重みづけを行う可能性がある

ため，組織側は何らかの指針を与えることが必要だろう。

　一方で，面接者の情報処理能力には限界があるため，指針を与えてバランスをとることに面接者の認知容量を割り当てるのは得策ではないかもしれない。それぞれの適合をいったん評価させた結果を，客観的に統合する方法などもふくめて，より効果的な方法について検討が必要となる。

　研究6では職務適合潜在力の評価を意図した構造化面接を行った結果，最終的な面接評価で職務遂行度を妥当に予測できたが，その一方で組織との適合評価が行われなかった可能性が示された。構造化面接を用いる際には評価のターゲットとした人物特徴の精度は向上するものの，そちらに注意が集中することによる弊害があるかも知れず，この点もさらに検討が必要である。

　残るひとつの評価要素は「面接場面での一般的な対人評価」だが，この評価は面接の初期場面で直観的に行われると考えられる。この評価がどの程度，入社後の応募者の活躍を予測するかの検討がまず必要であるが，その上で，採用基準として評価するものとの関連も見ながら，初期印象評価がどのように最終評価に統合されるかを明らかにすることが求められる。研究7では，採用基準として評価するものとは関係なく，最終評価に一律の影響があったことから，特に初期印象で評価されるものが採用基準として評価するものと関連しない場合には，どのように初期印象が最終評価に及ぼす影響を抑えるかといったことについても検討が必要である。

　そもそも初期印象の影響をコントロールすることは，容易ではないと予想される。McCarthy & Skowronski（2011）は，自動的な特性推論の結果が後の評価にどのように影響を及ぼすかを実験的に検証した結果，印象形成と関係のないゴールを与えた場合に，自動的な特性推論が抑えられることを示している（実験1）。ただし，採用面接は応募者を評価することが面接の目的であることから，この方法はあまり現実的とはいえない。面接場面での一般的な対人評価でどのような人物特徴が評価されるのかを明らかにした上で，必要に応じて，面接以外の評価手法の使用を含めて，採用選考全体の中で初期印象評価の影響を抑える方法の検討も必要だろう。

1. 面接者訓練の可能性

　本研究では，評価要素ごとに面接者間での評価のばらつきが生じる原因について検討を行った。その結果，組織との適合評価においては面接者間の組織文化の認知の違いが，また職務との適合可能性の評価においては，面接者が自らの職務経験から獲得した人材観の違いが，評価に影響したことが示された。

　上記のような面接者間の評価の違いをどう軽減できるかも，今後の検討課題である。ひとつの方法は面接者の選抜である。組織が正しいと思う組織文化の認知や，人材観をもつ人物に面接の担当を依頼することで，精度の向上が期待できる。もうひとつは構造化面接や，面接者訓練を通じて，面接者間の個人的な評価観の違いを抑えるための工夫を行うことである。面接者訓練の中には，評価枠組み（frame-of-reference）を揃えることを目的とするものがある。一般にこのトレーニングでは，評価すべき人物特徴の定義を確認し，それに該当する具体的な行動例で評価のレベル認識を揃え，さらにこの評価枠組みを使用する練習を行う。このトレーニングは一定の効果をあげることが，すでに先行研究で報告されている（Woehr & Huffcutt, 1994）。ただし，トレーニングごとに行動例を詳細に設定する必要があったり，評価内容が変わるたびにトレーニングが必要になるなど，コストが大きい。また，対人認知や対人評価は日常生活の中で常におきている現象であるため，トレーニング後，一定期間がたつと，自分の使い慣れたスキーマに戻ってしまうことがあるかもしれない。

　面接者トレーニングにせよ，構造化面接の適用にせよ，ある評価要素に関する評価精度を向上させるための取り組みを行った結果，他の評価要素の評価がなされなくなるなどの影響が出る可能性についても考慮することが必要である。

2. 今回の研究結果の一般化の可能性

　本研究は大卒，大学院卒を対象とした実証研究に基づくが，この結果は高卒や専門学校卒の応募者の採用面接にも適応可能なものだろうか。「面接場面での一般的な対人評価」は，高卒の採用時には，大卒採用時と同様に重視

されると考えられる。年が若く，一般的な知識も少ないため，組織は採用後の教育を前提に採用を行うからである。職場で上司や周囲の人から新しいことを教わるためのコミュニケーション力や対人関係を構築する力は不可欠である。また専門学校卒の場合も，専門的な知識は身についているとはいえ，社会人としてのルールやマナー，仕事のすすめ方など，入社後に学ぶことは多く，それは座学の勉強では得られないものである。また，入社後の教育を考えると一般知的能力の個人差が大卒以上に重視される可能性も否定できない。例えば，原・佐野・佐藤（2006）は，今後の高卒の新卒採用を促進するためには，高校卒業時点の人材の質の向上が必要であることについて触れ，そのひとつとして基礎学力の向上をあげている。

　職務との適合では，職務適合潜在力が評価される点も大卒と変わらない。しかし大卒以上に，評価する人物特徴と予測する行動特徴には長い時間的ギャップがある。その場合，入社後に求められる行動特徴の開発可能性についても，大卒以上に慎重に検討する必要があるかもしれない。ちなみに高卒採用に望むものとして，その組織にとって必要な技能を長期にわたる育成で身につけた人材の確保と，簡単な作業への従事者確保のニーズの両方があることが指摘されている（原・佐野・佐藤，2006）。後者の場合は，前者と比べて，職務適合潜在力の評価の重視度は低まるかもしれない。

　組織との適合評価は，大卒，高卒，専門学校卒とも，基本は変わらないはずである。ただし大きな組織の場合，大卒の社員が配属される職場と，高卒の社員が配属される職場がそもそも異なる場合は，職場，あるいは下位組織によって異なる文化が形成される場合がある。Hofstede et al.（1990）が主張するように，組織文化は仕事の進め方の特徴で決定されるとすれば，そのような違いが生じる可能性は高い。例えば組織全体に共有される，品質重視の価値観があるとしても，本社や管理部門では風通しがよく闊達な意見交換が行われ，工場では規律正しく，上司の指示に従って作業を進めることが重視される場合，組織との適合では異なる評価観点が必要になるかもしれない。このような場合には，組織のレベルなのか職場のレベルなのか，どのレベルでの組織との適合を評価すべきかについて，採用側の意思決定が必要になる。

3つの評価要素に分けて採用面接の評価内容を考えることは，対象者の学歴に関係なく，意味があると言える。ただし，学歴の異なる対象者の新卒採用を行う場合，組織に入ってから期待する役割が異なること，組織に入ってからの開発の期間や方針が異なることなどを考慮し，どのような採用基準を設けるべきかを判断する必要がある。

第5節　今後に向けて

採用面接に関する研究は，これまで欧米を中心に行われており，日本ではほとんど実証研究が行われてこなかった。それでも日本の組織が人の採用や面接評価を軽視してきたわけではなく，逆に長期雇用を行う日本企業にとって，よい人を採用することは関心の高い事項であった。一方で長期雇用であるがゆえに，スキルや知識といったものではなく，比較的抽象度の高い人物特徴を評価せざるを得ない状況があった。しかも，入社後も長期的に人材を育てていくため，果たして面接評価が正しかったのか，その後の教育や経験の影響なのかがわかりにくいといったこともあり，面接評価を科学的に検証して精度を高めるといった考え方はなじまなかったのだろう。

しかしビジネスにおける競争の激化を受けて，多くの日本企業で，面接評価の精度を上げたい，あるいはこれまでと異なるタイプの人材を採用したいといった要望が高まっている。環境変化にスピーディに，より効果的に対応するためには，正しい現象の把握が必要である。実証データや科学的知見の積み重ねは，これに効果を発揮することが期待される。ところが既存の知見は採用事情の異なる欧米の先行研究に限られており，日本の採用場面にそのまま活用することは難しかった。またこれまでの採用面接研究では，研究知見を採用面接実務に適用するための適当な枠組みが存在しなかったため，今回，概念的枠組みの提案を行った。

近年のビジネス環境の変化は，組織だけではなく私たち個人にも影響を及ぼしている。価値観の合う会社を選んで入れば，それ以降採用面接を受ける必要はなかった時代は終わろうとしている。今後面接で何が評価されるのかを知ることは，面接を受ける個人の側にとっても重要である。たまたま気の

合わない面接者に当たったから，自分はなぜか面接が苦手だから，であきらめてしまうには，面接評価が個人に及ぼす影響は大きい。採用や組織との関係性において個人の立場が強くなれば，面接で評価される内容を明らかにすべきとの要望は評価される個人の側からも強まってくるだろう。

　本研究では概念的枠組みの提案に加えて，先行研究では行われてこなかった新しい角度からの知見がいくつか提供できた。職務適合潜在力の評価にしても，他者と協力しやすい人物特徴を組織との適合で評価することにしても，これまでの研究では扱われてこなかった。また面接冒頭で形成される印象評価は，あくまで面接評価にとってネガティブな影響を与えるものであるとされていたため研究はほとんどなされてこなかったが，ここにも面接評価の特徴があることを示した。面接評価内容を3つの要素に分けて考えるという一見シンプルな枠組みが，研究知見の蓄積と実務での知見の利用にどの程度効果を発揮するかは，今後も実証データによる検討を進めることで明らかになっていくものと考える。

引用・参考文献

Abele, A. E., & Wojciszke, B. (2007). Agency and communion from the perspective of self versus others. *Journal of Personality and Social Psychologu, 9*, 751-763.
Adkins, C. L., Russell, C. J., & Werbel, J. D. (1994). Judgments of fit in the selection process: The role of work value congruence. *Personnel Psychology, 47*, 605-623.
Ahn, W-K., Brewer, W. F., & Mooney, R. J. (1992). Schema acquisition from a single example. *J. Exp. Psychol.: Learn. Mem. Cogn, 18*, 391-412.
Albright, L. M., Kenny, D. A., & Malloy, T. E. (1988). Consensus in personality judgments at zero acquaintance. *Journal of Personality and Social Psychology, 55*, 387-395.
Allen, T. D., & Rush, M. C. (1998). The effects of organizational citizenship behavior on performance judgments: A field study and a laboratory experiment. *Journal of Applied Psychology, 83*, 247-260.
Ambady, N., Krabbenhoft, M. A., & Hogan, D. (2006). The 30-sec sale: Using thin-slice judgments to evaluate sales effectiveness. *Journal of Consumer Psychology, 16*, 4-13.
Ambady, N., & Rosenthal, R. (1992). Thin slices of expressive behavior as predictors of interpersonal consequences: A meta-analysis. *Psychological Bulletin, 111*, 256-274.
Ambady, N., & Rosenthal, R. (1993). Half a minute: Predicting teacher evaluations from thin slices of nonverbal behavior and physical attractiveness. *Journal of Personality and Social Psychology, 64*, 431-441.
Ames, D. R., & Bianchi, E. C. (2008). The agreeableness asymmetry in first impressions: Perceivers' impulse to (mis)judge agreeableness and how it is moderated by power. *Personality and Social Psychology Bulletin, 34*, 1719-1736.
Anderson, N., Lievens, F., van Dam, K., & Ryan, A. M. (2004). Future Perspectives on Employee Selection: Key Directions for Future Research and Practice. *Applied Psychology: An International Review, 53*, 487-501.
Arthur, W., Bell, S. T., Villado, A J., & Doverspike, D. (2006). The use of person-organization fit in employment decision making: An assessment of its criterion-related validity. *Journal of Applied Psycholugy, 91*, 786-801.
Arthur W., & Villado, A. J. (2008). The importance of distinguishing between constructs and methods when comparing predictors in personnel selection research and practice. *Journal of Applied Psychology, 93*, 435-442.
Balcetis, E., & Dunning, D. (2005). Judging for two: Some connectionist proposals for how the self informs and constrains social judgment. In M. Alicke, D. Dunning, & J. Krueger (Eds.), *Self and social judgment* (pp. 181-212). New York: Psychology Press.
Barrett, G. V., Phillips, J. S., & Alexander, R. A. (1981). Concurrent and Predictive Validity Designs:A Critical Reanalysis. *Journal of Applied Psychology, 66*, 1-6.
Barrick, M. R., & Mount, M. K. (1991). The Big Five Personality Dimensions and Job Performance: A Meta-Analysis. *Personnel Psychology, 44*, 1-26.
Barrick, M. R., Mount, M. K., & Judge, T. A. (2001). Personality and performance at the beginning of the new millennium: What do we know and where do we go next? *International Journal of Selection and Assessment, 9*, 9-30.
Barrick, M. R., Patton, G. K., & Haugland, S. N. (2000). Accuracy of interviewer judgements of job

applicant personality traits. *Personnel Psychology, 53,* 925-951.
Barrick, M. R., Swider, B. W., & Stewart, G. L. (2010). Initial evaluations in the interview: Relationships with subsequent interviewer evaluations and employment offers. *Journal of Applied Psychology, 95,* 1163-1172.
Bateman, T. S., & Organ, D. W. (1983). Job satisfaction and the good soldier: The relationship between affect and employee "citizenship." *Academy of Management Journal, 26,* 587-595.
Bauer, T. N., Bodner, T., Erdogan, B., Truxillo, D. M., & Tucker, J. S. (2007). Newcomer adjustment during organizational socialization: A meta-analytic review of antecedents, outcomes, and methods. *Journal of Applied Psychology, 92,* 707-721.
Becker, P. (1999). Beyond the Big Five. *Personality and Individual Differences, 26,* 511-530.
Berry, C. M., Sackett, P. R., & Landers, R. N. (2007). Revisiting interview-cognitive ability relationships: Attending to specific range restriction mechanisms in meta-analysis. *Personnel Psychology, 60,* 837-874.
Binning, J. E., & Barrett, G. V. (1989). Validity of personnel decisions: A conceptual analysis of the inferential and evidential bases. *Journal of Applied Psychology, 74,* 478-494.
Blackburn, R., Renwick, S. J., Donnelly, J. P., & Logan, C. (2004). Big Five or Big Two?: Superordinate factors in the NEO Five Factor Inventory and the Antisocial Personality Questionnaire. *Personality and Individual Differences, 37,* 957-970.
Blackman, M. C. (2002). Personality Judgment and the Utility of the Unstructured Employment Interview. *Basic and Applied Social Psychology, 24,* 241-250.
Blackman, M. C., & Funder, D. C. (1998). The effect of information on consensus and accuracy in personality judgment. *Journal of Experimental Social Psychology, 34,* 164-181.
Bobko, P., Roth, P. L., Potosky, D. (1999). Derivation and implications of a meta-analytic matrix incorporating cognitive ability, alternative predictors, and job performance. *Personnel Psychology, 52,* 561-589.
Borkenau, P., & Liebler, A. (1992). Trait inferences: Sources of validity at zero acquaintance. *Journal of Personality and Social Psychology, 62,* 645-657.
Borkenau, P., & Liebler, A. (1993). Convergence of stranger ratings of personality and intelligence with self-ratings, partner ratings, and measured intelligence. *Journal of Personality and Social Psychology, 65,* 546-553.
Borkenau, P., Mauer, N., Riemann, R., Spinath, F. M., & Angleitner, A. (2004). Thin slices of behavior as cues of personality and intelligence. *Journal of Personality and Social Psychology, 86,* 599-614.
Borman, W. C. (1983). Implications of personality theory and research for the rating of work performance in organizations. In F. Landy, S. Zedeck, & J. Cleveland (Eds.), *Performance measurement and theory* (pp. 127-165). Hillsdale, NJ: Erlbaum.
Borman, W. C. (1987). Personal constructs, performance schemata, and "folk theories" of subordinate effectiveness: Explorations in an army officer sample. *Organizational Behavior and Human Decision Processes, 40,* 307-322.
Borman W. C., Hanson M., & Hedge J. (1997). Personnel selection. *Annual Review of Psychology, 48,* 299-337.
Borman, W. C., & Motowidlo, S. J. (1993). Expanding the criterion domain to include elements of contextual performance. In N. Schmitt & W. C. Borman (Eds.), *Personnel selection in organizations* (pp. 71-98). San Francisco: Jossey-Bass.

Bowen, D. E., Ledford, G. E., & Nathan, B. R. (1991). Hiring for the organization, not the job. *Academy of Management Executive, 5*, 35-51.

Bretz, R. D., & Judge, T. A. (1994). Person-organization fit and the Theory of Work Adjustment: Implications for satisfaction, tenure, and career success. *Journal of Vocational Behavior, 44*, 32-54.

Byrne, D. E. (1971). The attraction paradigm. New York: Academic Press.

Cable, D. M., & Gilovich, T. (1998). Looked over or overlooked? Prescreening decisions and postinterview evaluations. *Journal of Applied Psychology, 83*, 501-508.

Cable, D. M., & Judge, T. A. (1997). Interviewers' perceptions of person–organization fit and organizational selection decisions. *Journal of Applied Psychology, 82*, 546-561.

Cacioppo, J. T., & Petty, R. E. (1982). The need for cognition. *Journal of Personality and Social Psychology, 42*, 116-131.

Campion, M. A., Palmer, D., & Campion, J. E. (1997). A review of structure in the selection interview. *Personnel Psychology, 50*, 655-702.

Caprara, G. V., Schwartz, S., Capanna, C., Vecchione, M., & Barbaranelli, C. (2006). Personality and Politics: Values, Traits, and Political Choice. *Political Psychology, 27*, 1-28.

University of Rome "La

Carney, D. R., Colvin, C. R., & Hall, J. A. (2007). A thin slice perspective on the accuracy of first impressions. *Journal of Research in Personality, 41*, 1054-1072.

Cascio, W. F., & Aguinis, H. (2008). Research in industrial and organizational psychology from 1963 to 2007: Changes, choices, and trends. *Journal of Applied Psychology, 93*, 1062-1081.

Cascio, W. F., & Aguinis, H. (2008). Staffing twenty-first-century organizations. *The Academy of Management Annals, 2*, 133-165.

Chatman, J. A. (1989). Improving interactional organizational research: A model of person–organization fit. *Academy of Management Review, 14*, 333-349.

Chatman, J. A. (1991). Matching people and organizations: Selection and socialization in public accounting firms. *Administrative Science Quarterly, 36*, 459-484.

Chatman, J., & Jehn, K. (1994). Assessing the relationship between industry characteristics and organizational culture : How different can you be? *Academy of Management Journal, 37*, 522-553.

Chen, V. C., Lee, H., & Yeh, Y. Y. (2008). The Antecedent and Consequence of Person-Organization Fit: Ingratiation, Similarity, Hiring Recommendations and Job Offer. *International Journal of Selection and Assessment, 16*, 210-219.

Chuang, A., & Sackett, P. R. (2005). The perceived importance of person-job fit and person-organization fit between and within interview stages. *Social Behavior and Personality, 33*, 209-226.

Clement, R. W., & Krueger, J. (2000). The primacy of self-referent information in perceptions of social consensus. *British Journal of Social Psychology, 39*, 279-299.

Conway, J. M., Jako, R. A. & Goodman, D. F. (1995). A meta-analysis of interrater and internal consistency reliability of selection interviews. *Journal of Applied Psychology, 80*, 565-579.

Cook, K. W., Vance, C. A., & Spector, P. E. (2000). The relation of candidate personality with selection-interview outcomes. *Journal of Applied Social Psychology, 30*, 867-885.

Cortina, J. M., Goldstein, N. B., Payne, S. C., Davison, H. K., & Gilliland, S. W. (2000). The incremental validity of interview scores over and above cognitive ability and conscientiousness scores. *Personnel Psychology, 53*, 325-351.

Cottrell, C. A., Neuberg, S. L., & Li, N. P. (2007). What Do People Desire in Others? A Sociofunctional Perspective on the Importance of Different Valued Characteristics. *Journal of Personality and Social Psychology, 92*, 208-231.

Cuddy, A. J. C., Fiske, S. T., & Glick, P. (2004). When professionals become mothers, warmth doesn't cut the ice. *Journal of Social Issues, 60*, 701-718.

Cuddy, A. J. C., Fiske, S. T., & Glick, P. (2008). Warmth and competence as universal dimensions of social perception: The stereotype content model and the BIAS map. *Advances in Experimental Social Psychology, 40*, 61-149.

Dawis R. V. (1990). Vocational interests, values, and preferences. In M. D. Dunnette & L. M. Hough (Eds.), *Handbook of industrial and organizational psychology* (pp. 833-871). Palo Alto, CA: Consulting Psychologists Press.

Digman, J. M. (1997). Higher-order factors of the big five. *Journal of Personality and Social Psychology, 73*, 1246-1256.

Dineen, B. R., Ash, S. R., & Noe, R. A. (2002). A web of applicant attraction: Person-organization fit in the context of Web-based recruitment. *Journal of Applied Psychology, 87*, 723-734.

Dipboye, R. L., & Gaugler, B. B. (1993). Cognitive and behavioral processes in the selection interview. In N. Schmitt & W. Borman (Eds.), *Personnel selection in organizations* (pp.135-170). San Francisco: Jossey-Bass.

Dipboye, R. L., & Jackson, S. L. (1999). Interviewer experience and expertise effects. *The employment interview handbook* (pp. 229-292). Thousand Oaks, Cakifornia: Sage.

Dipboye, R. L. (1997). Structured selection interviews: Why do they work? Why are they underutilized? In N. Anderson & P. Herriot (Eds.), *International handbook of selection and assessment* (pp. 455-473). New York: Wiley.

Dougherty, T. W., Turban, D. B., & Callender, J. C. (1994). Confirming first impressions in the employment interview: A field study of interviewer behavior. *Journal of Applied Psychology, 79*, 659-665.

Dunning, D., & Hayes, A. F. (1996). Evidence of egocentric comparison in social judgment. *Journal of Personality and Social Psychology, 71*, 213-229.

Dweck, C. S., Chiu, C., & Hong, Y. (1995). Implicit theories and their role in judgments and reactions: A world from Two perspectives. *Psychological Inquiry, 6*, 267-285.

Edwards, J. R. (1991). Person-job fit: A conceptual integration, literature review, and methodological critique. In C. L. Cooper & I. T. Robertson (Eds.), *International review of industrial and organizational psychology* (pp. 283-357). Chichester, UK: Wiley.

Edwards, J. R., & Shipp, A. J. (2007). The relationship between person-environment fit and outcomes: An integrative theoretical framework. In C. Ostroff & T. A. Judge (Eds.), *Perspectives on organizational fit* (pp. 209-258). New York: Lawrence Erlbaum.

Evans, J. S. B. (2008). Dual-processing accounts of reasoning, judgment, and social cognition. *Annu. Rev. Psychol., 59*, 255-278.

Farr, J., & Tippins, N. (Eds.) (2010). *Handbook of employee selection*. Clifton, NJ: Psychology Press.

Fiske, S. T., & Neuberg, S. L. (1990). A continuum of impression formation, from category-based to individuating processes: Influences of information and motivation on attention and interpretation. *Advances in Experimental Social Psychology, 23*, 1-74.

Fox, S., & Spector, P. E. (2000). Relations of emotional intelligence, practical intelligence, general intelligence, and trait affectivity with interview outcomes: It's not all just 'G'. *Journal of Organizational Behavior, 21*, 203-220.

Funder, D. C., & Sneed, C. D. (1993). Behavioral manifestations of personality: An ecological approach to judgmental accuracy. *Journal of Personality and Social Psychology, 64*, 479-490.

Garcia, M. F., Posthuma, R. A., & Colella, A. (2008). Fit perceptions in the employment interview: The role of similarity, liking, and expectations. *Journal of Occupational and Organizational Psychology, 81*, 173-189.

Giberson, T. R., Resick, C. J., & Dickson, M. W. (2005). Embedding leader characteristics: An examination of homogeneity of personality and values in organizations. *Journal of Applied Psychology, 90*, 1002-1010.

Giere, R. N. (2004). How models are used to represent reality. *Philosophy of Science, 71*, 742-752.

Goldberg, C., & Cohen, D. J. (2004).Walking the walk and talking the talk: Gender differences in the impact of interviewing skills on applicant assessments. *Group and Organization Management, 39*, 369-384.

Gordon, G. (1991). Industry determinants of organizational culture. *Academy of Management Review, 16*, 396-415.

Gorman, C. A., & Rentsch, J. R. (2009). Evaluating frame-of-reference rater training effectiveness using performance schema accuracy. *Journal of Applied Psychology, 94*, 1336-1344.

Graves L. M. (1993). Sources of individual differences in interviewer effectiveness: A model and implications for future research. *Journal of Organizational Behavior, 14*, 349-370.

Graves, L. M., & Karren, R.J. (1992). Interviewer decision processes and effectiveness: An experimental policy-capturing investigation. *Personnel Psychology, 45*, 313-340.

Graves, L. M., & Karren, R. J. (1999). Are some interviewers better than others? In R. W. Eder & M. M. Harris (Eds.), *The employment interview handbook* (pp. 243-258). Thousand Oaks, California: Sage.

Graves, L. M., & Powell, G. N. (1996). Sex similarity, quality of the employment interview and recruiters' evaluation of actual applicants. *Journal of Occupational and Organizational Psychology, 69*, 243-261.

Greener, J., & Osburn, H. (1979). An empirical study of the accuracy of corrections for restriction in range due to explicit selection. *Applied Psychological Measurement, 3*, 31-41.

Guion, R. M. (1976). Recruiting, selection, and job placement. In M.D. Dunnette (Ed.), *Handbook of industrial and organizational psychology* (pp. 777-828). Chicago: Rand-McNally.

Guion, R. M. (1998). *Assessment, measurement, and prediction for personnel decisions*. Mahwah, NJ: Erlbaum.

Guion, R. M. (1999). Some virtues of dissatisfaction in the science and practice of personnel selection. *Human Resource Management Review, 8*, 351-365.

Harris, M. M. (1999). What is being measured? In R. W. Eder & M. M. Harris (Eds.), *The employment interview handbook* (pp. 143-157). Thousand Oaks, California: Sage.

Harris, M.M., & Eder, R.W. (1999). The state of employment interview practice: Commentary and extension. In R.W. Eder & M.M. Harris (Eds.), *The employment interview handbook* (pp. 369-396). Thousand Oaks, CA: Sage Publications.

Hellriegel, D., & Slocum, Jr., J. W. (1974). Organizational climate: measures, research and contingencies. *The Academy of Management Journal, 17*, 255-280.

Higgins, E. T. (2000). Social cognition: Learning about what matters in the social world. *European*

Journal of Social Psychology, 30, 3-39.

Highhouse, S. (2008). Stubborn reliance on intuition and subjectivity in employee selection. *Industrial and Organizational Psychology: Perspectives on Science and Practice, 1,* 333-342.

Hoffman, B. J., & Woehr, D. J. (2006). A quantitative review of the relationship between person-organization fit and behavioral outcomes. Journal of Vocational Behavior, 68, 389-399

Hofmann D. A. (1997). An overview of the logic and rationale of hierarchical liner models. *Journal of Management, 23,* 723-744.

Hofstede, G. (1980). *Culture' s consequences: International differences in work-related values.* Beverly Hills, CA: Sage.

Hofstede, G. (2001). *Culture' s consequences: Comparing values, behaviors, institutions, and organizations across nations.* Thousand Oaks, CA: Sage.

Hofstede, G., Neuijen, B., Ohayv, D. D., & Sanders, G. (1990). Measuring organizational cultures. *Administrative Science Quarterly, 35,* 286-3 16.

Holland, J. L. (1985). *Making vocational choices: A theory of vocational personalities and work environments.* Odessa, FL: Psychological Assessment Resources.

Hosoda M., Stone-Romero, E. F., & Coats, G. (2003). The effects of physical attractiveness on job-related outcomes: A meta-analysis of experimental studies. *Personnel Psychology, 56,* 431-462.

Hough, L. M., Eaton, N. K., Dunnette, M. D., Kamp, J. D., & McCloy, R. A. (1990). Criterion-related validities of personality constructs and the effect of response distortion on those validities [Monograph]. *Journal of Applied Psychology, 75,* 581-595.

Howard, J. L., & Ferris, G. R. (1996). The employment interview context: Social and situational influences on interviewer decisions. *Journal of Applied Social Psychology, 26,* 112-136.

Huffcutt, A. I., & Arthur, W. A. (1994). Hunter and Hunter (1984) revisited: Interview validity for entry-level jobs. *Journal of Applied Psychology, 79,* 184-190.

Huffcutt, A. I., Conway, J. M., Roth, P. L., & Stone, N. J. (2001). Identification and meta-analytic assessment of psychological constructs measured in employment interviews. *Journal of Applied Psychology, 86,* 897-913.

Huffcutt, A. I., & Culbertson, S.S. (2011). Interviews. In S. Zedeck (Ed.), *APA handbook of industrial and organizational psychology – Volume 2: Selecting and developing members for the organization* (pp. 185-203). Washington, DC: APA.

Huffcutt, A. I., Roth, P. L., & McDaniel, M. A. (1996). A meta-analytic investigation of cognitive ability in employment interview evaluations: Moderating characteristics and implications for incremental validity. *Journal of Applied Psychology, 81,* 459-473.

Hunter, J. E., & Schmidt, F. L. (1990). *Methods of meta-analysis: Correcting error and bias in research findings.* Newbury Park, CA: Sage.

Hunter, J. E., & Schmidt, F. L. (2000). Fixed effects vs random effects meta-analysis models: Implications for cumulative research knowledge. *International Journal of Selection & Assessment, 8,* 275-292.

Hunter, J. E., & Schmidt, F. L. (2004). M*ethods of meta-analysis: Correcting error and bias in research findings* (2nd ed.). Newbury Park, CA: Sage.

Ilgen, D. R., Barnes-Farrell, J. L., & McKellin, D. B. (1993). Performance appraisal process research in the 1980s: What has it contributed to appraisals in use? *Organizational Behavior and Human Decision Processes, 54,* 321-368.

Ilies, R., Fulmer, I. S., Spitzmuller, M., & Johnson M. D. (2009). Personality and Citizenship Behavior: The Mediating Role of Job Satisfaction. *Journal of Applied Psychology, 94*, 945-959.

Jang, K. L., Livesley, W. J., & Ando, J. (2006). Behavioral genetics of the higher-order factors of the Big Five. *Personality and Individual Differences, 41*, 261-272.

Janz, J. T. (1982). Initial comparisons of patterned behavior description interviews versus unstructured interviews. *Journal of Applied Psychology, 67*, 577-580.

John, O. P., & Robins, R. W. (1993). Determinants of interjudge agreement on personality traits: The Big Five domains, observability, evaluativeness, and the unique perspective of the self. *Journal of Personality, 61*, 521-551.

Joyce, W. F., & Slocum, J. W. (1982). Climate discrepancy: Refining the concepts of psychological and organizational climate. *Human Relations, 35*, 951-972.

Judge, T. A., & Bretz, R. D. Jr. (1994). Political influence behavior and career success. *Journal of Management, 20*, 43-65

Judge, T. A., & Cable, D. M. (1997). Applicant personality, organizational culture, and organization attraction. *Personnel Psychology, 50*, 359-394.

Judge, T. A., Cable, D. M., & Higgins, C. A. (2000). The employment interview: A review of recent research and recommendations for future research. *Human Resource Management Review, 10*, 383-406.

Judge, T. A., Erez, A., Bono, J. E., & Thoresen, C. J. (2002). Are measures of self-esteem, neuroticism, locus of control, and generalized selfefficacy indicators of a common core construct? *Journal of Personality and Social Psychology, 83*, 693-710.

Kabasakal, H., & Bodur, M. (2004). Human orientation in societies, organizations, and leader attributes. In R. House, P. Hanges, M. Javidan, P. Dorfman, & V. Gupta (Eds.), *Culture, leadership, and organizations: The GLOBE study of 62 societies* (pp. 564-601). Thousand Oaks, CA: Sage.

Kacmar, K. M., Wayne, S. J., & Ratcliff, S. H. (1994). An examination of automatic versus controlled information processing in the employment interview: The case of minority applicants. Sex *Roles, 30*, 809-828.

Kenny, D. A., Albright, L., Malloy, T. E., & Kashy, D. A. (1994). Consensus in interpersonal perception: Acquaintance and the Big Five. *Psychological Bulletin, 116*, 245-258.

Kenny, D. A., Horner, C., Kashy, D. A., & Chu, L (1992). Consensus at zero acquaintance: Replication, behavioral cues, and stability. *Journal of Personality and Social Psychology, 62*, 88-97.

Kenrick, D. T., & Stringfield, D. O. (1980). Personality traits and the eye of the beholder: Crossing some traditional philosophical boundaries in the search for consistency in all of the people. *Psychological Review, 87*, 88-104.

Kinicki, A. J., Hom, P. W., Lockwood, C. A., & Griffeth, R. (1990). Interviewer predictions of applicant qualifications and interviewer validity: Aggregate and individual analyses. *Journal of Applied Psychology, 75*, 477-486.

Klehe, U. C., & Latham, G. P. (2006). What would you do-really or ideally? Constructs underlying the behavior description interview and the situational interview predicting typical versus maximum performance. *Human Performance, 19*, 357-382.

Kristof-Brown, A. L. (1996). Person-organization fit: An integrative review of its conceptualizations, measurement, and implications. *Personnel Psychology, 49*, 1-49.

Kristof-Brown, A. L. (2000). Perceived applicant fit: Distinguishing between recruiters' perceptions of person-job and person-organization fit. *Personnel Psychology, 53*, 643-671.

Kristof-Brown, A. L., Barrick, M. A., & Stevens, C. K. (2005). When opposites attract: A multi-sample demonstration of complementary person-team fit on extraversion. *Journal of Personality, 73*, 935-957.

Kristof-Brown, A. L., Zimmerman, R. D., & Johnson, E. C. (2005). Consequences of individuals' fit at work: A meta-analysis of person-job, person-organization, person-group, and person-supervisor fit. *Personnel Psychology, 58*, 281-342.

Kruglanski, A. W. (1989). The psychology of being "right" : The problem of accuracy in social perception and cognition. *Psychological Bulletin, 106*, 395-409.

Kunda, Z. (1999). Social cognition: Making sense of people (pp. 424-426). London: MIT Press.

Landis, R. S., Fogli, L., & Goldberg, E. (1998). Future-oriented job analysis: A description of the process and its organizational implications. *International Journal of Selection and Assessment, 6*, 192-197.

Latham, G. P., Saari, L. M., Pursell, E. D., & Campion, M. (1980). The situational interview. *Journal of Applied Psychology, 65*, 422-427.

Lauver, K. J., & Kristof-Brown, A. (2001). Distinguishing between employees' perceptions of person-job and person-organization fit. *Journal of Vocational Behavior, 59*, 454-470.

Lazar, A., Kravetz, S., & Zinger, A. (2004). Moderating effects of rater personality on the relation between candidate self-monitoring and selection interview ratings. *International Journal of Selection and Assessment, 12*, 321-326.

Levesque, M. J., & Kenny, D. A. (1993). Accuracy of behavioral predictions at zero acquaintance: A social relations analysis. *Journal of Personality and Social Psychology, 65*, 1178-1187.

Lichtenstein, S., & P. Slovic, (1971). Reversals of preference between bids and choices in gambling decisions. *Journal of Experimental Psychology, 89*, 46-56.

Lievens, F., Chasteen, C. S., Day, E. A., & Christiansen, N. D. (2006). Large-scale investigation of the role of trait activation theory for understanding assessment center convergent and discriminant validity. *J. Appl. Psychol, 91*, 247-258.

Lievens, F., & De Paepe, A. (2004). An empirical investigation of interviewer-related factors that discourage the use of high structure interviews. *Journal of Organizational Behavior, 25*, 29-46.

Lievens, F., Sanchez, J. I., Bartram, D., & Brown, A. (2010). Lack of consensus among competency ratings of the same occupation: Noise or substance? *Journal of Applied Psychology, 95*, 562-571.

Lievens, F., Sanchez, J. I., & De Corte, W. (2004). Easing the inferential leap in competency modeling: The effects of task-related information and subject matter expertise. *Personnel Psychology, 57*, 881-904.

London, M., & Hakel, M. D. (1974). Effects of applicant stereotypes, order, and information on interview impressions. *Journal of Applied Psychology, 59*, 157-162.

Macan, T. H., & Dipboye, R. L. (1990). The relationship of interviewers' preinterview impressions to selection and recruitment outcomes. *Personnel Psychology, 43*, 745-768.

Maner, J. K., Kenrick, D. T., Neuberg, S. L., Becker, D. V., Robertson, T., & Hofer, B. (2005). Functional projection: How fundamental social motives can bias interpersonal perception. *Journal of Personality and Social Psychology, 88*, 63-78.

Markus, H., & Zajonc, R. B. (1985). The cognitive perspective in social psychology. In G. Lindzey & E. Aronson (Eds.), *The handbook of social psychology* (pp. 137-230, 3rd ed.), Vol. 1. New York: Random.

McCarthy, J., & Goffin, R. (2004). Measuring job interview anxiety: Beyond weak knees and sweaty palms. *Personnel Psychology, 57*, 607-637.

McCarthy R. J., & Skowronski, J. J. (2011). The interplay of controlled and automatic processing in the expression of spontaneously inferred traits: A PDP analysis. *Journal of Personality and Social Psychology, 100*, 229-240

McDaniel, M. A., Whetzel, D. L., Schmidt, F. L., & Maurer, S. D. (1994). The validity of employment interviews: A comprehensive review and meta-analysis. *Journal of Applied Psychology, 79*, 599-616.

Montoya, R. M., Horton, R. S., & Kirchner, J. (2008). Is actual similarity necessary for attraction? A meta-analysis of actual and perceived similarity. *Journal of Social and Personal Relationships, 25*, 889-922.

Morgeson, F. P., Campio,n M. A., Dipboye, R. L., Hollenbeck, J. R., Murphy, K., & Schmitt, N. (2007). Reconsidering the use of personality tests in personnel selection contexts. *Personnel Psychology, 60*, 683-729.

Morgeson, F. P., Reider, M. H., Campion, M. A., & Bull, R. A. (2008). Review of research on age discrimination in the employment interview. *Journal of Business and Psychology, 22*, 223-232.

Mount, M. K., Barrick, M. R., & Strauss, J. P. (1994). Validity of observer ratings of the Big Five personality factors. *Journal of Applied Psychology, 79*, 272-280.

Moy, J. W. (2006). Are employers assessing the right traits in hiring? Evidence from Hong Kong companies. *The International Journal of Human Resource Management, 17*, 734- 754.

Muchinsky, P. M., & Monahan, C. J. (1987). What is person-environment fit congruence? Supplementary versus complementary models of fit. *Journal of Vocational Behavior, 31*, 268-277.

Mueller-Hanson, R., Hegestad, E. D., & Thornton, G. C. (2003). Faking and selection: Considering the use of personality from select-in and select-out perspectives. *Journal of Applied Psychology, 88*, 348-355.

Murphy, N. A., Hall, J. A., & Colvin, R. C. (2003). Accurate intelligence assessments in social interactions: Mediators and gender effects. *Journal of Personality, 71*, 465-493.

Nisbett, R. E., & Wilson, T. D. (1977). The halo effect: Evidence for unconscious alteration of judgments. *Journal of Personality and Social Psychology, 35*, 250-256.

Oh, I.-S., & Berry, C. M. (2009). The five-factor model of personality and managerial performance: Validity gains through the use of 360 degree performance ratings. *Journal of Applied Psychology, 94*, 1498-1513.

O'Reilly, C. A. (1991). Organizational behavior: Where we' ve been, where we' re going. *Annual Review of Psychology, 42*, 427-458.

O'Reilly, C. A., Chatman, J., & Caldwell, D. F. (1991). People and organizational culture: A profile comparison approach to assessing person-organization fit. *Academy of Management Journal, 34*, 487-516.

Ostroff, C. (1993). Comparing correlations based on individual level and aggregate data. *Journal of Applied Psychology, 78*, 569-582.

Park, B., & Judd, C. M. (1989). Agreement on initial impressions: Differences due to perceivers, trait dimensions, and target behaviors. *Journal of Personality and Social Psychology, 56,* 493-505.

Parsons, C. K., Cable, D. M., & Liden, R. C. (1999). Establishing person-organization fit. In R. W. Eder & M. M. Harris (Eds.), *The employment interview handbook.* Thousand Oaks, California: Sage.

Parsons, C. K., Cable, D., & Wilkerson, J. M. (1999). Assessment of applicant work values through interviews: The impact of focus and functional relevance. *Journal of Occupational and Organizational Psychology, 72,* 561-566

Parsons, C. K., Liden, R. C., & Bauer, T. N. (2001). Person perception in employment interviews. In M. London (Ed.), How people evaluate others in organizations (pp. 67-90). Mahwah, N.J.: Lawrence Erlbaum Associates Publishers.

Pearlman, K., & Sanchez, J. I. (2010). Work analysis. In L. Farr & N. Tippins, (Eds.), *Handbook of employee selection* (pp. 73-98). Clifton, NJ: Psychology Press.

Peeters, G. (2002). From good and bad to can and must: Subjective necessity of acts associated with positively and negatively valued stimuli. *European Journal of Social Psychology, 32,* 125-136.

Ployhart, R. E. (2006). Staffing in the 21st century: New challenges and strategic opportunities. *Journal of Management, 32,* 868-897.

Podsakoff, P. M., MacKenzie, S. B., Lee, J. Y., & Podsakoff, N. P. (2003). Common method biases in behavioral research: A critical review of the literature and recommended remedies. *Journal of Applied Psychology, 88,* 879-903.

Podsakoff, N. P., Whiting, S. W., Podsakoff, P. M., & Blume, B. D. (2009). Individual- and organizational-level consequences of organizational citizenship behaviors: A meta-analysis. *Journal of Applied Psychology, 94,* 122-141.

Poon, C. S. K., & Koehler, D. J. (2008). Person theories: Their temporal stability and relation to intertrait inferences. *Personality and Social Psychology Bulletin, 34,* 965-977.

Posthuma, R. A., Morgeson, F. P., & Campion, M. A. (2002). Beyond employment interview validity: A comprehensive narrative review of recent research and trends over time. *Personnel Psychology, 55,* 1-81.

Prewett-Livingston, A. J., Field, H. S., Veres, J. G., & Lewis, P. M. (1996). Effects of race on interview ratings in a situational panel interview. *Journal of Applied Psychology, 81,* 178-186.

Purkiss, S. L. S., Perrewe, P. L., Gillespie, T. L., Mayes, B. T., & Ferris, G. R. (2006). Implicit sources of bias in employment interview judgments and decisions. *Organizational Behavior and Human Decision Processes, 101*(2), 152-167.

Raudenbush, S., Bryk, A., Cheong, Y. F., & Congdon, R. (2004). *HLM 6: Hierarchical linear and nonlinear modeling.* Lincolnwood, IL: Scientific Software International.

Reeder, G. D., & Brewer, M. B. (1979). A schematic model of dispositional attribution in interpersonal perception. *Psychological Review, 86,* 61-79.

Reeve, J., & Jang, H. (2006). What teachers say and do to support students' autonomy during a learning activity. *Journal of Educational Psychology, 98,* 209-218.

Reynolds, D. J. Jr., & Gifford, R. (2001). The sounds and sights of intelligence: A lens model channel analysis. *Personality and Social Psychology Bulletin, 27,* 187-200.

Roberts, B. W. (1997). Plaster or plasticity: Are adult work experiences associated with personality change in women?. *Journal of Personality, 65*(2), 205-232.

Robertson, I. T., & Smith, M. (2001). Personnel selection. *Journal of Occupational and Organizational Psychology, 74*, 441-472.

Rosenbaum, P. R., & Rubin, D. B. (1983). Assessing sensitivity to an unobserved binary covariate in an observational study with binary outcome. *J. Royal Statis. Soc, B, 45*, 212-218.

Rosenberg, S., Nelson, C., & Vivekananthan, P. S. (1968). A multidimensional approach to the structure of personality impressions. *Journal of Personality and Social Psychology, 9*, 283-294.

Roth, P. L., Van Iddekinge, C. H., Huffcutt, A. I. Eidson, C. E. Jr., & Schmit M. J. (2005). Personality saturation in structured interviews. *International Journal for Selection Assessment, 13*, 261-273.

Rothstein, M. G., & Goffin, R. D. (2006). The use of personality measures in personnel selection: What does current research support? *Human Resource Management Review, 16*, 155-180.

Rotundo, M., & Sackett, P. R. (2002). The relative importance of task, citizenship, and counterproductive performance to global ratings of job performance: A policy capturing approach. *Journal of Applied Psychology, 87*, 66-80.

Rounds, J. B., Dawis, R. V., & Lofquist, L. H. (1987). Measurement of person-environment fit and prediction of satisfaction in the theory of work adjustment. Journal of Vocational Behavior, 31, 297-318.

Rule, N., & Ambady, N. (2010). First impressions of the face: Predicting success. *Social and Personality Psychology Compass, 4*, 506-516.

Rushton, J. P., & Irwing, P. (2008). A general factor of personality (GFP) from two meta-analyses of the Big Five: Digman (1997) and Mount, Barrick, Scullen, and Rounds (2005). *Personality and Individual Differences, 45*, 679-683.

Ryan, A. M., & Kristof-Brown, A. L. (2003). Focusing on personality in person-organization fit research: Unaddressed issues. In M. R. Barrick & A. M. Ryan (Eds.), *Personality and work: Reconsidering the role of personality in organizations* (pp. 262-288). San Francisco: Jossey Bass.

Ryan, A. M., & Tippins, N. T. (2004). Attracting and selecting: What psychological research tells us. *Human Resource Management, 43*, 305-318.

Rynes, S. L., Colbert, A. E., & Brown, K. G. (2002). HR professionals' beliefs about effective human resource practices: Correspondence between research and practice. *Human Resource Management, 41*, 149-174.

Rynes, S. L., & Gerhart, B. (1990). Interviewer assessments of applicant "fit" : An exploratory investigation. *Personnel Psychology, 43*, 13-35.

Sagiv, L., & Schwartz, S. H. (2000). Value priorities and subjective well-being: Direct relations and congruity effects. *European Journal of Social Psychology, 30*, 177-198.

Saks, A. M., & Ashforth, B. E. (1997). Organizational socialization: Making sense of the past and present as a prologue for the future. *Journal of Vocational Behavior, 51*, 234-279.

Salgado, J. F. (1997). The five factor model of personality and job performance in the European Community. *Journal of Applied Psychology, 82*, 30-43.

Salgado, J. F., & Moscoso, S. (2002). Comprehensive meta-analysis of the construct validity of the employment interview. *European Journal of Work and Organizational Psychology, 11*, 299-324.

Sanchez, J. L. (2000). Adapting work analysis to a fast-paced and electronic business world.

International Journal of Selection and Assessment, 8, 207-215.

Sanchez-Burks, J., Lee, F., Choi, I., Nisbett, R., Zhao, S., & Koo, J. (2003). Conversing across cultures: East-West communication styles in work and nonwork contexts. *Journal of Personality and Social Psychology, 85*, 363-372.

Saucier, G., & Goldberg, L. R. (2003). The structure of personality attributes. In M. R. Barrick & A. M. Ryan (Eds.), *Personality and work: Reconsidering the role of personality in organizations* (pp. 1-29). San Francisco: Jossey-Bass.

Schaller, M. (2008). Evolutionary bases of first impression. In N. Ambady & J. J. Skowronski (Eds.), *First impression* (pp.15-34). New York: Guilford Press.

Schein, E. H. (1986). What you need to know about your organizational culture. *Training and Development Journal, 40*, 30-33.

Schein, E. H. (1990). Organizational culture. *American Psychologist. 2*, 109-119.

Schmidt, F. L., & Hunter, J. E. (1977). Development of a general solution to the problem of validity generalization. *Journal of Applied Psychology, 62*, 529-540.

Schmidt, F. L., & Hunter, J. E. (1998). The validity and utility of selection methods in personnel psychology: Practical and theoretical implications of 85 years of research findings. *Psychological Bulletin, 124*, 262-274.

Schmidt, F. L., Hunter, J. E., & Caplan, J. R. (1981). Validity generalization results for two job groups in the petroleum industry. *Journal of Applied Psychology, 66*, 261-273.

Schmidt, F. L., & Rader, M. (1999). Exploring the boundary conditions for interview validity: Meta-analytic validity findings for a new interview type. *Personnel Psychology, 52*, 445-464.

Schmidt, F. L., & Zimmerman, R. D. (2004). A counterintuitive hypothesis about employment interview validity and some supporting evidence. *Journal of Applied Psychology, 89*, 553-561.

Schmitt, N. (1976). Social and situational determinants of interview decisions: Implications for the employment interview. *Personnel Psychology. 29*, 79-101.

Schmitt, N., & Chan, D. (1998). *Personnel selection: A theoretical approach*. Thousand Oaks, CA: Sage.

Schmitt, N., & Oswald, F. L. (2006). The impact of corrections for faking on the validity of noncognitive measures in selection settings. *Journal of Applied Psychology, 91*, 613-621.

Schneider, B., Goldstein, H. W., & Smith, D. B. (1995). The ASA framework: An update. *Personnel Psychology, 48*, 747-773.

Schneider, B., Kristof-Brown, A. L., Goldstein, H. W., & Smith, D. B. (1997). What is this thing called fit? In N. Anderson & P. Herriot (Eds.), *International handbook of selection and assessment* (pp. 393-412). Chichester: Wiley.

Schneider, B., Smith, D. B., Taylor, S., & Fleenor, J. (1998). Personality and organizations: A test of the homogeneity of personality hypothesis. *Journal of Applied Psychology, 3*, 462-470.

Schwartz, S. H. (1992). Universals in the content and structure of values: Theory and empirical test in 20 countries. In M. Zanna (Ed.), *Advances in experimental social psychology* (25, pp. 1-65). New York: Academic Press.

Schwartz, S. H. (1999). A theory of cultural values and some implications for work. *Applied Psychology. An International Review, 48*, 23-47.

Schwartz, S. H., Melech, G., Lehmann, A., Burgess, S., Harris, M., & Owens, V. (2001). Extending the cross-cultural validity of the theory of basic human values with a different method of measurement. *Journal of Cross-Cultural Psychology, 32*, 519-542.

Segrest-Purkiss, S. L., Perrewé, P. L., Gillespie, T. L., Mayes, B. T., & Ferris, G. R. (2006). Implicit sources of bias in employment interview judgments and decisions. *Organizational Behavior and Human Decision Processes, 101*, 152-167.

Sekiguchi, T. (2007). A contingency perspective of the importance of PJ fit and PO fit in employee selection. *Journal of Managerial Psychology, 22*, 118-131.

Silzer, R., & Davis, S. L.. (2010). Assessing the potential of individuals: The prediction of future behavior. In J. C. Scott & D. H. Reynolds (Eds.), *Handbook of workplace assessment: Evidence-based practices for selection and developing organizational talent.* San Francisco: Jossey Bass.

Sloman, S. A. (1996). The empirical case for two systems of reasoning. Psychological Bulletin, *119*, 3-22.

Slovic, P., & Lichtenstein, S. (1971). Comparison of bayesian and regression approaches to the study of information processing in judgment. *Organizational Behavior and Human Performance, 6*, 649-744.

Smith, E. R., & DeCoster, J. (2000). Dual-process models in social and cognitive psychology: Conceptual integration and links to underlying memory systems. *Personality and social psychology Review, 4*(2), 108-131.

Society for Industrial and Organizational Psychology (2003). Principles for the validation and use of personnel selection procedure. http://www.siop.org/_Principles/principles.pdf

Srivastava, S. (2010). The five-factor model describes the structure of social perceptions. Psychological Inquiry, *21*, 69-75.

Stumpf, S. A., & London, M. (1981). Capturing rater policies in evaluating candidates for promotion. *Academic Management Journal, 24*, 752-766.

Sussmann, M., & Robertson, D. U. (1986). The validity of validity: An analysis of validation study designs. *Journal of Applied Psychology, 71*, 461-468.

Taylor, S. E., & Crocker, J. (1981). Schematic basis of social information processing. In E. T. Higgins, C. P. Herman, & M. P. Zanna (Eds.), *Social cognition: The Ontario symposium* (Vol. 1, pp. 89-134). Hillsdale, NJ: Erlbaum.

Tippins, N. A., Papinchock, J. M., & Solberg, E. C. (2010). Decisions in developing and selectiong assessment tools. In L. Farr & N. Tippins, (Eds.), *Handbook of employee selection* (pp. 363-376). Clifton, NJ: Psychology Press.

Tormala, Z. L., & Petty, R. E. (2001). On-line versus memory-based processing: The role of "need to evaluate" in person perception. *Personality and Social Psychology Bulletin, 27*, 1599-1612.

Uleman, J. S. (1999). Spontaneous versus intentional inferences in impression formation. In S. Chaiken & Y. Trope (Eds.), *Dual process theories in social psychology* (pp. 161-178). New York: Guilford.

Uleman, J. S., Saribay, S. A., & Gonzalez, C. (2008). Spontaneous inferences, implicit impressions, and implicit theories. *Annual Review of Psychology, 59*, 329-360.

Uniform Guidelines on Employee Selection Procedures (1978). http://www.uniformguidelines.com/uniformguidelines.html

Valenzi, E., & Andrews, I.R. (1973). Individual differences in the decision processes of employment interviewers. *Journal of Applied Psychology, 58*, 49-53.

Van Den Berg, P. T., & Wilderom, C. P.M. (2004). Defining, measuring, and comparing organisational cultures. *Applied Psychology, 53*, 570-582.

Van Iddekinge, C. H., & Ployhart, R. E. (2008). Developments in the criterion-related validation of selection procedures: A critical review and recommendations for practice. *Personnel Psychology, 61*, 871-925.

Van Iddekinge, C. H., Raymark, P. H., Eidson, C. E. Jr., & Attenweiler, W. J. (2004). What do structured interviews really measure? The construct validity of behavior description interviews. *Human Performance, 17*, 71-93.

Van Iddekinge, C. H., Raymark, P. H., & Roth, P. L. (2005). Assessing personality with a structured employment interview: Construct-related validity and susceptibility to response inflation. *Journal of Applied Psychology, 90*, 536-552.

Van Vianen, A. E. (2005). A review of person-environment fit research: Prospects for personnel selection. In A. Evers, N. Anderson, & O. Voskuijl (Eds.), *Handbook of personnel selection* (pp. 419-439). Oxford, UK: Blackwell.

Van Vianen, A. E., & Willemsen, T. M. (1992). The employment interview: The role of sex stereotypes in the evaluation of male and female job applicants in the Netherlands. *Journal of Applied Social Psychology, 22*, 471-491.

Vancouver, J. B., & Schmitt, N. W. (1991). An exploratory examination of person-organization fit: Organizational goal congruence. *Personnel Psychology, 44*, 333-352.

Verquer, M. L., Beehr, T. A., & Wagner, S. H. (2003). A meta-analysis of relations between person–organization fit and work attitudes. *Journal of Vocational Behavior, 63*, 473-489.

Vinchur, A. J., Schippmann, J. S., & Switzer, F. S., Roth, P. L. (1998). A meta-analytic review of predictors of job performance for salespeople. *J. Appl. Psychol, 83*, 586-97.

Viswesvaran, C., Ones, D. S., & Schmidt, F. L. (1996). Comparative analysis of the reliability of job performance ratings. *Journal of Applied Psychology, 81*, 557-574.

Werbel, J. D., & DeMarie, S. M. (2005). Aligning strategic human resource management and person-environment fit. *Human Resource Management Review, 15*, 247-262.

Werbel, J. D., & Gilliland, S. W. (1999). Person-environment fit in the selection process. In G. R. Ferris (Ed.), *Research in personnel and human resources management* (Vol. 17, pp. 209-243). Stanford, CT: JAI Press.

Westerman, J. W., & Cyr, L. A. (2004). An integrative analysis of person-organization fit theories. *International Journal of Selection and Assessment, 12*, 252-261.

Wiesner, W. H., & Cronshaw, S. F. (1988). A meta-analytic investigation of the impact of interview format and degree of structure on the validity of the employment interview. *Journal of Occupational Psychology, 61*, 275-290.

Willis, J., & Todorov, A. (2006). First impressions making up your mind after a 100-ms exposure to a face. *Psychological Science, 17*, 592-598.

Wojciszke, B., & Abele, A. E. (2008). The primacy of communion over agency and its reversals in evaluations. *European Journal of Social Psychology. 38*, 1139-1147.

Woehr, D. J., & Huffcutt, A. I. (1994). Rater training for performance appraisal: A quantitative review. *Journal of Occupational and Organizational Psychology, 67*, 189-205.

Zaki, J., & Ochsner, K. (2011). Reintegrating the study of accuracy into social cognition research. *Psychological Inquiry, 22*(3), 159-182.

Zebrowitz, L. A., & Collins, M. A., (1997). Accurate social perception at zero acquaintance: the affordances of a Gibsonian approach. *Personality & Social Psychology Review, 1*, 204-223.

Zheng, W., Qu, Q., & Yang, B. (2009). Toward a theory of organizational culture evolution. *Human Resource Development Review, 8*, 151-173.

飯塚彩・持主弓子・内藤淳・二村英幸（2005）.適性検査の予測的妥当性 —職種別および製造・非製造業別の分析—産業・組織心理学会 第21回大会発表論文集, 159-162.

今城志保（2005）.採用面接評価の実証的研究：応募者，面接者，組織が面接評価に及ぼす影響の多水準分析. 産業・組織心理学研究 19, 3-16.

今城志保（2007）.採用面接評価における面接者要因の探索的検証 —なぜ面接評価は面接者によって異なるのか—. 産業・組織心理学会第23回大会発表論文集, 195-198.

今城志保（2007）.面接者の価値観が面接評価に及ぼす影響. 経営行動科学学会第10回年次大会発表論文集.

今城志保（2009）.採用面接における評価内容の企業間の共通性と特殊性；面接でどのような人が評価されるかはなぜ企業によって異なるか. 産業・組織心理学会第25回大会発表論文集, 195-198.

岩脇千裕（2009）.大学新卒者採用において重視する行動特性（コンピテンシー）に関する調査 —企業ヒアリング調査結果報告— JILPT調査シリーズ No. 56 独立行政法人 労働政策研究・研修機構.

経済産業省（2007）.企業の「求める人材像」調査2007 —社会人基礎力との関係—.

厚生労働省（2004）.平成16年度版労働経済白書.

雇用政策研究会（2007）.すべての人々が能力を発揮し，安心して働き，安定した生活ができる社会の実現～本格的な人口減少への対応～研究報告書.

楠由記子（2012）.企業のライフサイクルと経営者報酬. 青山経営論集. 31-43.

角山剛・松井賚夫・都築幸恵（2001）.個人の価値観と組織の価値観の一致：職務態度の予測変数およびパーソナリティ—職務業績関係の調整変数としての効果. 産業・組織心理学研究, 14, 25-34.

原ひろみ・佐野嘉秀・佐藤博樹（2006）.新規高卒者の継続採用と人材育成方針；企業が新規高卒者を採用し続ける条件は何か, 日本労働研究雑誌, 556, 63-79.

岡部悟志・樋口健（2009）.企業が採用時の要件として大卒者に求める能力とその評価方法 —採用担当責任者を対象とした量的・質的調査のデータ分析から— 大学教育学会 第31回大会 自由研究発表Ⅲ「学士課程教育」発表資料.

竹内洋（1997）.日本のメリトクラシー 構造と心性.

都澤真智子・二村英幸・今城志保・内藤淳（2005）.一般企業人を対象とした性格検査の妥当性のメタ分析と一般化. 経営行動科学第18巻 21-30.

日本経済団体連合会（2003）日本経団連の新卒採用に関するアンケート http://www.keidanren.or.jp/japanese/policy/2004/001kekka.pdf

日本経済団体連合会（2009）.2008年度・新卒者採用に関するアンケート調査結果.

日本経団連教育問題委員会（2004）.企業の求める人材像についてのアンケート結果.

日本労働研究機構（1998）.調査研究報告書 No. 101 国際比較：大卒ホワイトカラーの人材開発・雇用システム —日，米，独の大企業.

星野崇宏・繁桝算男（2004）.傾向スコア解析法における因果効果の推定と調査データの調整について. 行動計量学, 31, 43-61.

星野崇宏・前田忠彦（2006）.傾向スコアを用いた補正法の有意抽出による標本調査への応用と共変量の選択法の提案. 統計数理, 54, 191-206.

矢野経済研究所（2009）.企業における09年度新人採用に関する意識調査—アンケート調査報告書—.

リクルートワークス研究所（2005）.Works人材マネジメント調査2005.
http://www.works-i.com/?action=pages_view_main&active_action=repository_view_main_

item_detail&item_id=570&item_no=1&page_id=17&block_id=302
労働政策研究・研修機構（2006）．大学生の就職・募集採用活動等実態調査結果Ⅰ―大卒採用に関する企業調査―JILPT 調査シリーズ．No.16.
労働政策研究・研修機構（2008）．企業における若年層の募集・採用等に関する実態調査．JILPT 調査シリーズ．No.43.

事項索引

【英数字】

2 水準の分析　113, 179
3 つの評価要素が最終評価に影響する程度　48
80％確信区間（80％ credibility interval：80％ CV）　58, 61
Behavioral Description Interview　152
common methods bias　21
Faking　209
folk theory　134
Hofstede の価値観尺度　115
KSAOs　34
person-job fit　30
policy capturing　10, 134
Portrait Value Questionnaire　137
realistic accuracy model　196
Schwartz の価値観尺度　115
thin slice　72

【あ行】

温かさ　12, 24, 44, 45, 67, 82, 177, 184, 201, 206
意見や態度を尋ねる質問　146
一般化　207
一般性　208
一般知的能力　41, 42, 43, 46, 62, 64, 69, 196, 209
一般知的能力検査　7, 8, 56
一般的な人物評価　42, 46
一般的な対人評価　26, 27, 41, 43, 46, 47, 62, 66, 68, 189, 194
印象形成　169
印象評価　10
営業職　135, 141

【か行】

外向性　43, 45, 46, 66, 69, 72, 81, 194, 195
外交的　161
外的基準アプローチ　4, 20, 44, 45, 73, 82, 183, 200
概念的枠組み　4, 15, 26
価値観　202
価値観との類似合　122
価値観における適合　39, 40
価値観の適合　107, 123
価値観の類似度　110, 111
価値観や性格特性　200

活動意欲　94
カテゴリカル回帰分析　93, 116
環境との適合　28
関係の直線性の違反　63
基準関連妥当性　3, 7
基準変数　23, 146
気分性　94
客観的基準アプローチ　55
客観的適合評価　40
客観テスト　10
協調性　205
共変量　137, 138
勤勉性　45, 46, 64, 196
傾向スコア（propensity scoer）　136, 137
構造化　7, 9, 130, 206
構造化面接　9, 17, 146, 148, 207
高卒や専門学校卒　213
個人と環境の適合（person-environment fit）　29
個人と職務の適合　34
固定的人間観（entity theory）　111, 121, 122, 191
コミットメント　39

【さ行】

最終評価　77, 80, 176
最終面接評価　166, 197
採用基準　22, 26, 28, 41, 42, 43, 46, 47, 69, 172, 191, 205, 211
採用時に評価する人物特徴　131
採用面接プロセスモデル　16
自己概念　134
自信性　94, 96
自組織文化の認知　109
実証研究の目的　48
自動的な特性推論　198
社会的スキーマ　133
主観的基準アプローチ　4, 20, 44, 73, 82, 166, 183, 200
主観的適合評価　40
主観的評価　10
上司評価の信頼性　154
情緒の安定性　43, 45, 46, 66, 69, 72, 81, 194, 195
初期印象　80, 183, 190, 196, 199
初期印象評価　71, 73, 197
職業知識や職業経験に関する質問　146
職務横断型　36, 131, 193, 207

職務経験　133, 142, 192, 193
職務経験の違い　135
職務遂行度　11, 199
職務遂行度評価　148
職務適合潜在力　35, 130, 131, 141, 143, 145, 146, 176, 177, 192, 206, 210
職務特化型　36, 146
職務との適合　26, 38, 46, 130, 177, 192, 206
職務との適合評価　4
職務の遂行　169
職務分析　34, 130, 207
職務への適合　167
人材観　142, 192
人事管理目的　155
人事評価　159
身体活動性　94, 96
慎重性　94, 95, 96
人物特徴　208
人物特徴の優先度　133
信頼性　9, 18
信頼性の補正　58, 153
スキーマ　134
性格五大因子　45, 57, 67
性格特性　56, 147, 202
性格特性における適合　39, 40
性格特性の五大因子　43
性格特性の適合　107, 123
誠実性　205
潜在能力　35
総合適性検査 SPI2　90
総合適性検査 SPI2-U　55
相補的　205
相補的な適合（complementary fit）　29, 106, 204
組織市民行動（organizational citizenship behavior）　149, 205
組織全体を適合の対象　200
組織との適合　26, 32, 38, 46, 85, 98, 111, 176, 177, 200
組織との適合評価　4, 86, 191
組織の特徴　88
組織風土　31
組織文化　31, 86, 88, 98
組織文化認知　116, 121, 191
組織へのコミットメント　32
組織への適合　167

【た行】

第一印象　67
第一印象評価　72, 80, 176
対人印象形成　72
対人認知研究　12, 24

対人認知の正確さ　19
対人評価の自動性　190
多水準モデル　177
妥当性　7, 9, 17, 145, 158, 197, 206
妥当性検証　146
妥当性向上　148
妥当な予測　199
知的能力の偏り　197
抽象化　207
抽象的　208
調整効果　111
調和性の非対象性（agreeableness asymmetry）　82, 201
直観的な認知システム　26
直観的に認知が行われるシステム　25
追補的　205
追補的な適合（supplementary fit）　29, 106, 200, 204
適合評価　169
適合評価のバランス　211
適性検査 SPI2　74

【な行】

内省性　94, 95, 96
二重過程　12, 25
二重過程モデル　46
人間観（person theory）　111
認知のプロセス　12

【は行】

ハロー効果　82
範囲制限　60, 80
範囲制限の補正　58, 63, 91, 153
非線形の関係性　161
人と組織の適合（person-organization fit）　30
評価エラー　10, 28
評価スキーマ　142
評価すべき人物特徴　8, 17
評価内容　9, 12, 15, 17, 18
評価枠組み（frame-of-reference）　213
標準化統合効果　77, 176
プロセスモデル　77, 173
文脈的の遂行行動（contextuall performance）　149, 169
変動的人間観（incremental theory）　111
ポテンシャル　163

【ま行】

マルチレベル分析　86
マルチレベルモデル（multilevel model）　112, 113, 178

メタ分析　39, 41, 44, 57, 61, 86, 124, 135
メタ分析の手続き　57
面接者間の評価の違い　135
面接者訓練　213
面接者と応募者の価値観との一致度　121
面接者との適合　86, 87, 108, 191
面接者トレーニング　142
面接者の主観的な人材観　132
面接者の情報処理能力　159, 212
面接の最終評価　97
面接場面での一般的な対人評価　4, 22
面接場面での行動の制限　64
面接場面の特徴　200
面接評価の信頼性　61
面接評価の信頼性向上　208
求める人物特徴　172

【や行】
役割遂行行動　169
有能さ　44, 45, 67, 82, 177, 184, 201
予測的妥当性　160, 161
予測的な妥当性研究　160

【ら行】
理性的に認知が行われるシステム　25
連続体モデル　12, 46, 82, 169

人名索引

[A]

Abele, A. E.   24, 44, 201
Adkins, C. L.   33, 40, 86, 106
Aguinis, H.   5, 6
Ahn, W-K.   134
Albright, L. M.   45, 65
Alexander, R. A.   160
Allen, T. D.   149
Ambady, N.   26, 72, 76, 190, 199
Ames, D. R.   83, 201
Anderson, N.   38
Andrews, I. R.   143
Angleitner, A.   76, 80
Annelies   29
Arthur, W.   8, 17, 33, 39, 41, 130
Ashforth, B. E.   107
Attenweiler, W. J.   23

[B]

Balcetis, E.   134
Barbaranelli, C.   115
Barnes-Farrell, J. L.   13
Barrett, G. V   147, 160, 210
Barrick, M. R.   20, 21, 41, 43, 64, 66, 72, 75, 83, 135, 141, 162, 169, 183, 195, 208, 209
Bartram, D.   134
Bateman, T. S.   149
Bauer, T. N.   12, 32
Becker, P.   45, 67, 74
Beehr, T. A.   85
Bell, S. T.   39, 41
Berry, C. M.   21, 41, 66, 208
Bianchi, E. C.   83, 201
Binning, J. E.   147, 210
Blackburn, R.   45
Blackman, M. C.   66, 207
Blume, B. D.   205
Bobko, P.   8
Borkenau, P.   72, 76, 80, 81
Borman, W. C   30, 38, 134, 149, 169, 205
Bowen, D. E.   30, 32
Bretz, R. D.   108

Brewer, W. F.   12, 134
Brown, A.   38, 134
Bryk, A.   113, 179
Bull, R. A.   28
Byrne, D. E.   39, 110

[C]

Cable, D. M.   28, 40, 85, 86, 87, 107, 108, 122
Cacioppo, J. T.   84
Caldwell, D. F.   31
Campion, J. E.   8, 9, 17, 206
Campion, M. A.   8, 9, 12, 17, 28, 148, 206
Capanna, C.   115
Caplan, J. R.   58
Caprara, G. V.   115
Carney, D. R.   45, 76, 81, 122
Cascio, W. F.   5, 6
Chan, D.   158
Chasteen, C. S.   68
Chatman, J. A.   30, 31, 32, 85, 89, 98, 107, 191
Chen, V. C.   85, 108, 111
Cheong, Y. F.   113, 179
Chiu, C.   111
Christiansen, N. D.   68
Chuang, A.   98, 183
Chu, L.   195
Clement, R. W.   134
Coats, G.   28
Cohen, D. J.   28
Colbert, A. E.   38
Colella, A.   33, 85
Collins, M. A.   67
Colvin, C. R.   76, 122, 197
Congdon, R.   113, 179
Conway, J. M.   18, 61, 148, 204, 208
Cook, K. W.   70, 196
Cortina, J. M.   17
Cottrell, C. A.   204
Crocker, J.   133
Cronshaw, S. F.   9, 17, 145, 153
Cuddy, A. J. C.   12, 24, 44, 190, 202

Culbertson, S. S.   148
Cyr, L. A.   40, 107

[D]

Davis, S. L.   35
Dawis, R. V.   39, 122
Day, E. A.   68
De Corte, W.   207
DeCoster   25, 26, 46
DeMarie, S. M.   29
Denison   31
De Paepe, A.   17
Dickson, M. W.   40
Digman, J. M.   45, 67, 74
Dineen, B. R.   107
Dipboye, R. L.   11, 12, 16, 18, 148, 159, 169
Donnelly, J. P.   45
Doverspike, D.   39, 41
Dunnette, M. D.   44, 68
Dunning, D.   134
Dweck, C. S.   111

[E]

Eaton, N. K.   44, 68
Eder, R. W.   130, 147
Edwards, J. R.   29, 30
Eidson, C. E. Jr.   23, 208
Evans   25

[F]

Farr, J.   25
Ferris, G. R.   28, 86, 106, 110
Field, H. S.   110
Fiske, S. T.   12, 24, 27, 44, 46, 82, 169, 190, 197, 202
Fleenor, J.   125
Fogli, L.   210
Fox, S.   209
Fulmer, I. S.   205
Funder, D. C.   45, 66, 80, 195, 196

[G]

Garcia, M. F.   33, 85, 108, 111, 122
Gaugler, B. B.   12, 16

人名索引

Gerhart, B. 40, 86
Giberson, T. R. 40
Giere, R. N. 15
Gifford, R. 197
Gillespie, T. L. 28
Gilliland, S. W. 30, 38
Gilovich, T. 28
Glick, P. 24, 44, 190, 202
Goffin, R. 67, 196, 209
Goldberg, C. 28, 45, 82, 201, 210
Goldstein, N. B. 39
Gonzalez, C. 24, 190
Goodman, D. F. 61, 148, 208
Gordon, G. 87, 88, 90, 95
Gorman, C. A. 142
Graves, L. M. 10, 47, 110, 133, 135, 142, 143
Greener, J. 63
Guion, R. M. 6, 22, 23, 28, 211

[H]

Hakel, M. D. 12
Hall, J. A. 76, 122, 197
Hanson, M. 30, 38
Harris, M. 130, 147, 148
Haugland, S. N. 20, 64, 209
Hayes, A. F. 134
Hedge, J. 30, 38
Hegestad, E. D. 209
Hellriegel, D. 31
Higgins, E. T. 107
Highhouse, S. 7
Hoffman, B. J. 85
Hofmann, D. A. 113
Hofstede, G. 31, 87, 88, 89, 214
Hogan, D. 26, 72
Hong, Y. 111
Horner, C. 195
Horton, R. S. 111
Hosoda, M. 28
Hough, L. M. 44, 68
Howard, J. L. 86, 106, 110
Huffcutt, A. I. 8, 17, 18, 19, 37, 41, 43, 66, 130, 147, 148, 195, 198, 204, 208, 213
Hunter, J. E. 7, 43, 57, 58, 63, 64, 130, 145, 153, 154, 198, 209

[I]

Ilgen, D. R. 13
Ilies, R. 205, 206
Irwing, P. 45, 67, 74

[J]

Jackson, S. L. 11
Jako, R. A. 61, 148, 208
Jang, K. L. 45, 67, 74
Janz, J. T. 17, 152
Jehn, K. 89, 98
John, O. P. 66
Johnson, M. D. 32, 38, 39, 41, 85, 107, 124, 149, 169, 192, 205
Joyce, W. F. 31
Judd, C. M. 45, 80, 195
Judge, T. A. 40, 41, 66, 85, 87, 107, 108, 122

[K]

Kacmar, K. M. 135
Kamp, J. D. 44, 68
Karren, R. J. 10, 47, 133, 135, 143
Kashy, D. A. 195
Kenny, D. A. 45, 65, 80, 195
Kenrick, D. T. 66
Kinicki, A. J. 10
Kirchner, J. 111
Klehe, U. C. 8, 23
Koehler, D. J. 111, 116
Krabbenhoft, M. A. 26, 72
Kravetz, S. 11
Kristof-Brown, A. L. 29, 32, 33, 38, 39, 40, 41, 85, 86, 106, 107, 108, 109, 121, 124, 149, 169, 192, 211
Krueger, J. 134
Kruglanski, A. W. 19, 20, 82
Kunda, Z. 72

[L]

Landers, R. N. 41, 66
Landis, R. S. 210
Latham, G. P. 8, 17, 23
Lauver, K. J. 33
Lazar, A. 11
Ledford, G. E. 30
Lee, H. 85

Lee, J. Y. 21
Levesque, M. J. 45, 80, 195
Lewis, P. M. 110
Lichtenstein, S. 134
Liden, R. C. 12
Liebler, A. 72, 81
Lievens, F. 17, 38, 68, 134, 207
Li, N. P. 204
Lofquist, L. H. 39
Logan, C. 45
London, M. 12, 143

[M]

Macan, T. H. 169
MacKenzie, S. B. 21
Malloy, T. E. 45, 65
Maner, J. K. 67
Markus, H. 134
Mauer, N. 9, 76, 80
Maurer, S. D. 17, 130
Mayes, B. T. 28
McCarthy, J. 67, 84, 196, 212
McCloy, R. A. 44, 68
McDaniel, M. A. 9, 17, 41, 66, 130, 145, 146, 153, 154, 155, 158, 160, 210
McKellin, D. B. 13
Monahan, C. J. 106
Montoya, R. M. 111
Mooney, R. J. 134
Morgeson, F. P. 12, 28, 209
Moscoso, S. 9, 41
Motowidlo, S. J. 149, 169, 205
Mount, M. K. 21, 41, 43, 66, 135, 141, 162, 208
Moy, J. W. 8, 195
Muchinsky, P. M. 106
Mueller-Hanson, R. 209
Murphy, N. A. 197

[N]

Nathan, B. R. 30
Neuberg, S. L. 12, 27, 46, 82, 169, 190, 197, 204
Neuijen, B. 89
Nisbett, R. 82, 183

[O]

O'Reilly, C. A. 30, 31, 32,

107
Ochsner 21
Ohayv, D. D. 89
Oh, I.-S. 21, 208
Ones, D. S. 113, 154
Organ, D. W. 149
Osburn, H. 63
Ostroff, C. 40
Oswald, F. L. 209

[P]
Palmer, D. 8, 9, 17, 148, 206
Papinchock, J. M. 23
Park, B. 45, 80, 195
Parsons, C. K. 12, 86, 106
Patton, G. K. 20, 64, 209
Pearlman, K. 34
Peeters, G. 24
Perrewe, P. L. 28
Petty, R. E. 84, 191
Phillips, J. S. 160
Ployhart, R. E. 160
Podsakoff, N. P. 21
Podsakoff, P. M. 21, 205
Poon, C. S. K. 111, 116
Posthuma, R. A. 12, 33, 85, 110
Potosky, O. 8
Powell, G. N. 10, 110
Prewett-Livingston, A. J. 110
Purkiss 28
Pursell, E. D. 17

[Q]
Qu, Q. 89

[R]
Rader, M. 9, 24, 25, 41
Ratcliff, S. H. 135
Raudenbush, S. 113, 179
Raymark, P. H. 21, 23, 165, 208, 209
Reeder, G. D. 12
Reider, M. H. 28
Rentsch, J. R. 142
Renwick, S. J. 45
Resick, C. J. 40
Reynolds, D. J. 197
Riemann, R. 76, 80
Roberts 208

Robertson, I. T. 43, 81, 160, 196
Robins, R. W. 66
Rosenbaum, P. R. 137
Rosenberg, S. 76
Rosenthal, R. 26, 72, 76
Roth, P. L. 8, 18, 21, 41, 66, 160, 165, 204, 208, 209
Rothstein, M. G. 209
Rotundo, M. 149, 169
Rounds, J. B. 39
Rubin, D. B. 137
Rule, N. 190, 199
Rush, M. C. 149
Rushton, J. P. 45, 67, 74
Russell, C. J. 33, 86
Ryan, A. M. 38, 40, 107, 124
Rynes, S. L. 38, 40, 86

[S]
Saari, L. M. 17
Sackett, P. R. 41, 66, 98, 149, 169, 183
Sagiv, L. 115
Saks, A. M. 107
Salgado, J. F. 9, 41, 66
Sanchez, J. L. 34, 134, 207, 210
Sanders, G. 89
Saribay, S. A. 24, 190
Saucier, G. 45, 82, 201
Schaller, M. 67, 196
Schein, E. H. 88
Schimtt, N. 32
Schmidt, F. L. 7, 9, 17, 18, 24, 25, 41, 43, 57, 58, 63, 64, 113, 130, 145, 148, 153, 154, 198, 209
Schmit, M. J. 208
Schmitt, N. 158, 209
Schneider, B. 39, 125
Schwartz, S. H. 115, 137
Sekiguchi, T. 33
Shipp, A. J. 29
Silzer, R. 35
SIOP 147
Skowronski, J. J. 84, 212
Slocum, Jr., J. W. 31
Sloman, S. A. 72
Slovic, P. 134
Smith 25, 26, 46

Smith, D. B. 39, 125
Smith, M. 43, 81, 196
Sneed, C. D. 45, 80, 195
Solberg, E. C. 23
Spector, P. E. 196, 209
Spinath, F. M. 76, 80
Spitzmuller, M. 205
Srivastava, S. 45
Stewart, G. L. 72, 75, 83, 169
Stone, N. J. 18, 204
Stone-Romero, E. F. 28
Strauss, J. P. 21, 208
Stringfield, D. O. 66
Stumpf, S. A. 143
Sussmann, M. 160
Swider, B. W. 72, 75, 83, 169, 183

[T]
Taylor, S. E. 125, 133
Thornton, G. C. 209
Tippins, N. A. 23, 25
Todorov, A. 24, 72
Tormala, Z. L. 191

[U]
Uleman, J. S. 24, 71, 190, 198
Uniform Guidelines on Employee Selection Procedures 34

[V]
Valenzi, E. 143
Vance, C. A. 196
Vancouver, J. B. 32
van Dam, K. 38
Van Den Berg, P. T. 88
Van Iddekinge, C. H. 8, 20, 23, 24, 160, 165, 208, 209
Van Vianen, A. E. 135
Vecchione, M. 115
Veres, J. G. 110
Verquer, M. L. 85
Vianen 29
Villado, A. J. 8, 39, 41
Vinchur, A. J. 136, 141
Viswesvaran, C. 113, 154

[W]
Wagner, S. H. 85

人名索引　241

Wayne, S. J.　135
Werbel, J. D.　29, 30, 33, 38, 86
Westerman, J. W.　40, 107
Whetzel, D. L.　9, 17, 130
Whiting, S. W.　205
Wiesner, W. H.　9, 17, 145, 153
Wilderom, C. P. M.　88
Wilkerson, J. M.　86
Willemsen, T. M.　135
Willis, J.　24, 72
Wilson, T. D.　82, 183
Woehr, D. J.　85, 213
Wojciszke, B.　24, 44, 201

【Y】
Yang, B.　89
Yeh, Y. Y.　85

【Z】
Zajonc, R. B.　134
Zaki　21
Zebrowitz, L. A.　67
Zheng, W.　89
Zimmerman, R. D.　9, 18, 32, 38, 39, 41, 85, 107, 124, 148, 149, 169, 192
Zinger, A.　11

【あ行】
飯塚彩　43, 56, 66, 168, 198
今城志保　10, 41, 56, 86, 97, 109, 110, 116, 121, 133, 141, 143, 168
岩脇千裕　131, 132, 172
岡部悟志　35

【か行】
角山剛　32
楠由記子　90
経済産業省　131, 135
厚生労働省　5

【さ行】
佐藤博樹　214
佐野嘉秀　214
繁枡算男　138

【た行】
竹内洋　42
都澤真智子　41, 56, 66, 68, 159, 168, 198

【な行】
内藤淳　41, 43, 56, 168, 198
日本経済団体連合会　6, 34, 136, 163
日本経団連教育問題委員会　35
日本労働研究機構　38
二村英幸　41, 43, 56, 168, 198

【は行】
原ひろみ　214
樋口健　35
星野崇宏　138

【ま行】
前田忠彦　138
持主弓子　43, 56, 168, 198

【ら行】
リクルートワークス研究所　39
労働政策研究・研修機構　34, 68, 147

■著者紹介

今城　志保（いましろ・しほ）

京都大学教育学部卒業。1988年に㈱リクルート入社後，テスト事業部門の独立とともに，㈱リクルートマネジメントソリューションズに入社。1996年にニューヨーク大学で産業組織心理学で修士号を取得。帰国後同社に再入社し，研究開発部門で能力や個人特性のアセスメント開発や構造化面接の設計・研究に携わる。2012年に東京大学社会心理学博士課程後期満期退学。2013年に社会心理学で博士号を取得。現在は個人のアセスメント以外に，中高年ホワイトカラーのキャリアや，職場の信頼に関する研究などにも従事。

■採用面接 評価の科学
　何が評価されているのか

■発行日 ── 2016年11月16日　初版発行	〈検印省略〉
2022年12月16日　第7刷発行	

■著　者 ── 今城　志保
■発行者 ── 大矢栄一郎
■発行所 ── 株式会社　白桃書房
　　　　　　〒101-0021　東京都千代田区外神田5-1-15
　　　　　　☎03-3836-4780　📠03-3836-9570　振替00100-4-20192
　　　　　　https://www.hakutou.co.jp/

■印刷・製本 ── 株式会社デジタルパブリッシングサービス

© IMASHIRO, Shiho 2016 Printed in Japan　ISBN978-4-561-26659-4　C3034

本書のコピー，スキャン，デジタル化等の無断複製は著作権法上での例外を除き禁じられています。本書を代行業者等の第三者に依頼してスキャンやデジタル化することは，たとえ個人や家庭内の利用であっても著作権法上認められておりません。

[JCOPY]〈出版者著作権管理機構委託出版物〉

本書の無断複写は著作権法上での例外を除き禁じられています。複写される場合は，そのつど事前に，出版者著作権管理機構（電話03-5244-5088，FAX03-5244-5089，e-mail : info@jcopy.or.jp）の許諾を得てください。

落丁本・乱丁本はおとりかえいたします。

好 評 書

人事評価の総合科学
―努力と能力と行動の評価―
髙橋　潔著

人事評価の歴史，評価フォーマットの特徴，評価基準の概念整理，大手企業データや国際データを用いた人事評価の実証研究，オリンピック採点データ分析などについて，科学的観点から総合的に論じた人事関係者と管理者の必携書。

本体価格 4700 円

採用と定着
―日本企業の選抜・採用の実態と新入社員の職場適応―
武田圭太著

学校で学んだことが職場でどのように生きるか，選んだ仕事や勤め先を辞めずにずっと働き続ける間にどんな仕事をすることになるのか――こうした疑問を糸口に，採用をめぐる諸問題を人と組織の双方の観点から考える。

本体価格 3300 円

一体感のマネジメント
人事異動のダイナミズム
林　祥平著

どのような経験，環境によって従業員は能力を獲得し，仕事でそれを発揮し，さらには組織を担う人材に育つのか。従業員の変化の契機を組織的同一化に絡む人事異動に発見，人事異動の持つ知られざる可能性を解き明かす。

本体価格 3000 円

リーダーシップ開発ハンドブック
C. D. マッコーレイ他編　金井壽宏監訳　嶋村伸明他訳

国際的非営利の教育機関 CCL による，リーダーシップ開発に関する知見の集大成。研究と実践の両面から，その概念的理解をはじめ実践的アイディアまでを学べる，人事担当者やライン・マネジャーの座右の書とすべき1冊。

本体価格 4700 円

白桃書房

本広告の価格は税抜き価格です。別途消費税がかかります。